海と歴史と子どもたちと

高田茂廣先生
遺稿・追悼文集

高田茂廣先生遺稿・追悼文集刊行会

高田茂廣先生，1984年・56歳

1942年１月，家族・親類の寄り合いか
（右から３人目が高田先生，13歳）

1944年頃，大分陸軍少年飛行
兵学校時代（右が高田先生）

1953年２月，豊さんとの結婚記念写真

1961年，能古渡船場にて花束を手に
して。赤坂小学校への転勤時期か

1962～63年，赤坂小学校にて

1960年頃，ブドウを手に談話中

1955年頃，能古小学校の人形劇でアコーディオン演奏

1960年頃，能古島の海岸にて

1970年３月，西新小学校卒業アルバムから（４組）

1970年頃，能古小学校職員室にて一服中

1971年頃，能古小学校入学式風景

1972年頃，のこのしまアイランドパークにて

1967年４月，第18回日本短詩の会（本書365ページ以下参照）の
出版祝賀会にて（後列右から二人目。前列中央は原田種夫氏）

1977年，のこのしまア
イランドパーク付近

1972年，檀一雄氏と（檀氏邸。右は次男の高田靖氏）

1975年頃，能古小学校昭和
30年度卒業生の同窓会か

1976年，『筑前五ケ浦廻船』出版祝賀会にて

1989年，シルバー教室にて
「博多の歴史」を講義中

1988年３月，中国・上海にて（後方は宿泊したホテル上海大廈）

1989年，『見聞略記』出版祝賀会（けやき通り・セ エム アッシュ）。左端にご夫妻

1993年11月12日，西日本文化賞受賞祝賀会（福岡国際ホール）。スピーチは秀村選三氏

1991年９月，のこのしまアイランドパーク内「和窯」にて

高田茂廣（たかたしげひろ）先生（一九二八～二〇〇九年）は、小学校教育の現場で、また地方史研究、特に筑前五ケ浦廻船、朝鮮通信使記録など海事史研究に一生を捧げられ、多くの人々とともに歩んでこられました。

ここに先生に縁（えにし）ある、思いをともにする人々で、高田先生を偲び、その業績と人となりを後生に伝えるため、遺稿・追悼文集をまとめました。

高田先生の原稿については、未発表分のほか、活字化はされていても一般の目にあまり触れられていないものを集録、併せて、三十五名の方からいただいた追悼文をおおよその時期・内容で三つに分けて、各々、執筆者名五十音順で掲載しました。

なお、先生の姓の表記については、戸籍上は「髙田」が正式ですが、本書では「高田」で統一しました。

装丁　別府大悟

海と歴史と子どもたちと
高田茂廣先生遺稿・追悼文集

目次

〔口　絵〕

近世における浦の実態

高田茂廣

追悼 Ⅰ

道なお遠く　高田茂廣

追悼 Ⅱ

早良つれづれ話　高田茂廣

追悼 Ⅲ

詩篇　高田茂廣

家族から

海と歴史と子どもたちと

高田茂廣先生遺稿・追悼文集

近世における浦の実態

高田茂廣

本稿は『福岡県史　近世研究編　福岡藩㈣』（一九八九年七月、原題「近世における浦の実態について」）に掲載されたものである。八一年に小学校教師を辞められ、福岡市立歴史資料館の嘱託として海事史研究に専念、同じ八九年の初冬に刊行される『見聞略記――幕末筑前浦商人の記録』の校註作業と同時に執筆を進められたと思われる。

記述は、近世初期の浦の発生に始まり、その支配形態や漁業、港、商人、流人、遠見番所に及び、平明な文章で浦の実態を解説されている。「浦は単なる漁村ではない」というのが高田先生の重要な〝発見〟であろうが、この論文ではその骨子が、「五ケ浦廻船」研究の出発点となる「五ケ浦廻船方記録」、それに「見聞略記」などの史料を踏まえつつ説き明かされている。今現在で分からないことは分からないとし、随所で「浦」に対する愛情を感じさせるところも先生らしい文章と言える。

本稿の背景を、史料中心にまとめたのが『近世筑前海事史の研究』（一九九三年。本稿では省かれている福岡藩の水夫徴用に関しても同書中の「筑前の浦について」に詳しい）であり、一般向けにもっと分かりやすくした著作が『玄界灘に生きた人々――廻船・遭難・浦の暮らし』（一九九八年）と言える。

題のなかった表に新たに付すなど、編集上の最低限の加筆修正及び用字用語の整理を行った。

一　はじめに

玄界灘はかつて日本の玄関であった。弥生時代といわれる二千年の昔からつい数百年以前まで、ここを通って中国大陸から或いは朝鮮半島からあらゆる文化が流入した。その流入の手段の大きな動力として、玄界灘に生き今では漁民と呼ばれている人々の先祖の働きがあったであろうことは動かしがたい事実である。

その漁民の生活の場所は、現在では一般的に漁村と呼ばれている。しかし、この漁村という呼び方は、少なくとも近世までは適当ではなかったのではないかと考えるのである。漁民という呼び方にしても同じである。漁村という文字の持つ一般的な概念では説明できないものを、近世以前の「漁村」が包含していたからである。もちろん、漁業は漁村の大きな生業の一つであった。しかし、漁業以外に軍事、海運、製塩、商業、ときには農業なども含めて、漁村が成立していたことを見落としてはいけない。

かつて漁村は「浦」という呼称であった。この浦という言い方は、前述の諸条件を充たすという意味で、非常に適当な表現であった。しかし、この浦という表現は公的なものであり、一般的には現在でも農村を意味する「岡」に対して「浜」と呼ばれており、ときには「岡方」あるいは「村方」に対して「浜方」と呼ばれる場合もある。筆者のかすかな記憶によれば、「りょうしわら」、「うらつ」などの表現があるが、「りょうしわら」は漁師の浦という意味であり、「うらつ」は多少とも港湾的な意味を含めた「浦津」である。

浦とは「海に生活の場の中心を持つ者たちの集落」と見るのが最も適当ではないかと考えるが、このような浦のかつての実態について、近世の福岡藩領を中心に多少の考察を加えてみたい。

二　浦とその発生について

1　近世初期の浦

福岡藩の成立以来、浦に関する最初の記事は『黒田家譜 巻之十四』における慶長十（一六〇五）年の浦々に出された次の掟であろう。

今年長政浦々に掟を出さる　其詞に云

掟

一　他所之船破損之時ハ夜半によらす助船可差出事

付　大風之時ハ綱碇借し可申事

一　荷物悉取集　其主へ可相渡候　重而申分無之との墨付可所置事

付　近村之者共自然道具ひろひ候ハ、取上　其浦々へ可相届事

一　損船之道具預ケ度之由候ハ、　荷主以目録可預事

一　損船之道具幷荷物一切買申間敷事

一　旅人非分の儀申候ハ、留置　可致注進候　無体ニ船を出すにおゐてハ　其船にしたひ在々ニ可届置事

右之条々於相背者曲事可申付事

慶長十年八月二十五日

粕屋郡　箱崎　なた　湊　花鶴　相嶋
那珂郡　福岡　博多　志賀
志摩郡　今津　唐泊　西浦　野北　芥屋　姫嶋　岐志　久我
宗像郡　福間　つや崎　わたり　勝浦　神湊　大嶋　江口　鐘崎　地嶋
早良郡　姪浜　残嶋
御牧郡　戸畑　若松幷嶋郷中

この掟に載せられた浦々が福岡藩領内における近世初期の浦である、ということが言えるのであろうが、問題がないわけではない。

まず、御牧郡の項についてであるが、御牧郡が後の遠賀郡であることは当然としても、「嶋郷中」がどこを指すのかが問題である。遠賀郡内には波津、芦屋、山鹿、柏原、岩屋、脇田、脇浦といった浦がある。後世の感覚からすれば岩屋、脇田、脇浦の三浦が嶋郷に該当するのだが、多少無理をして柏原・山鹿の両浦を含めたとしても、明らかに中世から存在していた芦屋・波津の両浦を含めることは、地理的に無理であろう。芦屋・波津の両浦が御牧郡に含まれていないのだとすれば、その理由としてわずかに考えられることは、この両浦が中世においては、宗像神社の勢力下にあったということである。中世における宗像神社の勢力範囲は最大のとき、宗像郡の他に芦屋、波津、大田の三浦があったといわれるが、大田浦は志摩郡の宮浦のことではないかと考えている。宮浦も中世末期には明らかに存在した浦であるが、その宮浦の中心部分の地名は大田である。その大田には三所神社があり宗像神を祀っている。中世の一時期において、宗像神社が志摩郡沖の小呂島を領有していたといわれるのも、三所神社との関連があったからだと考えるのである。しかも、この宮浦も志摩郡の項には、芦屋・波津両浦と同じように載せられていない。なぜこの三浦が載せられていないかについては、今後の課題として残る。

次に考えておかなければならないことは、ここに載せられた浦の場所が、その土地のすべてではないということである。たとえば志賀島の場合、元禄のころにはすでに志賀島村・志賀島浦・勝馬村・弘（ひろ）浦と、二つの村と二つの浦の存在が認められる。弘浦の場合など地上権ということからすれば、浦の中央を流れる残田川を境にして、志賀島村と勝馬村に分かれており、浦の者の主権は海上と住居だけに限られていたようである。しかしながら、その後背地を利用しての農業が古くから行われていたことも確かである。

福岡や博多の場合、浦はその一部分に過ぎなかったし、他の場合でも本村に対する枝村として存在した浦が大部分である。しかしながら、農村としての村のように、まず本村があって人口の増加や新田開発などの事情によって枝村ができていく、といった構図とはやや趣をことにしており、もともと浦であった所が地形の変化によって集落の移転や転業を余儀なくされたり、後背地の農地化による浦人の農民化、あるいは浦自体の発達による商人化などの事情によって、浦の枝村化が進んでいった場合も多いのではないかと考える。その典型的なのが博多であろう。ともあれ、近世後期における福岡藩領内の浦は次の通りとなった(1)。

遠賀郡　波津　芦屋　山鹿　柏原　岩屋　脇田　脇浦（若松、黒崎は郡方支配）
宗像郡　福間　津屋崎　勝浦　神湊　大島　江口　鐘崎　地島
粕屋郡　箱崎　奈多　新宮　相島
那珂郡　志賀島　弘
早良郡　伊崎　姪浜　残島

怡土郡　横浜
志摩郡　浜崎　今津　宮浦　玄界島　唐泊　西浦　野北　岐志　姫島　新町　久賀　船越　辺田　小呂島

2　浦の地理的条件

浦は海を生活の基盤としているのだから、その場所は当然のことながら海に面した所でなければならない。さらにその場所は大なり小なり船の着岸できる港であらねばならない。港の場所は河口、岬、入江、島などといろいろであるが、良い港とは、自然の防波堤を持ち、潮の流れが緩やかであり、ある程度の深さがあり、船を引き揚げることのできる砂浜も持っていなければならない。さらに漁場としての磯や瀬も近くにあらねばならないのである。漁獲物や運ばれてきた物資の消費地、あるいは他の生産物の生産地が近くにあればさらに良かった。

福岡藩の浦の場合でも、古い歴史を持つ浦ほど前記の条件を満たしている所が多い。それを条件ごとに並べると次の通りとなる。

河口に発達した浦
入江や小さな湾を利用してできた浦
岬の東側に位置する浦
岬の西側に位置する浦
砂洲や砂浜にできた浦
島

以上のような条件にどの浦が該当するかということになると、すべての浦が複合的な条件を持ち合わせており、正確なことは言えないが、最も良い条件を備えている所と言えば、やはり博多湾内の浦と島であろう。玄界灘の、特に秋から冬にかけての北西風と荒波を避けるための自然の防波堤として、海の中道や糸島半島、それに残島、志賀島を前面に持ち、那珂川や多々良川、瑞梅寺川、名柄川などといった港湾に適した河川があり、しかも、それらの河口の側面には風を避けるための岡があるのである。博多をはじめ箱崎、今津、姪浜といった浦が中世から栄えたのも当然のことであった。また、それらの浦から出港する船が風を待つ港として、唐泊や志賀島、浜崎、残島の存在も必要なものであった。

遠賀川の河口に位置する芦屋・山鹿の両浦は、福岡藩領内における最大の河川である遠賀川の豊富な水量と、後背地である筑豊の石炭や米など豊かな産物をバックに栄えた浦である。この両浦に集荷される物資のほとんどは川船によって運ばれたが、その川船の数は明治初年においてでさえ、両浦分（芦屋町分も含む）だけで八十艘を超える。[2] 遠賀川の存在がこの両浦にとっていかに重要であったかが理解できるであろう。

しかし、宝暦十二（一七六二）年に完成した堀川の出現によって、港としての重要性は若松、黒崎へと移っていく。洞海湾という自然の良港に位置しながら、国境の港でしかなかった若松、黒崎が一躍脚光を浴びるようになるのは、堀川を通じて筑豊という巨大な後背地を得たことによる。

福岡藩内で人の住む島は、地島、大島、相島、志賀島、残島、玄界島、小呂島、姫島である。これらの島は、その歴史的な条件によってそれぞれ性格を異にするが、共通する点は、どの島もその最大の集落が島の西南部に集中していることである。多くの島はそれ自体が良好な漁場であったが、人が住み安心して船を繋ぐことのできる場所は、冬の北西風を避けることの可能な西南部しかなかったのである。そういう意味では、岬の東側に位置した浦と同じ条件であると言うことができる。

岬の西側という、あまり条件の良くない場所に位置する西浦（にしのうら）、野北（のぎた）、鐘崎（かねさき）などが浦として成立するのは、近くに良い漁場があったということによるのであろう。これらの浦はいずれも漁村という立場から見ると、福岡藩内屈指の浦なのである。当時の漁船の状態からすれば、船を引き揚げる砂浜があればよかったのであろうが、漁業でしか生きる道がなかったという点も、これらの浦を大きくしていったと言うことができるだろう。

最後に江口浦のことも述べておきたい。江口は近世中期以降ほとんど浦としての生産活動をしていない。釣川の河口が極端に浅くなったのがその理由である。しかし、行政的には明治初年まで浦であり、浦庄屋の発言力も相当なもののようである。浦が浦であるための条件が、単に地理的・生産的な条件だけにとどまらず、歴史的なあるいは政治的な条件もあったであろうことを示唆するものであろう。

3　浦の歴史的変化

古代における玄界灘一帯の浦人の様子を記述したものとして、最も古いものは『魏志倭人伝』における次の文章である。

又渡一海千余里至末盧国　有四千余戸浜山海居　草木茂盛行不見前人　好捕魚鰒水無深浅皆沈没取之（中略）

男子無大小皆黥面文身（中略）

今倭水人好沈没魚蛤　文身亦以厭大魚（中略）

其行来渡海詣中国　恒使一人不梳頭不去蟣蝨衣服垢汚　不食肉不近婦人如喪人　名之為持衰　若有疾病遭暴害便欲殺之　謂其持衰不謹（後略）

この文章の前半は末盧国について書かれたものだが、当時の状況からすれば、奴国や怡土国といった後世の筑前と末盧国の浦の状態はほぼ同じであったと考えられ、この文章によって、当時の玄界灘において蜑を中心とした漁業が行われていたことが分かる。また、「持衰」に関する記述は、当時の人々が中国へ渡ることのできる船と航海術を持っていたことを証明する。さらに文面は、蜑や海運・造船の高度な技術、あるいはそれらを行い得る経済力の保有も示唆するが、そのことは漁業や海運がある程度の専業として行われていたことをも意味し、海運によって得た利益や漁獲物が、物々交換などの方法によって取り引きされるという商行為もあったと考えられる。こういった考え方が正しいとすれば、弥生時代という日本の夜明けの時代に、すでに浦の源流があったということになる。

万葉の時代ともなると、筑前の浦は近世の浦が持っていた要素のすべてを兼ね備えてくる。政治、経済、軍事、外交、交通といったことが、浦の人々の日常生活に大きな比重を占めてくるのである。しかもそれらのことが、『魏志倭人伝』とは比べものにならないほどの具体的事実として書き残されているのである。前面に玄界灘を隔てて中国大陸や朝鮮半島という、当時としては考えられる外国のすべてがあり、後には太宰府という西日本最大の政治都市があるのであれば当然のことである。

天智二（六六三）年、朝鮮半島に出兵していた日本は白村江で大敗する。その結果として玄界灘一帯の各地に防人が配置される。

　沖つ鳥鴨といふ舟の帰り来ば也良の防人早く告げこそ

『万葉集』巻十六（三八六六）に載せられたこの一首によって、防人の配置された場所の一つとして残島（現在は能古と書く）の也良崎が確定できるが、他の場所は不明である。しかしながら、近世になって福岡藩領の岩屋、地島、小呂島、玄界島、芥屋、脇浦と沖島である。[3]なお、この制度は「密航者見張所」として現在も生きている。近世においては外国船の接近があった場合、多くの水夫が各浦から動員され、その数は千人を超えるが、古代においても同じことだったのだろうか。特に朝鮮出兵などともなれば、大変な動員数であっただろうと想像する。

阿倍継麿を正使とする遣新羅使一行が『万葉集』巻十五に残した歌の数々も、天平時代の浦の姿を示している。彼らは船旅を続け、筑前では筑紫の館、韓亭、引津の亭に停泊する。筑紫の館は後の鴻臚館（現在の平和台付近）であり、船の停泊した場所は現在の福岡港の前身であったと考えていいだろう。韓亭は唐泊であり、引津の亭は岐志（きし）の付近と考えられている。これらの浦は風待ちの港であり、陸上交通で言えば宿場町に相当する。このような浦の性格は、芦屋、地島、大島、相島、志賀島、残島、今津、浜崎などと共に近世まで受け継がれ、中世以前に詠まれた多くの詩歌がそのことを証明するのである。

なお、鴻臚館は十一世紀後半まで五百年近くの間存続するが、それはあくまでも公の施設としてであり、太宰府の衰退と共に姿を消し、替わって博多が民間貿易の場として登場してくるのである。近世になっても、博多は民間の港、福岡は藩の港といった性格を持ち続けるのも、政治的背景があったにしろ面白いことである。

最後に、どうしても言っておきたいことに倭寇のことがある。日本史上で倭寇ほど実態の摑みにくい集団も少ないであろうが、その要因として倭寇の併せ持つ海賊のイメージが大きく作用しているように思う。しかしながら、明確な国家の権力をバックに持たない商業集団が自らの武力で自らを守り、或いはその武力を背景に商行為を行ったとしても、それは当然のことであり、中世の動乱の時代においては、常に国取り合戦を行っていた武将たちの行為となんら変わることはないのである。倭寇と大きく関わりを持っていた集団として松浦党や村上水軍があげられることが多いが、その他にも筑前の宗像海人族といわれる人々、山鹿水軍、糸島半島の浦の人々、それに博多商人やそれらを取り巻く多くの西国大名たちも、倭寇と大きく関わっていたと考えなくてはならない。豊臣秀吉の朝鮮出兵に際して玄界灘の浦の人々がすぐに対応できたのも、あるいは五ケ浦廻船の人々が元禄期にはすでに日本各地を航海できたのも、中世末期まで蓄えてきたその技術があったからであると考えると説明ができる。

中世末期における筑前の浦の人々の主たる職業は、最初に述べたように単に漁業であったのではなく、倭寇やそれに関わった船の水主（かこ）であり、漁業や商業など近世以降の浦々に多く見られる職業は、平時における二義的な職業であったと考えられないだろうか。もしそうであったならば、それは太平洋岸や東北・北陸の浦の持つ性格とは異なったものであり、外国を前面に持ち、しかもその中心的な都市であった博多を有していた、福岡藩領内の浦の最大の特質であると言うことができよう。

三　近世における浦の実態

1　浦の支配

福岡藩における浦方の支配がどのような形で行われていたかについては、初期の段階においてはほとんど解明できない。ただし、浦の存在そのものは前項で述べたように近世初頭からあったのであって、慶長九（一六〇四）年にはすでに「箱崎御菜水夫銭銀子ニ而請取事」[4]などといった文言が登場し、浦の存在と浦特有の徴税が行われていたことを証明する。

浦奉行、浦大庄屋、浦庄屋、組頭、組頭取といった近世中期以降の浦方支配の機構が、いつのころに成立したかを確定することは極めて困難である。『黒田三藩分限帳』によれば、「浦奉行」という職名が現れるのは、「寛文官録」の「三百石浦奉行山路加左衛門」からであり、同じく「文化十四年分限帳」には「浦奉行三百石当役料米弐拾俵小遣給拾弐俵宛」とあり、浦奉行支配として「島番」と「波戸場定番」があげられているが、浦の支配に関する基本的な資料である「浦役所定」(5)には慶安二(一六四九)年からの記述があり、そのころ既に浦奉行以下の役職が存在したのではないかと考える。

浦大庄屋はときによっては触口(ふれくち)とも呼ばれ、寛政のころ以降は三人であった。しかし、宮浦の津上家の「御役頭廻船日録」(6)には

宝暦十二年
十月廿日　依御仕組に　上下大庄屋以上五人内　芦屋作兵衛　姪浜忠右衛門　今津惣蔵　新町庄兵衛　四人代役　新宮新左衛門　福間庄屋五郎左衛門ヲ以　上下大庄屋役相勤候

とあり、大庄屋の数が近世初期および中期の段階では流動的であったことを窺わせるのである。

浦大庄屋の支配する区域を触下(ふれした)と言った。したがって、その区域のことを大庄屋の居住する浦の名を上に付けて何々触と言った。もっとも、大庄屋がその浦に居住するということは、必ずしもその大庄屋がその浦の出身者であるということではない。たとえば玄界島の久島次三郎が鐘崎大庄屋になり(7)、久賀(くが)浦の高武善五郎が箱崎大庄屋になり(8)、能古島の石橋与次平が新町大庄屋になり(9)、箱崎の明石貞六が姪浜大庄屋になったりすること(10)もあった。

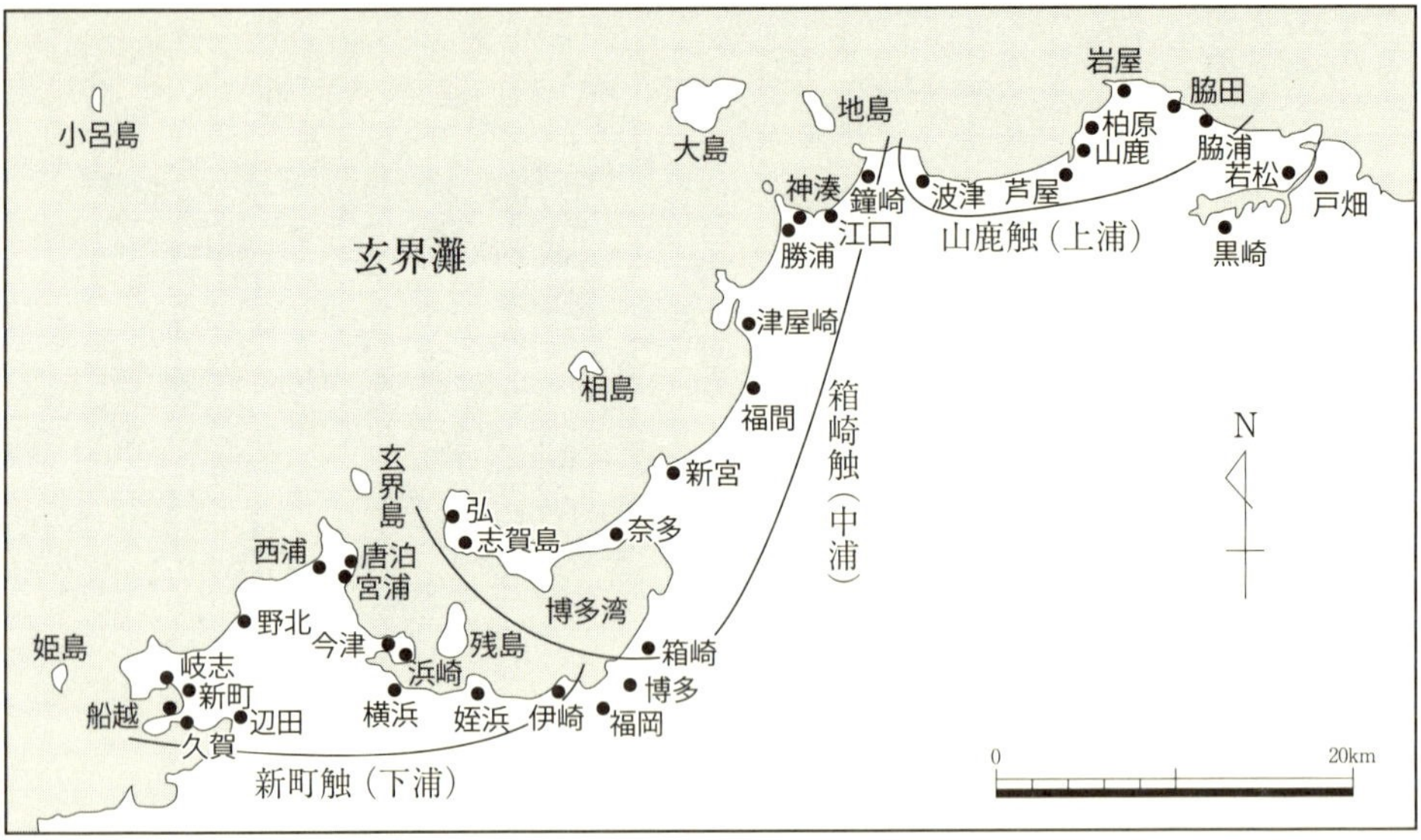

筑前の浦（文政６〔1823〕年，明石文書による）

文政六（一八二三）年の触は「明石文書」[11]によれば次の通りであった。

箱崎触　箱崎浦・奈多浦・新宮浦・相島浦・福間浦・津屋崎浦・勝浦・神湊浦・大島浦・江口浦・鐘崎浦・地島浦・志賀島浦・弘浦

山鹿触　波津浦・芦屋浦・山鹿浦・柏原浦・岩屋浦・脇田浦・脇浦

新町触　伊崎浦・姪浜浦・残島浦・横浜浦・浜崎浦・今津浦・宮浦・玄界島・唐泊浦・西浦・野北浦・岐志浦・姫島浦・新町浦・久賀浦・船越浦・辺田浦

浦庄屋にもまた浦大庄屋と同じように他の浦の者が就任することがあったが、概してその浦の者がなることが通常であった。ときには隣接する浦の庄屋を兼帯することもあり、たとえば、「明石文書」の新町触の項に小呂島が含まれていないのも、西浦か宮浦の浦庄屋が一時的に兼任していたからだろうと推定する。浦庄屋の場合、宝永のころまでは「べんさし」[12]と呼ばれていたようである。文字は「弁差」あるいは「弁指」が当てられており、弁差の語そのものは中世から存在した。この弁差を浦庄屋とすることについて多少の異論もないわけではないが、当時の文書の署名は、近世中期以降においては当然庄屋が署名すべき所に弁差の署名があり、藩からの通達なども また然り(しか)である。

組頭は各浦に一名ないし三名が置かれた。庄屋の補佐役である。その数の多少は浦の大小や性格によっても違うのであろうが、浦の人口に比例しているようである。組頭の下にはさらに組頭取があり、組頭を補佐したようであるが、その数は組頭一人に対して四、五名であった。

以上のように、浦の行政に携わった人々のうち、浦奉行には支配者としての立場で福岡藩士の中から三百石前後の者が任命されたが、大庄屋以下の浦役人は浦を代表する立場でもあった。大庄屋以下の者の主な任務は、御菜銀や水夫銀、運上銀といった諸税の収納、藩からの通達を伝達しその通達に基づいて水夫などを選任するといった「触れ」に関する事項、「宗旨改め」という名の人口動態調査に関する事項、それに各浦の自治および権利の主張といったことがあったが、今日まで神湊、津屋崎、西浦などに伝承されている名庄屋、名組頭の多くは、漁場の権利を命を張って守った庄屋、組頭の話であり(13)、特に漁業を中心とした浦の漁場に対する執着心は、最低の生活を守るという意味で強いものがあり、そのことは現在も生き続けているのである。

2　漁業の浦

初めにも述べたように、福岡藩内の各浦はそれぞれに異なった性格を持っている。したがって、漁業を中心とした浦と言ったところで、明確にそうだということは難しい。大半の浦が、近世という平和の時代になって漁業を中心に据えるようになったが、そのほとんどが廻船や商船を保有するなど、漁業以外の雑多な要素を包含しているからである。漁業そのものにしても、捕鯨、蜑、釣り、網などと漁業の形態が全く違うのである。

それらのことを多少の無理を承知でまとめてみたいと思う。

捕鯨

西海(さいかい)捕鯨ということばがある。山口県沖から五島灘までの間における捕鯨のことをいう。冬から春にかけてここを回遊する鯨を捕るのである。当然のことながら、その中心に位置する福岡藩領内の玄界灘でも捕鯨が行われた。しかし、鯨の通路である漁場が多少とも沖にあることもあって、盛大であったということには成り得なかった。

西海捕鯨を推進していったのは、平戸藩の小田・井元・土肥・原田・益富、唐津藩の常安・中尾・松尾、五島藩の山田、大村藩の深沢といった人々であるが[14]、そういった人々が玄界灘に進出してくるのは近世中期以降である。もっとも、黒田長政の書簡などにも鯨の贈答に関する記事があり、近世初頭にも何らかの形で捕鯨が行われたのであろうが、その実態は明らかではない。

福岡藩領内で捕鯨が行われた浦は、大島、地島、小呂島、姫島である。

▼大島の捕鯨

大島の捕鯨については『筑前国続風土記附録[15]』に

大島村　延享の頃より此嶋にて鯨魚をとりし所あり　字をカジロといふ

土産考　鯨　近年宗像郡大嶋にて取る　又志摩郡於呂嶋にてもとれり

とあり、『筑前名所図会[16]』には「大嶋鯨組・鯨の図」の説明として次の文がある。

神崎　大嶋の北の方に有　此島の神の初て此所に着給ふといふ　今ハ此所に鯨組を立て鯨を漁するなり
凡鯨組九州に多　此所西北ハ限りもなき大海にて　鯨鯢往来する事大道に牛馬の通るか如し　又大嶋と地
の嶋の間弐里あり　其中を通るもあり　凡鯨組一結ひといふハ　せこ船二十艘　網船四艘　漕船八艘なり
網船を惣蓋といふ　船ことに艪八丁　羽差壱人　水子八人なり　此内壱艘親父船といふ　頭領たる者サイ
をふりて指揮す　扨山々に小屋を建て　番所として魚の近よるを籏を上てしらするといなや　せこ船惣蓋
追々に漕出す　鯨ハ寛大なる性にて　悠々として通るを早船にて追越し　網を掛てせこ船にて追入　盛を
打なり　盛とハ銛の事也　鯨半死の時　もすそとて木をわたして大網にて結つけ　船二艘にさしはさみ
漕よせて解なり　大納屋小納屋諸納屋夫々の役を受持て甚た厳重なり　扨鯨にも様々の種類あり　せみ・
さとう・なかす・こくしら・たかまつ　其外さまさまの名あり　象ちも少しつヽ違ひありとそ

この文章はその絵と共に捕鯨の実際を明らかにするが、次に掲げる津上文書の「御役頭廻船日録」の捕鯨に関する記述は、明和三（一七六六）年から同七年までの大島捕鯨の出資者・経営者、運上銀、捕鯨頭数など、その経営の実態をある程度明らかにするものである。

明和三年
六月　呼子(17)松尾長右衛門　大嶋鯨組願相頼　浦銀三〆目畳銭八百匁　地嶋山見料壱〆匁　売運上小鯨共
ニ壱本八百目宛　十一月九日より此方骨納屋寅蔵遣ス　尤骨三百目　□□三百五拾匁　都合元納九貫七
百五拾目十五本分也　網百反書入銭弐拾貫目取替ル　年内セみ弐本取
明和四年

大嶋火事　鯨組以上拾本漁事　此方骨納屋支配寅蔵不算用　暇遣ス

明和五年

正月二日　大嶋江渡海ス　鯨冬春廿本取

明和六年

鯨組大ニ不漁　長右衛門難儀

明和七年

四月廿日　大嶋鯨場不漁ニ付　次郎吉差遣置候処　飛脚遣候故出福致　組揚願　御組衆又七様同道ニ而

半分扱致候処　不聞入　惣高拾壱〆六百目　三人　五嶋屋利左衛門　佐藤小藤太　手前より弁

大嶋鯨組株一式売払ニ成ル　網ハ百五反　此方へ銀十四〆六百目ニ買　舟双海三〆目ニ弐艘宛小間ニて

セリ物ニ致　都合六歩通リノ金高ニ成

以上のようなことで大島の捕鯨は一応の終焉を見るのであろうが、『筑前名所図会』の記述や次に述べる地嶋の捕鯨との関連からすると、以後も断続的に継続し、明治期まで続くのではないかと考える。

▼地島の捕鯨

地島と大島は隣接する島である。大島に捕鯨があったのであれば地島にも捕鯨が存在したはずである。しかし、大島の捕鯨の結果が良好であったとは言い難い。それ以上に地島の捕鯨の結果は不良であったようである。同島の「中山家文書」はそのことについて次のように伝える。

天保十年

（前略）当嶋江住居之鯨組　亥冬より浜崎駅[18]広川理兵衛願受　取掛り候処　金子不調ニ而同冬翌春迄も出組不致　子十二月迄も組掛等之賃銭不参ニ付　博多横町鰯屋弥蔵と申者参り候上取掛り候得とも　金子払底ニ而右こもら之他ハ見合　組出相待居候処　天保十二年丑正月十日比（ころ）より追々組方之者入込　十五・六日比より鯨船そうかい共ニ参候得共　大島江船や掛ケ方申出ル

同正月廿三日　せみ七尋物初漁致候処　なや所ろくろ等も用意不致　殊ニ同日西風強く　こもらニ而鯨捌方出来不致ニ付　波戸内江漕込　ろくろ居江方も受あへす　船引場ニ取捹　及暮候ニ付　翌朝より捌方致ス　なや掛等も無之ニ付　手元受持之村船やヲ大納屋として小納屋分ハ貞次良方前空屋敷ニ付　かきしつらひ取入ル　折節御浦御役所より上田謙蔵様　桂左六様　鯨組之義ニ付入込ニ相成居候折節ニも有之　はと場へ納屋掛願候得共　第一火用心不宜　繋船有之候節ハ差支ニ相成候間　差留候得共　難渋之旨段々申出候間　先ツ仮納屋として急ニ取捹　其儘納屋地となる

閏正月六日　二番魚せみ七尋物当嶋沖神湊之間ニ而掛留メ　同日直ニ漕付　捌方致ス同十五日　三番魚極小之せみ　大嶋前ニ而掛ケ留メ　同日直ニ捌方ニ取揚リ候処　三番魚ハ前売致候由ニ而言事ニ相成　同日相止メ　翌朝捌方致ス　此分大網屋江ハ少しも取入レ不申候

二月十日　四番魚極小之長す子也　油等も無之　此魚波戸沖ニ而網なしニ突取致スなり

右鯨四本切ニ而其後漁し　二月廿日比ニも相成候処　広川理兵衛自身罷越　組揚ケ之手段致候得共　必至と支配出銀之面々よりハ厳敷催促　難渋之折柄ニ付（後略）

地島の捕鯨については『筑豊沿海志』にも「天保十二年鯨組の組織をなせしことあり」とのみ書かれているだけであり、前記の捕鯨以外には捕鯨の事実はなかったのではないかとも思うのだが、五島小値賀島の小田家文書[19]には地島の中山弥兵衛という人物が登場し、五島における捕鯨と金銭の貸借を含めて、深い関わりを持っていたことを窺わせるのである。

▼小呂島の捕鯨

小呂島の捕鯨について、文書としては西浦の西照寺過去帳に、次の文言があることを知るのみである。

寛政十年正月二日
西浦　うらの伝五郎
右ハ小流島鯨場ニ参り　島ニ而相果申候

しかし、『筑豊沿海志』に次のような記述があり、この島においても度々捕鯨が行われていたであろうことを示す。

延宝八年、大村の人深沢義太夫、鯨組を創めしも、六年にして中止したり。これ本嶋鯨網の嚆矢たり。享保十年、博多熊本屋助五郎、岐志浦正兵衛の二人、藩命により、鯨場を開きしも、また一年にして中止したり。その後明和九年に至り、またもや藩主の命を奉じ、大村の人深沢儀平次、同網を企てしも、遂に成功するに至らざりき

この二つの記述を比べてみて、『筑豊沿海志』の記述が正しいとすると、明和九（一七七二）年から寛政十（一七九八）年まで二十六年の歳月が流れていることになる。記録に残されていない事実も多いのだろうと考

えたくなるのである。

▼姫島の捕鯨

筆者の知る限り、近世最後の捕鯨は姫島の捕鯨である。しかし、この島の捕鯨は、前記のいずれの捕鯨と比べても悲惨な結果に終わった。『見聞略記』[20]には次のように伝えている。

安政三年
当年初冬の頃より　御浦役所より姫嶋ニ鯨組一組御思立ニ相成　壱州より原田元右衛門といふ人　一切之事世話仕　同年十二月初迄ニ一切成就仕リ　凡金子三千両余も物入ニ相成　同月より相しかり候処程能く鯨見付　適々一本網かふり　モリ迄ハ突候得共　時化込ニ相成候間　網かぶりながら取逃しニ相成申候　其後　冬中ハ一本も漁事無御座候
安政四年
姫嶋鯨組　同月（一月）廿六日　ざとふの小鯨壱本初メて漁事有之　大分賑ひ立申候（中略）
去冬　御仕組ニ相成申候姫嶋鯨組　諸雑用一切凡四千両余も相掛候得共　漁事無御座候間　当年ニ至リ千四百両ニ而　鯨組一切長州萩領江御売払ニ相成申候
安政五年
正月十二、三日の頃　御国表御筒方より　御船にて姫嶋沖江鯨打に御乗出しに相成申候　筒ハ抱へ筒ニ而御炮放之よしニて　近浦より水夫等御召遣ひに相成申候　数日御滞留ニ相成候得共　鯨ニハ御行合ニ相成不申候よし
安政六年

去ル辰の冬　姫嶋鯨組御思立之節　浦々よりも多分出財仕置候分　鯨組大損失ニ相成候間　当春ニ至リ
不残捨切ニ相成申候

以上、福岡藩領内における捕鯨の実態について述べたが、そのいずれにも共通する点が幾つかある。まず、金主、経営者、労働者といったきわめて現代的な一面を持っており、その内の経営者に相当する鯨場の責任者が、肥前や壱岐の人たちであるということである。次にはそのいずれもがきわめて短期間で不成功、あるいは不成功に近い形で幕を閉じ、現在ではその痕跡も残っていないということである。さらに、いずれの場合にも福岡藩が深く関わっていたと思われる。莫大な資本を必要とし、当たれば巨万の富を手にすることができ、軍事的な要素も多分に持ち合わせているこの捕鯨という仕事は、現在も生き続けている海の男たちのロマンそのものであり、藩にとっても期待の大きかった仕事でもあったのであろう。

なお、野北浦、西浦、玄界島、波津浦などにも鯨を捕った話が残っているが、それは記録による限り流れ鯨や寄り鯨のことであり、厳格な意味での捕鯨とは違うようである。また、野北、西浦、鐘崎などの人々が生月島や壱岐、五島の鯨場へ羽差として働きに出たという記録も残っており、弘浦の今泉五助、地島の中山弥兵衛、宮浦の津上定右衛門といった人々も五島などの鯨組と大きな関わりを持っているようであるが、資料不足で確かなことは言えない。

蜑の浦

『延喜式』によれば、筑前は鮑や海鼠の宝庫である。全国から調や庸として朝廷に納められた海産物の内、鮑と海鼠に限って国々を比較してみると、数量では肥前が一位、筑前が二位であり、種類の多さでは筑前が一位である。この鮑や海鼠を採取した筑前の蜑の伝統は近世まで続く。
今日的な話で申し訳ないが、現在の蜑の人たちの採取物は、鮑のような貴重品よりも雲丹や栄螺といった物の方が中心のようである。しかし、ガラス瓶やアルコールといった物のなかった時代では、雲丹が美味しいと分かっていても販売のしようもなかったであろうし、栄螺に至っては海に棲息する量があまりにも多過ぎた。弘浦の八十歳を超えたおじいさんの話によると、小学生のころ、学校の帰りに栄螺を捕って帰ると、「そげな一文にもならんもんば捕ってきて、捨ててこい」と叱られたのだそうである。『福岡県地理全誌』に示された生産物の価格は単位が不記入であったりして鮑と栄螺の価格を比べることは難しいが、ただ一つ玄界島の場合だけが可能なようである。それによると、鮑八百が十二円三十銭であるのに対して、栄螺は千五百で三円七十銭である。筆者自身も昭和二十三（一九四八）年のころ、四十人の子供たちを引きつれて磯辺へ行き、自分たちで捕った栄螺をたらふく食べた記憶がある。四月のことであった。
こうなると、やはり俵物といわれ三品（さんぴん）といわれて、中国への重要な輸出品であった干し鮑や煎海鼠（鱶の鰭は筑前ではあまり生産されなかったようである）の採取と生産が蜑の仕事の中心となり、それは幕府や藩の重要な経済的政策でもあった。
筑前では、たとえば遠賀郡の蜑住村（あますみむら）（現在北九州市若松区）などが、かつて蜑の住んでいた所だともいわれるが、それは中世以前のことであり、近世福岡藩領内での蜑の浦は『筑前国続風土記』および『筑前国続風土記附録』によれば次の通りである。
『筑前国続風土記』　鐘崎浦・大島・波津浦・弘浦
『筑前国続風土記附録』　鐘崎浦・大島・弘浦
波津浦がどのような理由で早期に姿を消していったのかは明らかではないが、他の浦については多少の記録もあるので、蜑浦および蜑の実態について考察を加えてみる。

▼他国への進出

日本海沿岸の各地に散在する蜑浦の内、幾つかは中世後期から近世初頭にかけて、筑前の蜑が移住した浦であると信じられている。石川県輪島市の海士町と対馬の曲浦は鐘崎浦、鳥取県青谷町の夏泊と山口県油谷町大浦は大島、壱岐の小崎浦は鐘崎浦もしくは弘浦といった具合である。しかも、これらの人々は移住していった先々で非常に優遇されている。輪島の海士町の場合は舳倉島の定住権と漁業権、曲浦や小崎浦では全島海域の漁業権、夏泊[21]では八町四方の無税地を与えられるなどである。[22]近世中期以降においても、移住とまではいかないが各地への進出がある。島根県浜田市立図書館蔵の「諸国船御往来改記帳」には、鐘崎浦の船の寄港が次のように載せられている。

宝暦十三年六月六日
一　漁舟　　船頭　弥右衛門殿船　　弐人乗　　当地にて海士漁仕候
明和八年五月廿二日
一　権現丸　　船頭　藤十郎　　無印三人乗　　当地迄下り
文化九年六月廿七日
一　明神丸　　石見屋左吉殿船　　無印二人乗　　当地迄下り
文化十一年六月五日
一　明神丸　　石見屋左吉殿船　　無印二人乗　　当地迄
文政七年七月十二日

一　織幡丸　石見屋左吉殿船　無印三人乗　隠岐下り
同　十八日
一　織幡丸　同家安治郎殿船　板水押三人乗　下り
天保元年八月廿一日
一　長久丸　五嶋屋八治郎殿船　無印弐人　先年下り　海士漁船
同四年六月十一日
一　竹宮丸　小呂屋佐八殿船　五人乗　海士御連御入津　こころ見業被致候処埒明不申候ニ付
鳥井浦へ御廻り被成候
同日
一　住吉丸　大村屋辰八殿船　五人乗　右同断
同年十月廿四日
一　竹宮丸　小呂屋佐八殿船　漁船四人乗　塩積下り被成候
同十三年七月八日
一　石見屋大吉殿船　板水押弐人乗　出雲下り

また、『大島村史』によれば、山口県豊浦郡豊北町角島には大島の人の墓が約七十基、鐘崎浦の人の墓が約三十基現存しており、同島勝安寺の過去帳には宝永以降、大島の人十四人、鐘崎浦の人十二人の記載があるという。

以上のような蜑浦の人々の他国働きは、浦の人々が元来持っていたであろう漂泊の民的な性格も手伝ったであろうが、やはり彼らが持っていた蜑としての優秀な技術を生かすための手段であったと考えるべきであろう。

筑前の蜑の優秀さを物語る資料が浜田市立図書館にある。次の通りである。

乍恐書付ヲ以奉願上候

長崎俵物方御用干鮑　私共浦々御請高八拾斤　毎年納来候所　北海荒海ニ而磯着鮑払底　其上干立方手馴不申　出来方悪敷ニ付鮑刎有之　年々差返シニ相成難渋仕候　元来鮑漁稼の義者浦人共不馴ニ御座候　依之海士稼仕候ハヽ、追々漁事も相進ミ可申上奉存候ニ付　筑前国より海士壱両人相招　浦人共江習せ　右稼仕候ハヽ、俵物方御用追々出精茂仕度　勿論浦人共助漁ニも可相成候間　右世話方　波根浦勇右衛門へ相願申度奉存候間　御勘弁ヲ以右御願申上通リ御免被仰付被下置候様　浦方一同連印ヲ以奉願上候　以上

文化三寅十一月

波根東浦長　達右衛門

（外に浦長七名連名略）

上野四郎三郎様

御役所(23)

この資料から分かることは、筑前の蜑の優秀さは、潜水の技術もさることながら、干し鮑製造の技術の優秀さにあったようである。『延喜式』について述べたところで筑前の鮑製品の種類の多さを書いたが、その伝統は近世まで続いていたのであろう。

▼俵物

蜑浦の人たちが近世中期以降においても蜑として他国働きができたのは、元禄十（一六九七）年に長崎に俵物会所ができ、さらに寛政のころに始まった幕府の長崎俵物の強化によるのであろう。しかし、福岡藩の蜑浦に対する保護政策は近世初期からなされていたようであり、それを証明する資料として「浦役所定」の次の文章がある。

寛文元辛丑年九月廿六日
海士浦之物共　志賀島・玄界・唐泊り・西浦・野北・岐志・新町　右之浦々ニ而かつき仕候度々ニ　蜑壱人ニ付蚫一貝宛其浦々江運上ニ出シかつき仕らせ可申候　蜑浦之儀は御用之時あわひ差上申候間　余浦之蜑ハ右之浦々へ入申間敷候通　関加右衛門　山路加左衛門手前より申付候事

この文書でも分かるように、蜑は蜑浦だけでなく他の浦にもいたのだが、蜑浦の場合は藩に鮑を差し出す義務があったのである。元禄十年に長崎俵物会所が開設され、寛政十一（一七九九）年には福岡藩の請負高は一応二万斤に設定されたが、この数量は無理であり、享和二（一八〇二）年に一万斤に減額された。このように俵物の生産が強化されると、蜑浦以外の蜑の活動も盛んになった。しかし、蜑浦が主導権を握っていたことには変わりはなかった。安政五（一八五八）年に鐘崎浦が藩に差し出した口上書によれば、

長崎御用俵物　当浦受負三千弐百五拾斤之内　弐百斤津屋崎浦より相納　残三千五拾斤　数年生蚫生方無少　海人共自分ニ仕調出来不仕　無拠受持相立買上仕調申候(24)

と、請負の責任を持たせられているのである。弘浦・大島両浦も同じ程度の請負高であっただろうと思うが、資料はない。

時代は少し下るが、明治初年における鮑などの生産高は表1のようになっており、蜑浦の生産高の多さを示している。

この『福岡県地理全誌』が示す数字は極めて不完全であり、活用することにためらいも感じるのだが、それにしても弘浦の数と比べて、鐘崎・大島両浦の生産量および金額があまりにも少なすぎる。もしこの数量が信用するに足りるものであり、近世から引き継いだものであるのならば、鐘崎・大島両浦の他国働きの最大の理由はそこにあるのであろう。

長崎俵物会所の出現は、筑前の蜑にとっては多少とも迷惑なことのようであった。鮑に限って言えば、俵物会所が必要とした物は干し鮑であり、筑前の蜑が得意としてきたであろう熨斗鮑とは異質の物だったのである。この「干し」と「熨斗」という二つのことばを、誤用あるいは混用している場合が多いのは残念なことであるが、筑前の蜑が干し鮑を生産しなければならない不満の理由を、「浦役所定」は次のように説明している。

実ハ熨斗等ニ仕立候得ハ　鮑二ツニ而熨斗一抱も出来仕　代銀弐三匁ニも相成候処　干鮑ニ而ハ鮑十ヲ程立　壱斤ニ相成　漸弐匁五分程ニ相成候間　自干鮑稼方等閑ニ相成候

ところで、筑前の蜑の場合、鐘崎の蜑は海女、弘の蜑は海士といわれている。現在、鐘崎や弘に行って現状を見ても、あるいは古老の話を聞いても間違いのないところである。しかしながら、近世ともなると話は変わる。鐘崎の場合、隠岐や浜田付近まで出漁した蜑は海士のようであり、弘の場合は『筑前名所図会』に登場す

表1　筑前各浦の鮑(あわび)・栄螺(さざえ)・海鼠(なまこ)・鱶(ふか)の収獲高（明治十〔一八七七〕年前後）

（　）内は金額、円。数詞名がないのは、原本に不記入。イリコ＝煮海鼠

浦名	内訳
岩屋浦	なまこ五〇〇（一・五〇）
柏原浦	鮑一八七五斤（六〇）／さざえ一五六二斤（一五）
大島村	生鮑一〇〇〇貫（三〇〇）／鱶一五〇尾（一八七・五〇）／煎なまこ三〇斤（二・六〇）
福間浦	鮑二六〇〇（一〇〇）
鐘崎村	鮑一四三七〇斤（二二六・五〇）／なまこ一五〇〇（七・五〇）
箱崎村	生海鼠四〇〇〇〇（一二四・八〇）
相島村	海魚（鯛・鰯・鯖・鮑・さざえ）（二〇〇〇）
志賀島村	鮑二〇〇斤（五〇）／さざえ三〇〇〇〇（六〇）／イリコ六〇〇斤（一八〇）／鱶鰭五〇斤（三五）
弘浦	鮑一五〇〇貫（三〇〇）干鮑三〇〇〇斤（七五〇）／イリコ二〇〇（六）
宮浦村（唐泊）	煮海鼠四八斤（一三・五〇）／鮑・さざえ（三〇）
西浦村	鱶鰭五〇斤（一三）
小呂島村	海魚（鯛・鱶・マヒキ・鰤・螺貝・鯵・鮑）（一一〇〇）
玄界島村	鮑八〇〇（一二・三〇）／さざえ一五〇〇（三・七〇）
野北村	海魚（鮑・蛤を含む）（一七九六）
芥屋村	鮑（八〇）
岐志村	鮑（二〇）

＊『福岡県地理全誌』より

る蜑は海女であり、明石文書に登場する蜑も海女である。また、津屋崎には海士と海女がいたことを『見聞略記』によって確認できる。大島も含めた各浦が長崎俵物会所と契約した請負高の約三千斤を達成するためには、海士か海女のどちらかに限定することは無理であり、おそらく磯明けなどといった漁期があったであろうことを考慮すれば、男女共に蜑として働いていたと考えるべきである。また、あとで述べる網漁業や海運業から得る収入は、蜑の収入を上回っていたはずであり、蜑浦といえども蜑はその浦の主たる産業ではなかったようである。

網および釣漁業

捕鯨および蜑について述べてきたが、実のところそれらの漁業は古い伝統を持っていたとしても、季節的あるいは小規模の漁業であり、福岡藩における近世中期以降の主たる漁業は、網および延縄を含む釣漁業であった。特に鰯やかなぎなどが肥料としての利用価値を認められるようになり、「ほしか」として瀬戸内などに送られるようになると益々盛んになった。この網を作るには多額の経費が必要であり、浦における資本の集中が始まる。箱崎や姪浜などの浦部分を「網屋」と呼び、漁業の中心的な家を「網元」と呼ぶのも、そのあたりに理由があるようである。しかし、たとえば西浦のように漁業だけを行っていた浦に名子制度の残存がかすかに見られる程度で、大部分の浦における資本の集中は北陸あたりに見られるような大きな集中ではなく、各個人が平均的な生活を保つことができたようである。各浦に漁業と共に混在した海運業の影響であろう。

次に掲げた表2（44・45ページ）は福岡藩が各浦に貸し付けた銀高であるが、これによって漁船と網あるいは商船などの関係をある程度把握することができる。

ただし、この表は各浦の実数を示しているわけではない。そこで何かいい資料はないかということになるのだが、近世における浦の船の数などを同時に示す資料はない。わずかに『福岡県地理全誌』（明治初年）が近世に最も近い数字を示すのだが、これも明治になって浦と村、あるいは浦と浦が合併された状態で書かれており、商船の場合は石数が示されていないので正確な数字とは考えにくい。次の表3（46・47ページ）は『福岡県地理全誌』と近世の部分的な資料をまとめて各浦の船数を示したが、正確さに欠けるとしても各浦の推移を知るということで意味があろう。

福岡藩における漁業は潜水漁業を除いて多少後進的であったようだが、網の使用によって船数も増え、その規模も拡大していったようである。大多数の浦は海運業から漁業への転進であったと言うことができよう。

3　海運の浦

初めにも述べたように、福岡藩の浦の大部分は、古代から海運業を主たる職業とする浦であったようである。そのような浦の在り方は近世においても受け継がれ、少なくとも幕末期まで続いた。当時の日本における物資の輸送が、海上輸送を中心として行われていたことを考えると当然のことではあるが、福岡藩の場合は千数百年にわたる大陸との交渉、あるいは近畿や北陸との往来などによって培ってきた技術と伝統を受け継いだ結果でもあると言えよう。

表3「福岡藩の浦の船数」によれば、船の数は圧倒的に漁船が多い。しかし、これを当時の船に掛けられていた税であった「御菜銀」の金額で比べてみると、立場は逆転する。御菜銀は漁船一艘について銀五匁、小漁船は二匁、廻船や商船は石数百石に付き二十二匁であるから、廻船一艘の大きさを確認できる「浦記録」の二十二艘の平均石数一二五八石で計算すると、廻船一艘の御菜銀は漁船五十五艘分に相当し、商船の場合でも一艘の平均石数は六十七石であるから漁船三艘分に相当する。このように御菜銀に関する限り、福岡藩の海運は

表2　福岡藩が各浦に貸し付けた銀高

文政七年	銀二貫四〇〇目	漁船仕調	新宮	八人
同	同一貫五〇〇目	同	相島	五人
同	同一貫五〇〇目	鰯網修復	新宮	一人
同	同五貫目	田作新調	大島	二人
同	同三貫目	漁船仕調	奈多	一〇人
同	同五〇〇目	鰯網修復	同	一人
同	同一貫五〇〇目	漁船仕調	箱崎	五人
同	同三貫目	鰯網修復	福間	二人
同	同九〇〇目	漁船仕調	同	三人
同	同二貫目	鯛網修復	相島	二人
同	同九〇〇目	漁船仕調	同	三人
同	同三貫目	商船仕調	鐘崎	二人
同	同三貫目	鰯網修復	同	二人
同	同二貫七〇〇目	漁船仕調	同	九人
同	同一貫目	役宅買調	志賀島	一人
同	同九〇〇目	漁船仕調	同	三人
同	同六〇〇目	漁船仕調	山鹿	二人
同	同六貫五〇〇目	渡世為取続	柏原	一人
同	同一貫五〇〇目	商船仕調	同	一人
同	同一九貫五八〇匁八分	仕組船借財	残島	島中
同	同一貫目	商船仕調	姪浜	一人
同	同一貫五〇〇目	鯵網仕調	玄海島	島中
文政八年	銀三貫目の内五六〇・五二匁	商船仕調	鐘崎	二人
同	同三貫目の内一貫目	鰯網修復	同	同
同	同二貫七〇〇の内七〇〇目	漁船仕調	同	九人
同	同八五五匁	火事逢	新宮	三人

同	同二貫目	田作り網仕調	勝浦	四人
同	同一貫五〇〇目	漁船仕調	同	五人
同	同一貫六〇〇目	鰯網修復	神湊	二人
同	同二貫四〇〇目	漁船仕調	同	八人
同	同二貫一〇目	立網諸道具修復	箱崎	七人
同	同四貫五〇〇目	鰯網修復	志賀島	三人
同	同一貫五〇〇目	漁船拝借	奈多	五人
同	同一貫二〇〇目	漁船拝借	津屋崎	四人
同	同二貫八〇〇目	商船拝借	同	四人
同	同九〇〇目	漁船拝借	福間	三人
同	同五貫目の内二貫五〇〇目	鰡まかせ網新調拝借	同	組頭取中
同	同二貫目	鰤網仕調	大島	二人
同	同一貫五〇〇目	漁船拝借	新宮	五人
同	同一貫二〇〇目	漁船拝借	相島	四人
同	同一貫目	田作網修復	新宮	一人
同	同一貫五〇〇目	鰯網修復	波津	三人
同	同一貫二〇〇目	漁船仕調	同	四人
同	同一貫目	立網并漁船仕調	山鹿	二人
同	同九〇〇目	漁船漁具修復	同	二人
同	同一貫二〇〇目	鰡網仕調	岩屋	庄屋組頭等
同	同九〇〇目	漁船仕調	同	三人
同	同一貫五〇〇目	商船仕調	同	一人
同	同二貫五〇〇目	鰤網仕調	西浦	九人
同	同一貫八〇〇目	漁船仕調	姪浜	六人
同	同三貫五〇〇目	田畑受返	久賀	一人
同	同一貫目	漁古船買調	今津	五人
同	同二貫目	鰈網修復	唐泊	六人

＊『筑前国浦方史料 第一集』（古文書を読む会編）より

（明和２〔1765〕年）

商船	石数	漁船	小船（てんま さんぱ など）
8	705	33	1
28	1083	66	
1	68		7
11	1203	19	
不明	1576	20	
8	436	59	3
5	1837	72	5
7	1304	18	1
3	110	21	1
33	2363	50	1
29	1556	15	
18	1022	4	
		6	2
3	139	11	
6	438	8	
50	2319	10	23
		14	
22	973	川内漁船11	
7	465		

（享保２〔1717〕年）

廻船	商船	漁船	
4	1		
10		6	
11	5		
7	7		
		35	
		11	
	15	41	
		16	村肥船　4
		6	
	5	41	

（文政年中）

廻船	商船	漁船	その他
	5	42	村肥船 2
4			萱船　5
	3		伝道　7　村肥船 5
		4	小伝馬 4　散波　4
	1	16	伝道　9　散波　1
4			
3		23	
		48	
		12	
		15	
		21	
	5	20	
		6	
	4	18	
	6	9	散波　12　村肥船17
		12	散波　7

表3　福岡藩の浦の船数（明治初年）

浦　名	商船	小船	漁船	小漁船	小伝間		
福間	4	1	36				
津屋崎	15	4	48				
渡り村		15		5			
勝浦		3		22			
神湊	12	7	37	2			
大島		2	91	21	3		
江口							
鐘崎	3	8	74	6			
地島	4		25				
波津	1	1	20				
芦屋	11			1	川艜　7		
山鹿	1	1			川艜 63		
柏原	6	6	34		川艜　1		
岩屋	2	2	6				
脇田	1	3	11	2			
勝浦	7	4	7				
若松	64	26	19	川艜　6	小伝間 30		
戸畑			34				
黒崎	33		24	涙船　6	川艜 40		
芦屋町	11	6	4	13	渡船　1		
箱崎		1	78	9	小伝間　3	農船　6	川艜 10
奈多	1	4	62	6	小伝間　8		
新宮			32				
相島			27		散波 41		
志賀島		9	65	伝道　7	散波 14		
弘		1	30		散波　9		
伊崎							
姪浜			85		渡船　1		
残島	2						
横浜（不記入）							
今津	2		20	8			
浜崎（今津に含む）						農船 13	
宮浦	5		53	26			
唐泊（宮浦に含む）							
西浦			51	5	農船　2		
小呂島			19		農船 11		
玄界島			23	3			
野北			24				
久賀	4		14		農船 41		
船越			38				
辺田				2			
芥屋				2			
岐志	3		25	17			
新町	2		19	7			
姫島			20				

漁業を圧倒するのだが、その海運がどのような実態であったかについて述べてみたい。

五ケ浦廻船

福岡藩では海運に従事した船のうち、五百石以下の船を商船といい、それ以上の船を廻船と呼んだ。その廻船の福岡藩における集団が「五ケ浦廻船」である。

五ケ浦廻船とは、博多湾西部の残島（能古）、浜崎、今津、宮浦、唐泊の五つの浦で組織した廻船集団のことである。主として福岡藩をはじめとして、幕府や東北・北陸諸藩の廻米を大坂や江戸に回送する仕事に従事していた。その発生の時期については明らかでないが、文政年中に書かれた「五ケ浦廻船方記録」[25]に「五ケ浦廻船専ら繁昌仕り候は正保・享保年中、古き書類に相見え申し候」とあり、今津や唐泊が平安あるいは万葉の時代から栄えていた港であることを考えると、中世からの技術と伝統を受け継いだ集団であったと思われる。

各地に残された記録によれば、五ケ浦の廻船が寄港した港として、江差、石狩川、函館、浦河、大畑、青森、秋田、酒田、新潟、小木、浜田、仙台、小淵、それに大坂、江戸などがあるが[26]、元禄のころの遭難が房総半島以北の太平洋岸に集中していることから、初期の航海が津軽海峡を通って江戸・大坂へと向かう東回りであったことを窺わせる。

廻船の数や大きさについての完全な資料はないが、享保二（一七一七）年の数が残島を除いた四浦で三十二艘であり、「五ケ浦廻船方記録」に「安永・天明の頃、廻船五十余艘」とあり、さらに「享和の頃、残島ばかりにて十三、四艘之有り」とあることからも、最盛期には六十艘を超える廻船を所有していたのではないかと考えられる。

廻船の大きさを示す資料としては明和九（一七七二）年の江戸大火の際、桜田門で類焼した福岡藩江戸屋敷の木材を運んだ記録が「浦記録」に載せられており、五ケ浦廻船の規模を示すが、ここに載せられた廻船数がその当時の五ケ浦廻船の総数であったかどうかは明らかではない（次ページ表4参照）。先に示した「五ケ浦廻船方記録」の記述、それに各藩の米を運ばなければならないという事情を考え合わせると、総数の半分程度ではないかとも考えられる。残念なのは、福岡藩内における廻船の記録に残された船の中で最大の石数を誇る、「徳蔵船」の船籍が不明であることである。ともあれ、五ケ浦廻船の平均的石数はこの表で見る限り一三〇〇石であったと言うことができる。

五ケ浦廻船は幕末期にかけて衰退の一途を辿る。途中、宝暦二（一七五二）年の浜崎浦青木善右衛門ルソン島漂流事件によって浜崎・今津両浦の廻船は壊滅に瀕し[27]、他の浦も二百年にわたる永続の結果としての硬直化であろうか、幕末期にはその規模も最盛期の五分の一以下に縮小する。特に明治になってからは福岡藩や幕府の庇護を失い、明治三（一八七〇）年には五ケ浦の江戸における代弁者であった筑前屋作右衛門の贋札事件連座もあって、明治八年には総ての廻船を失い、その歴史を閉じるのである。

商船の浦

福岡藩の浦のうち、五ケ浦を除いた他の浦のほとんども商船を保有していた。表3「福岡藩の浦の船数」において商船がないとされている浦でも、ある時期においては商船を持っていたはずである。

福岡藩の浦では商船のことを「五十集船（いさばぶね）」[28]と呼ぶ場合が多い。乗せられる物は何でも乗せ、商える物は何でも商うという意味に解釈している。そういう意味では、一般の民衆にとって五十集船は廻船などよりも重要であったと言うことができよう。「筑前の船数」には不記入であるが、慶応三（一八六七）年に横浜の商船五艘が福岡藩米（百八十俵、五十九俵、六百八十俵、二百五十俵、四百七十俵）を積んで、横浜から福岡の永蔵（ながくら）まで

表4　明和9(1772)・10年の「浦記録」に見る五ケ浦廻船

番号	浦　名	年　月　日	石数	船頭名	備　　考
1	宮　浦	明和9年7月	730	千之丞	
2	唐　泊	同	1352	作右衛門	
3	今　津	同	1000	忠七	
4	残　島	同	1477	幸作	
5	宮　浦	8月	1129	貞吉	
6	残　島	同	1382	与十郎	
7	残　島	同	1085	弥惣兵衛	
8	残　島	同	1512	五太夫	
9	残　島	同	1844	次郎吉	
10	残　島	同	1365	太郎次	
11	残　島	9月	1436	善次郎	
12	(不　明)	同	2066	徳蔵	
13	(不　明)	同	(不明)	川野五郎八	旅船上乗り
14	宮　浦	同	1550	悦五郎	
15	残　島	同	1454	八蔵	
16	残　島	10年正月8日	1369	吉平	
17	残　島	正月	1444	彦十郎	
18	唐　泊	同	744	六右衛門	
19	今　津	同	558	仁兵衛	
20	残　島	2月8日	1085	弥惣兵衛	再度
21	(播　州)	晦日	1588	庄次郎	旅船上乗り
22	(大　坂)	3月	860	平兵衛	旅船上乗り
23	(大　坂)	同	1540	助三郎	旅船上乗り
	宮　浦	20日	733	千之丞	再度　無番積み
24	宮　浦	23日	1175	孫蔵	
25	(芸州広島)	晦日	990	徳兵衛	旅船
	残　島	21日	734	善吉	無番積み
26	今　津	4月3日	993	忠七	再度
27	唐　泊	同　20日	1494	萬右衛門	
28	宮　浦	6月19日	733	千之丞	3度
29	唐　泊	7月5日	1596	惣右衛門	
30	残　島	11日	1239	五八	
	宮　浦	同	1550	悦五郎	再度　無番積み

〔編注：(　) は出航地か〕

回送したとき、風に遭って積荷の米を流失させているが、この事件について述べた『見聞略記』の記述も「五十集船」としており、二百石を超える大型の商船も「五十集船」と呼んでいたことが分かる。

商船は、藩内の物資の流通だけでなく他藩でも活躍した。伝承として有名なのは、岐志や新町、船越の商船が伊万里の陶磁器を日本各地に運んだ話であるが、記録として残っているものとしては北海道江差[29]、島根県浜田[30]、広島県尾道[31]などの客船帳がある。江差の場合は明和七（一七七〇）年から安永三（一七七四）年までの五年間に四十二艘の筑前船が記録されているが、残島二十四艘、姪浜九艘、今津七艘、唐泊二艘と、商船は姪浜だけである。尾道の場合は、寛政十三（一八〇四）年の一年間分であるが筑前船九十三艘とその数も多く、全船が博多、姪浜、芦屋、勝浦、鐘崎、地島、神湊などの商船であり、その多くが大坂への往来の中途寄港である。浜田の客船帳は延享から明治までとその期間も長く、入港船数も二一九艘であり、各浦のある程度の消長も示しているので表5にまとめる。

この表で顕著に示されるのは、天保十二（一八四一）年以降の極端な減少である。先に示した「筑前の船数」でも同じような傾向はあるが、これほどの減少ではない。原因として幾つかの理由が考えられるが、その第一は所謂「北前船」と呼ばれる北陸の商船の増加である。物資の流通が大坂を中心に行われているのであれば、絶対にここを通過しなければならない新興の北前船の増加は当然であり、その分だけ日本海沿岸の各地における福岡藩の商船の商行為が減少したことも当然であろう。次に考えられることは、積荷の変化である。「筑前の船数」に見られる明治初年における若松商船の大増加、あるいは芦屋、山鹿の商船の大減少は、筑豊における石炭産出の増加と、その積出港として若松港が地位を確立したことを思わせるが、積荷が石炭中心ということになれば、日本海に進出する商船の減少はこれもまた当然である。

明治以降、商船の汽船化や大型化は、若松を中心とする一部の浦の繁栄と都市化をもたらしたが、そのこと

表5　浜田清水屋（島根県）の客船帳に見る筑前船
（寛保1〔1741〕～明治23〔1890〕年）

浦　名	寛保1(1741)～寛政2(1790)	寛政3(1791)～天保11(1840)	天保12(1841)～明治23(1890)	総計	積荷・行先など
残　島	3	17		20	カリヤス売り　越後，庄内登
唐　泊	4	2		6	南部，越後，秋田登・下
宮　浦	3	2	5	10	越後登・下　松前，南部鉄買
地　島	3		4	7	塩売・塩さば，干鰯買
今津浜崎	1			1	
初　浦	1			1	
博　多		2	3	5	麦，草売・焼物買
姪　浜	4			4	
大　島	2			2	
神　湊		7	4	11	あし，さは買　塩，米，そうめん売
津屋崎（渡村）	7			7	塩売・鉄，さは買
福　間	4			4	
鐘　崎	1	2	6	9	塩売・鉄買
勝　浦	1	4		5	
芦　屋	18	16		34	くり綿売・しゐら買
柏　原	21	2		23	塩売・焼もの売　ヲサノ国登
脇　浦	7	2		9	酒売・半紙，中保買
脇　田		3		3	塩、焼物売・さは買
山　鹿	14	5		19	塩売
船　越	6	16	1	23	米，綿売
岐志（新町）	4	10		14	越前屋
若　松	1		1	2	
計	105	90	24	219	

表6　近世福岡藩領内の商船

浦名	商船石数
津屋崎浦	（明和3年8月）25　36　36　30　80　25　25　25　25　25　不明　25　30　25　25　30　75　30　30　48　100　65　不明　不明　25　不明
勝　浦	（明和3年8月）250　300　400　35　170　35　40　55　35　40　30
鐘崎浦	（明和9年10月）40　40　50　30　30　35　90　50　40　40　80　60　50　70　60　50　70　35　35　30　30　25　30　50　30　35　30　50　40　40　30　35　35　30
大島浦	（明和9年9月）550　70　40　50　25
地島浦	（明和9年9月）900　300　110　100　50　30　30
波津浦	（明和9年9月）25
芦屋浦	（明和9年9月）120　45　230　30　120　120　70　80　80　120　50　60　120　40　90　25　100　20　120　150　120　120　90　100　110　50　50　45　70　70　120　90
脇　浦	（明和3年8月）30　140　25　40　130　25　30　40　25　25　100

＊「宗像・遠賀両郡浦々商船・漁船御改ニ付書上帳」[注32]（明和3〔1766〕年より同9年）による

は弱小資本でしかなかったであろう多くの浦の商船の弱体化を促進し、陸上交通の発達と共にやがて消滅していくのである。

福岡藩の場合、商船は二種類に分類され、五十石以上の船を大船、それ以下の船を小船と呼んでいたようであるが、大半は五十石前後であった。近世における福岡藩領内の商船の実態の全部を把握することはできないが、分かる範囲で言えば表6の通りである。

渡海船

渡海船とは人を乗せて運ぶ船のことである。一般的には「東海船」と書かれることが多かったようである。福岡藩では、江戸に上るときは黒崎で東海船に乗船し、大坂で下船して大坂から江戸までは陸路をとるというのが普通であった。したがって、東海船の最も多い浦は黒崎であり、次いで若松であったが、宮浦の「御役頭廻船日録」（津上家文書）や『見聞略記』にも「東海働き」という文言や対馬―博多間で人を運んだ記述があり、廻船を東海船に転用した例も多い。また、福岡藩内における離島との往来にも当然のことながら東海船が必要であっただろう。『筑前国続風土記』や『筑前国続風土記附録』に載せられている渡海船の記述は、時代による渡海船の規定の変化や、人の動きの増加を示唆するが、福岡藩内における渡海船のすべてについての記述であるかどうか多少の疑問も残る。

書名	渡海船数	内　黒崎	若松
『筑前国続風土記』	二四	一九	五
『筑前国続風土記附録』	五八	一三	四五

（ただし『筑前国続風土記附録』の渡海船数は「遠賀の大船の内なり」とある）

4　港としての浦

浦が海に生活の基盤を持っており、船を生活の手段としていたことからすれば、どの浦も大なり小なり港であった。しかし、それぞれの港にはそれぞれの存在理由があり、一概に論ずるわけにはいかない。しかも、どの港も複合的な条件を有するのである。たとえば唐泊のように、廻船の基地であると同時に漁港であり、風待ちの港でもあるというような具合である。また、江口のように釣川河口にあって、中世の宗像一族にとって重要な港であったはずのものが、時代の変化と河口付近の砂の堆積によって、浦としての機能を失った所もある。このような港としての浦について多少の類型化を試みてみる。

商港

福岡藩内には、博多、福岡、芦屋、若松、姪浜、横浜（よこばま）などの商港があったが、この内、博多をはじめ芦屋、姪浜は中世以来の古い港である。特に博多は、後背地に都市としての福岡・博多、それに筑紫平野を持ち、物資の集散地としては最適の港であった。港付近には船宿が建ち並び、いろいろな問屋もあって商業都市博多を支えた。しかし、近世の航路図によれば主要航路からは外れており、中世の黄金の日々の面影はない。鎖国という政治の影響を最も強く受けた港と言うことができよう。

芦屋や姪浜が博多と大きく違うところは、後背地に博多ほどの大きな人口を持たなかったことである。博多が木蠟や鶏卵、皮製品などの輸出品を持っていたとしても、どちらかと言えば輸入中心の港であったのに対して、芦屋、姪浜は遠賀川流域あるいは早良平野の物資を中心とした輸出港と言うことができよう。中世において商港として栄えた今津が、近世において商港としての地位を失ったのは、消費地としての、あるいは生産地としての後背地を持たなかったことによる。

若松と横浜は福岡藩米の積出港である。福岡藩では若松と横浜、それに福岡の三カ所に米倉を建て、領内の租税としての米を集めたが、若松・横浜両港の米は江戸・大坂へと送り、福岡の米は備蓄用あるいは藩士の給与用とした。若松・横浜両港の輸出の規模としては、横浜の怡土・志摩両郡の米二万石程度に対して、若松は遠賀川流域の米八万石程度と大きな開きがあるが、共に米を積み出すために造られた港であり、米中心の経済であった当時の状況からすると福岡藩の財政を支えた港でもある。もっとも、若松の場合は近世中期以降石炭の積出港ともなり、明治ともなれば日本の近代化を支える港へと発展していくのである。

この他、宗像郡の物資の集散地としての神湊・福間、塩の積出港としての津屋崎、粕屋郡の物資の集散地としての新宮、同じく志摩郡の宮浦・新町・岐志、那珂郡の志賀島なども商港であった。ただし、気を付けておかねばならないことは、これらの浦のうち横浜と宮浦を除くすべての浦が漁港でもあるのである。また、博多や若松（黒崎も）は一時期を除いて行政的な浦ではない。

風待ちの港

玄界灘に面した福岡藩の浦であってみれば、航海に都合のよい風を待つための港が幾つかある。

最も古い記録として『万葉集』巻十五に遣新羅使一行の一連の歌がある。一行が後の福岡藩領内に停泊したことが明らかな港は、筑紫館、唐泊、引津であるが、このうち筑紫館（福岡市中央区平和台付近）は当然寄るべき港であったとしても、他の唐泊と引津（糸島郡志摩町岐志付近）への寄港は風待ちのためであったと考えるべきである。この三つの港と次の寄港地である松浦郡狛島でうたった歌の幾つかを並べると、どの程度の風待ちをしたかが多少とも明らかになる。

年にありて一夜妹に逢ふ彦星もわれにまさりて思ふらめやも　筑紫館
ひさかたの月は照りたりいとまなく海人の漁火はともし合へり見ゆ　唐泊
秋の野をにほはす萩は咲けれども見るしるし無し旅にしあれば　引津
帰り来て見むと思ひしわが屋外の秋萩薄散りにけむかも　狛島

つまり、筑紫の館で七夕の夜を過ごし、唐泊で名月を楽しみ、引津で萩を愛で、狛島で秋の終わりを知ったということであり、現在では三時間行程の船旅のところを数カ月かかっての船旅である。近世ともなれば、よほどのことがない限りこんな悠長な船旅はなかったであろうが、基本的なことは何ひとつ変わっていないのである。

近世における風待ちの港としては、地島、大島、相島、志賀島、浜崎、唐泊などがある。地島、大島、相島などは航海の途中における避難港であり、志賀島、浜崎は博多湾から外海へ出るための港、唐泊は両方の要素を兼ね備えていたと言うことができる。

志賀島は現在でも志賀海神社の門前町的性格を有しているが、これもかつての風待ちの港の名残であり、地島の泊では近世のころ商家や旅館であったことを示す屋号を持った家が多い。波止も両浦共に近世初期に藩の工事として造られた。相島は朝鮮通信使の停泊する港でもあった。

これら風待ちの港に共通することは、港の位置が海上交通上の難所に隣接する場所であったことである。当時の海上交通、あるいは漁業の危険性は今日の比ではなく、自らの安全を神に祈るしか方法がなかったような時代である。したがって、風待ちの港の存在はより重要であったと言うことができる。

5　浦商人

浦はその発生のときから第一次産業としては漁業しか持っていなかったから、生きていく手段として何らかの商行為が必要であった。多くの農村が米麦を中心とした生産を行い、それに付随する自家消費分を含めた第二次産業を持ち、最低の自給を保つことができたのと対照的である。浦々の商行為の在り方は各浦の立地条件によって異なり、そのことが浦ごとに異なった性格を形成していったとも言える。

浦商人として考えられる最大のものは金主といわれる商人であろうが、金主だけに留まった商人はほとんどいないようであり、金主の多くは船待ちであり網元であるなどといった他の事業者でもあった。こういった商人は各浦に数名ずつ存在し、庄屋などの浦役人も兼務して浦の実権を握っていたようである。浦にはまた荒物屋、桶屋、古着屋、畳屋、揚酒場、質屋などといった今日的な意味での商店もあったようだが、その実態を知ることのできる資料は少ない。

ある程度はっきりした資料が残っているのが振売(ふれうり)商人である。『筑前国浦方史料 第一集』に載せられた「明石文書」によれば、寛政元(一七八九)年に福岡藩が浦々に出した振売の「御免札」は五二九枚、寛政七(一七九五)年で四七一枚と、当時の浦の戸数の約一〇%が振売に従事していたことが分かる。

振売の行動には次のような決まりがあった。

私共儀振売御免札申請ニ付仕上書物之事

一 御極之品計商売仕候様ニ被仰付奉畏候事
一 借札寄合札仕間鋪候
一 於在々 一切掛売仕間鋪候 若掛売仕代銀損失ニ相成候迚茂 一言申上間鋪候事
一 御札三ケ年切之旨奉畏候事

右の趣少ニ而茂相背候ハ、御法之通 何分ニ茂曲事可被仰付候 仍而仕上書物如件

浦々在郷出
商人中

寛政元年六月

また、振売で許可されたのは次の物であった。

茶 煙草 油 髪結い鬢付 紙類 打綿 木綿 燈心 附木 生魚 塩魚 海藻類塩 苧 針 墨 筆

酢　醤油

これらの品物をどの浦の振売商人が、どの程度の人数で売り捌いていたかということになると、総数は先に述べたように明らかなのだが、浦別となると全部を明らかにすることはできない。分かるものだけを挙げると次の通りである。

寛政元年六月

総数　五二九

脇浦	三	脇田	二
姪浜	三八	横浜	二
浜崎	三	今津	一〇
宮浦	五	唐泊	七
西浦	一一	野北	六
岐志	一四	新町	八
久賀	七	船越	九
辺田	一一		

寛政七年

総数　四七一

新宮触	二九六の内七枚減	残り	二八九
山鹿触	増減無し		六二

姪浜触　一二二の内三枚減一枚増　残り　一二〇

以上の数字から分かることは、

- 志賀島を除いた他の島には振売商人がいなかったであろうこと
- 姪浜、箱崎、奈多など、福岡・博多に近い浦に振売商人が集中したであろうこと
- 島を除いたほとんどの浦に十人程度の振売商人がいて、近辺の農村で商いをしたであろうこと

などである。

西日本では漁村から魚の行商に出る人を「志荷(しか)商人」といった、と国語辞典(33)にある。実際に近世の文書には志荷商人という言葉は登場するし、昭和の初めころまでは野北の辺りで魚の行商の人を「おしかさん」と言った。この志荷商人と振売商人とは同一のものであろうと考える。しかし、大正から昭和にかけての志荷商人と近世におけるそれとでは、実態が大きく変化したであろうことをこの資料は教えるのである。

6　流人の島と遠見番所

流人(るにん)も遠見番所も藩の政治や軍事に属することであり、浦の人々の生活とは直接の関係はないであろう。しかし、浦の人々の生活や行動に大きな影響を与えたことも事実である。

遠見番所が各地に配置されたのは寛永十七（一六四〇）年のことである。実際に配置された場所は、姫島、西浦、相島、大島、岩屋の五カ所であったが、正保二（一六四五）年に西浦の番所が玄界島に移され、新たに芥屋、脇浦、沖島、大島（二カ所）に設置された（小呂島の設置もこのころであったと考える）。また、天和元（一六八一）年には地島にも設置された。

流罪の制度がいつのころから始まったかは明らかではないが、大島[34]や玄界島[35]の流人に関する伝承が中世初頭から始まっていることからすると、少なくとも中世末にはこれらの島に流人が存在したと考えていいだろう。福岡藩における流人の島は、大島、玄界島、小呂島、姫島の四島であり、その始まりは遠見番所と同時であったと考えるが、記録として確認できるのは宝永四（一七〇七）年以降である。[36]流された流人の多くは政治犯、窃盗犯、賭博罪などの罪に問われた人々であった。

これらの遠見番所や島々には、定番（じょうばん）と呼ばれる侍とその配下としての足軽、および灯籠番と急用丸加子（かこ）が配置され、海の監視や流人の管理にあたった。文政六（一八二三）年における配置については相島、大島、地島などの資料があり人名も分かるが、他の場所については人数しか分からない。

島々御定番
相　島　山本六郎　内海八右衛門
大　島　周防文右衛門　宮川右平
地　島　三隅藤右衛門（申三月退身）　原　弥大夫　疋田権右衛門
岩　屋　溝口宇右衛門　新野大助
玄界島　吉武次郎右衛門　古川源右衛門
小呂島　藤田茂助
姫　島　二人
島々遠見御足軽
相　島　中村兵右衛門　吉村次郎右衛門　友納儀助

灯籠番　稲光文助　急用丸加子　長五郎
大　島　古賀五右衛門　坂口兵太　井手市十郎　真鍋文蔵
急用丸加子　半次郎
地　島　太田清三郎　岡山庄次郎　力丸源四郎
灯籠番　中村又右衛門　急用丸加子　庄七
地島御定番御支配　鐘崎浦灯籠番　九平
玄界島　二人　急用丸加子　一人　志賀島灯籠番　一人
姫　島　三人　芥屋遠見御足軽　二人　急用丸加子　一人
小呂島　急用丸加子　一人[37]

浦の人々とこれら遠見番所や流人との関わりは、任務として急用丸と呼ばれる船の運航や、流人の送迎などがあったが、最も大きな関わりは流人と島の人々との交流であろう。現在、島に伝承として残っているものの多くは、政治犯として流された流人の話である。流人の中には特殊な例として「流罪の上、牢居[38]」などもあるが、大半は島の中を自由に行動できた。島の人々の中にはこれらの流人との交流の中で、学問や知識を身につけていった人もある。玄界島には「鬱散会[39]」安永十（一七八一）年、「夢の徒然」文化八（一八一一）年といった流人の文学が残されており、明治初期に松田清三郎という人が書いた「玄界島記」の中にも、流人や定番の詩や短歌・俳句が数多く紹介されている。この松田清三郎という人も、流人から学んだ学問をもとにして寺子屋を開いた人である。また、玄界島の久島治三郎や大島の大島弥一郎が、長崎詰庄屋から浦大庄屋へと出世の道を歩くのも、流人から得た学問をもとにしたものであろうと考える。

遠見番所や流罪の制度は、明治初年の幕藩体制の崩壊と共にその幕を閉じるが、流人や定番が二百数十年にわたって島に与えた影響は大きなものであったと言わざるを得ない。

四　終わりに

現在の漁村がかつては漁業以外の多種多様の職業や条件を持ち、それが複合されて現在に至っていることを縷々述べてきたが、その全部を言い尽くしたわけではない。たとえば、製塩などはそれが制度として浦から除外されていたということで述べなかったし、水夫や水夫銀のことも浦人の最も重要な任務であったにも拘らず、全部の浦に共通の問題であることと、筆者の理解の不正確さもあって除外した。

今後研究を深めなければならない問題は、まだ数多くある。残島の場合、「残島村」と書かれた文書が時折存在するが、それは土地や農業に関する場合である。では村庄屋がいたのかと言えば、その形跡もないようである。「浦」と「村」の関係はどうなっていたのであろうか。

各地の神社や祭りといった、民俗学的立場からの浦の解明も必要であろう。福岡藩内には志々岐神社が幾つかあり、浦の多くの神社の末社に志々岐神社がある。平戸の神様がなぜ、という疑問である。西浦の「ひょうかりいらい」[40]はその漁業の古さを示し、今津の「十一日祭り」[41]はその商港としての歴史を示す。このような各地の神社や祭りはかつての浦人の生活に由来するものであろう。浦を理解するためには欠くことのできない問題であると考えている。

以上のような問題を数多く残しながらも、浦が単なる漁村ではなかったのだということを証明したくて筆を進めた。一つの問題を固定の観点から観るのではなく、発想を転換させて観察し研究することができればいいなと思ったのだが、発想が転換できたのかどうかは、はなはだ疑問である。

注

(1)『筑前国浦方史料 第一集』(古文書を読む会) 収録の明石文書「文政六年末十二月、御役々様御名元幷浦庄屋組頭名附覚帳」による。ただし、小呂島を付け加えた。

(2)『福岡県地理全誌』による。明治六 (一八七三) 年ごろか。

(3)『黒田家譜 巻之六』による。

(4)『福岡県史 近世史料編 福岡藩初期(下)』による。

(5) 福岡藩の浦に関する定などを記録した文書。

(6) 宮浦 (福岡市西区) の庄屋・大庄屋・船主。「御役頭廻船日録」は享保十二 (一七二七) 年以降七十二年間の同家を中心とした海事資料。

(7) 玄界島庄屋、長崎詰庄屋の後、天保八年から嘉永六年まで鐘崎浦大庄屋。「西照寺過去帳」(福岡市西区西浦)、「地島、中山文書」による。

(8) 前項と同時代の箱崎大庄屋。「地島、中山文書」による。

(9) 文政六 (一八二三) 年から弘化年間まで新町大庄屋。「石橋家系図」による。

(10) 箱崎浦大庄屋から寛政元 (一七八九) 年に姪浜大庄屋へ転役。「郡町浦御用帳」による。

(11) 箱崎浦大庄屋であった明石貞六の家の文書。福岡県立図書館蔵。

(12) 中世以降、北部九州で広く使用された村役人の名称。近世になると浦に限定されてくる。

(13)『筑豊沿海志』、『北崎村誌』による。

(14)『玄界のくじら取り』(佐賀県立博物館) による。

(15) 筑前の地誌。加藤一純を中心として編纂された。天明四 (一七八四) 年～寛政年間。

(16) 奥村玉蘭著。文化五 (一八〇八) 年より執筆、文政四 (一八二一) 年脱稿。

(17) 佐賀県東松浦郡呼子町。

(18) 佐賀県東松浦郡浜玉町浜崎。

(19) 近世初期から後期にかけての海事資料。捕鯨、新田開発などの文書数千点がある。

(20) 宮浦 (福岡市西区) の荒物屋であった津上悦五郎が書いた覚書。天保十三 (一八四二) 年から明治四 (一八七一）年までの記述がある。

(21) 鳥取県気多郡青谷町。筑前国梶免村の助右衛門が近世初頭に移住したとされている。

(22) 宗像郡大島村の村史。

(23) 文化三（一八〇六）年十一月に出された願書。波根東浦、柳瀬浦など七浦の浦長の連名による。

(24) 筑前の俵物に関する基本的な資料の一つ。山崎文書（福岡市立歴史資料館蔵）。

(25) 博多湾西部、残島・浜崎・今津・宮浦・唐泊（五ケ浦）の廻船の事跡について述べた文書。

(26)『筑前五ケ浦廻船』（高田茂廣）参照。

(27) 青木善右衛門と共にルソン島に漂流した者の内、三名が帰国し、青木善右衛門に帰国の意志がないことを証言したため、その親族約五十名が一時的に牢に入れられ、すぐに釈放されたものの船に乗ることは禁止された。

(28) 三十石から三百石程度の商船の異称。単に「いさば」という場合もある。

(29) 江差の豪商関川家の客船帳（『江差町誌』）。

(30) 浜田の船宿であった清水屋の客船帳。『諸国御客船帳』上・下二巻（柚木学編、清文堂史料叢書、昭和五十二年三月）

(31) 尾道鰯屋の客衆帳（『尾道市誌』）。

(32) 松崎武俊氏収集文書。表紙に「福間浦大庄屋許」とあり、元は同浦の今林文書。

(33)『日本国語大辞典』（小学館）。

(34) 安倍宗任がこの島の流人であったという伝説。『大島村史』、『筑豊沿海志』。

(35) 百合若大臣伝説。日本各地に同様の伝説がある。

(36) 西照寺過去帳による。

(37) 明石文書による。

(38) 流人の島内における生活は自由であったというが、幕末期の政治犯の場合に多くの判決が出された。

(39) 頓野村の社家であった人の手配。俳文集である。「夢の徒然」も同じく俳文集であるが作者不明。共に玄界島の旧庄屋であった榎田家の所有。

(40) 毎年九月六日に近い日曜日に行われる漁業安全祈願の祭り。「ひようかりいらいりいりいらい、りいらいりいらいりいりいらい、そこ」と唄いながら各戸の屋敷神に祈る。歌の意味は不明とされているが、古代朝鮮語で解釈すると大漁および安全を祈願する内容となる。

(41) 毎年一月十五日（元来は十　日）に行われる。どんたくと山笠をまとめたような形式の、しかも古い形を残した祭りである。元来は帳開きの祭りであったと考える。

追悼 I

わたしたちの先生

福岡市赤坂小旧四年 一組担任 高田茂廣先生

ぼくたちの先生は、高田先生です。いつもいそがしそうに仕事をしている。先生はとてもおもしろく、いつも話をする。ぼくは先生の話を聞くのがすきだ。勉強していてもすぐ話にかわる。とくに社会科は、いろいろな話にかわる。だからぼくは社会科がすきだ。土曜日は、あまりしゅくだいを出さない。

うそを言ったり、物をわすれたりするとおこる。大きな声でどなる。しゅくだいをわすれると、かならずしっぺをされる。ぼくもされたことがある。そういうわけで、ぼくは、あまりしゅくだいをわすれないようになった。

先生は、とても絵がうまい。この前のことだった。図工時間に絵をかいていると、高田先生までかいていた。ぼくは、一年生から四年生まで広野先生だけしか勉強をおそわったことがない。それだけに高田先生がすきだ。

ほかにも、先生は、とくいなのがある。音楽だ。学芸会などの楽きのしき者は、ほとんど先生がする。こう堂のピアノも先生がひく。

（「西日本新聞」〔福岡版〕昭和42年4月2日掲載の生徒の作文）

喫煙教師、脊振山頂で何を想う

杉谷(すぎたに)　茂(しげる)

1970年３月，西新小学校卒業時の先生方。高田先生は右上（生徒分は口絵４ページ目参照）

二〇〇九年十一月七日、我々西新小学校一九六九年卒業生有志は、卒業後四十年を記念すべく同窓会を開催いたしました。その準備過程で舞い込んだのが、当時の担任の先生方のお一人である高田茂廣先生の訃報でした。当時の担任の先生四名のうち、お一人はすでに他界され、お一人は病気療養中であることが分かっていたため、なんとか残りのお二方にはご出席いただきたいと、連絡をとろうとしていた矢先でした。

私自身の高田先生との出会いは、五年生時の担任として一年間お世話になった一九六八年の春でした。当時からヘビィスモーカーだった先生は、教室にあるご自身の机で煙に囲まれながら教鞭をとられていたのを、今でもはっきりと記憶しています。

何故かというと、当時やんちゃだった私は先生が吸いかけの煙草を灰皿に置かれた隙を狙って、「煙草っておいしいと―?」と、それを口にくわえてしまったのです。当然こっぴどく怒られましたが、それが私の人生初の喫煙(?)経験となり、今では教え(?)を受け継ぎりっぱな喫煙者となることができました（笑）。

能古島在住で自然を愛されていた先生を、翌年の春に脊振山のわさび狩りにお誘

1969年早春，脊振山頂にて

いしました。脊振山中にあった私の父の実家から一時間ほど林道を分け入った、地元の人間しか知らない場所にわさびが自生している谷があり、我が家では毎年、父と私でその葉を摘んできてはわさび漬けを作るのが恒例となっていました。

写真は、その帰りに山頂まで車で登り、散策した時のものです。山頂からの博多湾の景色を眺めながら、物想いにふける先生の横顔を当時買ってもらったばかりのカメラで激写しました。でもよく見ると、さすが愛煙家、バナナを食べながら煙草を吸っていらっしゃいます。また、当時どこに行くにも愛用されていた刑事コロンボ張りのレインコートが、山の風景とミスマッチで印象的です。

私が社会人となり、福岡市立歴史資料館（現・福岡市赤煉瓦文化館）の嘱託となられた先生にお会いした時も、「またわさび狩りに行きたいなー、いつか連れてってくれー」と言われ安請け合いしていたにも拘わらず、約束を果たせなかったのは痛恨の極みです。

担任は一年間だけでしたが、教師を辞されてからの先生は、皆さんご承知のとおりすばらしい足跡を残され、教えを受けた我々卒業生の誇りだと思います。

改めて謹んでご冥福をお祈りします。

（光洋システム機器株式会社常務取締役）

小学校教員時代

永井修介（ながいしゅうすけ）

私は小学校の時分に、高田先生より教えを受けた、高田先生の教え子である。高田先生に縁故のある方々の中では、私が、いわゆる出会いは一番古いと思う。それで高田先生の小学校教員時代、同時に私の子供時分の思い出となりを書かせて頂きたいと思う。

昭和三十六年四月の頃、福岡市内の小学校区域の校区替えが行われた。当時、下練塀町（しもねりべいちょう）（現在の桜坂）から警固小学校に通っていた私は、新設された赤坂小学校に編入されて、赤坂小学校四年生になった。同じようにして簀子（すのこ）小学校からも編入児童が来ていた。

高田先生もこの年同じく、それまで勤務されていた西新小学校より新設校の赤坂小学校に赴任されて来た。赤坂小学校では私の年代では四クラス作られた。私は四年一組高田先生の受け持ちになった。高田先生と私の出会いの始まりである。高田先生は昭和三年のお生まれだから、その年三十三歳でいらした。

その当時の赤坂小学校の校長先生は、イガグリ頭をしたお寺の坊さんのような人だった。子供の私にとっては名前を覚えられるはずなどないが、後年、高田先生とその人の話をした時、先生は名前をちゃんと覚えておられた。当たり前のことである。

今も私の目に焼き付いて残っている高田先生は、地味な柄の背広を着て、靴は白いズックを履いている。私たち子供もズックだった。ひも付き運動靴とかバスケットシューズが出てくるのは、もう少し後の年代になってくる。
あの頃のことを思い出せば、戦後の物が無い時からようやく物が出廻るようになり、神武景気・岩戸景気（高度成長の始まりの頃）と続く豊かになって来た時代を背景にした『二十四の瞳』の赤坂小学校版を私自身はいつも思い出している。壺井栄の原作では、師範学校を卒業したばかりの大石久子先生が小豆島の分教場に赴任して来るが、高田先生は男ではあるが、西新小学校から赴任して来た。私たち小学生も可愛かっただろうと思う。荒れる学校・子供の自殺と言われ出すはるか昔の私たちである。高田先生もその著『浜辺の子供たち』に書いている。「少なくとも今よりはましであった」

授業で覚えていることは音楽の時間だ。先生はオルガンをいつも弾いていた。私自身、ここで考えてみるのだが、小学校の教員は科目は全部教えるわけだ。男の先生であっても音楽を教え、オルガンを弾くのは珍しいことでは別にない。それが私はこの年（六十歳）になるまで、高田先生がオルガンを弾いている情景を子供の時分からよく思い出すのである。先生本人がたぎる熱い思いがあったからだろうと思う。情熱が私たち子供たちに伝わっていたから。だから私が思い出していたのだ。私はこう考えている。私事で恐縮であるが、幼少の時期に高田先生から薫陶を受けたことを本当によかったと思っている。

高田先生の思い出で忘れられないのは、教え子の私たちを夏休みに能古島の自宅に呼んで宿泊付きの島の学習をされていたことである。赤坂小学校で四年一組・五年三組と私は受け持たれたから、どっちの学年の時だったかは忘れたが、先生は長く続けられていた。受け持ちの子供たちを能古島の自宅で夜、寝させられるだけの人数に分けて自宅に呼ぶ。確か、お米を一合か二合（忘れました）持参したと思う。教室全体の子供の数である。私たち子供たちに振る舞っていたら、高田家の食べる米がなくなってしまう。

『能古島物語』（能古歴史研究会，非売品，1971年）

学習内容は能古島の山の中というよりヤブの中を見て歩く。気の利いた男の子はあそこからヘビが出るとか言っていた。浜辺で砂遊び、水泳、貝掘りをした。能古の海岸からは姪浜の港が見える。姪浜炭鉱のボタ山が見える。そして今の渡船の航路とは違い、姪浜は遠くに見えていた。逆もまた同じことで、姪浜の波止場から能古島は遠くに見えていた。遠くに見えていたというより、文学好きの私には能古島が遠くに浮かんでいた。

高田先生はその頃既に、その後「筑前五ケ浦廻船」の研究となって結実することとなる、江戸時代の能古の廻船・海運業の調査を開始していた。大学生になった私は、先生が書いたものはよく読んでいたので、五ケ浦廻船のことは知っていた。渡船で姪浜から能古へ渡る時、所要時間は（埋立てのため、今は十分に短縮されている）それくらい、姪浜と能古は離れていたのである。離れていた昔の方が江戸期の能古の廻船業はイメージし易い。高田先生の書いた『能古島物語』から引用する。「漁業一切つかまつらず……廻船に乗って日本の海を各地に雄飛している海の男が、漁業など出来るものかと肩で風切って粋がっている風情」

私が子どもの時分から知っている姪浜の波止場から見た遠くに浮かぶ能古島の方が、黒田藩御用立の廻船業の基地の島に見えてふさわしい。

夜はヒンヤリしていた。島の中腹にある先生のご自宅から私たち子供たち皆で見た福岡・博多の夜景は、子どもの目で見てもとても綺麗だった。世の中に一〇〇万ドルの夜景はいろいろあるが、私が最初に見た夜景は、能古島からが最初である。そしてうちわと懐中電灯とを持って夏の夜のお化け見に行ったりした。お墓に行ったのか、近くのお寺に行ったのか、どこでどうなったのかはわからない。私たち子供たちがギャンギャン騒いだことだけ覚えている。高田先生も、それより奥様の方がさぞかしくたびれただろうと思う。でもこの時、先生のご子息、あつし氏、やすし氏（通称あっちゃん、やっちゃん）とも仲良しになった。

高田先生の思い出でもう一人、忘れられぬ人がいるので書くことにする。それは私の父永井次作（じさく）である。この父が高田先生と仲良しだった。今なら、ＰＴＡの保護者と教師は一線を画すとか、付かず離れずとか、疑われないようにしておくとか、いろいろ言って、保護者がなんでも学校任せにしておいて事あれば学校の非難ばかりしているのが世の中の風潮だが、私の父においてはそうではなかった。

父は高田先生とベッタリだったのである。私の父は大正三年生まれ。高田先生は昭和三年のお生まれ。父は高田先生より十四歳年長だ。高田先生曰く。「あんたんとこのお父さんにお御馳走なったもんなあ」

時代は西鉄ライオンズの全盛期。二人して平和台野球場に足繁く見に行ってたらしい。オールスターの時は子どもの自分も連れて行ってもらったと記憶する。

私の父は職業は大洋漁業（株）に勤める水産界の人間だった。北洋の漁で獲れた大きな毛蟹の甲羅を父は高田先生に贈るのである。それを高田先生は赤坂小学校の階段の壁に掛ける。とにかく超大きい毛蟹だ。毛蟹の真下に「大洋漁業のおじさんから贈られました」と書いてあって、子どもの私はそれを見るたびに鼻高々だ。

私事で恐縮であるが、私の父は卒業式の好きな男だった。私の家では入学式は母、卒業式は父と決まっていた。私が卒業する日、父は父兄を代表して挨拶した。自信に満ちた言葉で話すのである。よっぽど好きなのだろう。高田先生の承諾の上での挨拶であったことは想像に難くない。

先生や親がしっかりしていれば、子どもはこんなにもスクスク育ち伸びるのである。教員と親との飲み食いの価値観はおのおのの時代の社会の条件があろうから別に考えるとしても、教員と親の本筋のところは変わりはない。

私のことを述べる。私は山口大学経済学部に進んだ。そして就職の壁に突き当たった時のことである。私にとり肝腎な父親は昭和四十六年に五十八歳で肝臓ガンで亡くなっていた。悩み多き青年になっていた私は高田先生の所に就職相談に行く。

「教員なろうかと思う」

「君は小学校は向かんな」

その時の先生との会話というより対話を、今思い出すまま書いておこう。

「吉田松陰は松下村塾を開いて長州藩の幾多の志士を世に輩出しました。僕は松陰は五十〜六十代のおじさんと思ってましたが、二十九歳やないですか。どうしてですか?」

「それは、年寄りは(生活などのため)体制に組み込まれているから、身動きが取れんたい」

わからない悩みがいちどきに氷解したあの時の興奮を私は今も鮮烈に覚えている。

変革期、革命期に名前が出て来るのは二十代の若い人である。私の知る限りでは、太平洋戦争=大東亜戦争に負けた後、戦後復興のため、建設の土響きを響かせながら名前が世に出た人にも若い人が多かった。管理社会になって管理体制が整然としてくれば、頭でっかち社会になるわけである。年寄りが目立ち、若い人が芽を出す空間が塞がれる。私自身はそう考えている。それは今は雑談だからこのくらいにする。

私自身は教員免許は取得した。しかし、カリキュラムを組んでの専門的教育訓練は受けていなかったので不安だった。それで高田先生に相談に行ったのである。そしてよくよく考えて、市役所の試験を受けて公務員になることにした。その結果、学問的には高田先生の跡継ぎになることはなかった。もしも自分が教員になっていたら学問が仕事になるわけだから、よし! 高田先生の跡を継ごうということは当然に考えていただろう。……過去のそんな物思いに耽っても無駄だからやめて、自分にとっては高田先生は必要欠くべからざる人物であったことを記しておく。

自分が社会人になってからはお会いする機会は滅多になかったが、人生の要所要所の折節の時は決まって私は先生に会っていた。自分には高田先生は他人の感じがしないのである。……学校の教員は先生と言われるのだから、本来、こうでないといけないんだ……そう考えてみた時もある。教員は、私の分類では聖職者である。また話が余談にそれるが、昔、佐藤内閣の時、日教組が強かった最後の頃のことである。

教職とは何か。

社会党の主張＝労働者

共産党の主張＝労働者であり聖職者

自民党の主張＝聖職者

公明党の主張＝使命職

政治的駆け引きによる主張だからこの分類はこれでしかたがないが、当時大学生の私にはピタリ役に立った。

教員は聖職者である。自分が教えた子供には一生涯、責任を持つ。その意味、家族と言ってみてもなんと言ってもかまわない。他人の感じをさせない高田先生は優れた聖職者であると私は思っている。

高田先生は五十二歳で教職を退職された。教員生活の最後は、「(西区) 北崎小学校で校史の編纂をしよる。教室の担任はせんでな。教えよらんからおりづろうなった。もう若い人に譲りたい」、かかるごとくにおっしゃっていた。そして、『見聞略記』、『近世筑前海事史の研究』等々、次々と発表されていく。

最後に、当文集発刊呼びかけ人の首藤さんについて触れておきたい。高田先生と首藤さんがどこで出会ったのかは知らないが、二人の関係は兄弟のように私の眼には見えていた。私が高田先生の教え子なのを知って、以来、私に目を掛けてくれる。いつも感謝していた。高田先生の学業にはなんの力にもなれなかった自分だが、最後にお役に立てたことを誇りにしようと思う。

亡くなられた高田先生の御霊前に跪き、念仏を捧げたい。

（福岡市立総合図書館勤務）

高田茂廣さんを偲んで

カイワレとの初めての出合い

中村元気（なかむらげんき）

あれは、今年（二〇一一年）の二月頃だったろうか、当時、小呂小学校に勤務していた柳川毅さんから突然の電話がありました。「高田茂廣先生の遺稿集を出したいので、呼びかけ人になって原稿を書いてもらえないか」というものでした。他の呼びかけ人の皆さんと違って、そんなに親しかったわけでもないので、呼びかけ人はともかく、原稿は断ろうと思いましたが、福岡市立城原小学校の元同僚の柳川さんからの依頼を無碍に断るわけにもいかないし、短文、拙文でもよいかなと思い直して書いてみようと決意した次第です。

高田茂廣さんと初めてお会いしたのは、入職一年目の時でした。一九六九年の四月に福岡市早良区の原小学校に赴任した私は、福岡教育大学附属小学校の教育実習でお世話になった高田昭三先生（当時、藤崎にお住まいでした）のご自宅に何回か訪問をして、教育実践の悩みや、子ども、保護者のことなどを相談していました。

実は、高田昭三先生は、一九六〇年代末頃に起きた「附属小学校不正入学」事件に関与したという容疑で職を辞され、その後、自宅を改造して文具店と私塾をされていました。その私塾での昭三先生の指導振りを拝見したくて、その頃毎日のように通っていました。今、改めて振り返ってみますと、当時はそんな私的な時間がたくさんあったのですね。

その時、何度か高田茂廣さんにお会いしました。昭三先生と茂廣さんは、大学（師範だったのかな？）の同級生だったのか、同僚だったのか（当時は紹介されたのでしょうが失念してしまいました）、よくお二人で仲良く飲んでおられて、いつも教育論議に花が咲き、私も何度かご一緒させていただきました。確かその頃、茂廣さんは能古小学校にお勤めだったかな？　それとも玄界小学校だったか、これも記憶が定かではありません。

初めてお会いした高田茂廣さんは、白髪、白ひげで、教師というよりも学者タイプに見えました。少し早口で話される博多弁での教育論は私を引き付けて放しませんでした。

その時に、いつも酒の肴の一つに、私が初めて見る可愛らしい二葉の食べ物がありました。しゃきっとした食感と鼻にツーんと来る独特の味わいに驚いた私は、それが今では当たり前に食する「カイワレ大根」ということを初めて知りました。

茂廣さんから、「島で採れたものだよ」と紹介されたカイワレ大根を、当時は一本ずつ食べたものでした。日本酒によく合ってとても美味でした。今では、食するのが当たり前になったのですが、当時は珍しい食べ物でした。今でも、食べる時には茂廣さんとの出会いを時々思い出し、一人でニヤニヤしています。

その後、私は次第に学校の仕事や組合関係の業務が増えてきて、また、専門の体育の研究（昭三先生は国語が専門でした）に力を入れるようになって昭三先生宅への訪問も少なくなり、それと共に茂廣さんと出会うことも、研究会や組合の集会などだけになり、だんだん疎遠になっていきました。そして、茂廣さんが一年半前に亡くなられたことも知りませんでした。

こうした短期間の茂廣さんとの出会いでしたが、結構濃くて、強烈な思い出として残っています。私が知りえない高田茂廣さんの業績に、改めて敬意を表すると共に、ご冥福をお祈りいたします。

（教職員共済福岡県事業所所長）

高田茂廣先生の思い出

奈田明憲（なだあきのり）

若き日の出来事の意味合いが年を経るにつれて次第に深まることがある。高田先生との出会いが私にとってはそうである。もう三十三年も前になる、春四月の晴れた日が先生との最初の出会いであった。その日、同じ学校に赴任した職員の代表として職員室で挨拶をされた。振り返ると先生は当時四十九歳であった。私とは、先生が五十、五十一、五十二歳になられる三年間、分校・本校の別はあったが同じ学校での勤務であった。私は二十六歳下の後輩としてお付き合いをさせて戴いた。そして退職された後も時々お会いすることがあった。最後にお会いしたのは、お亡くなりになる二、三年前だったかと思う。その間、色々なことを先生から教わり、また様々な楽しい時間を過ごさせて戴きました。

通勤は昭和バスでしたが、帰りのバスや他の先生の車で帰られる時などはご一緒する時があった。先生は能古島に住んでおられたので降りるバス停が私と同じ姪浜だった。それでバスを降りた後、あの人なつっこい笑顔で「今日、暇?」、「時間ある?」、「暇ということもないか。アハハ……。ん〜」などとはにかみながら言われるのであった。そのように随分気を遣われて喫茶店などに誘って戴きました。私は若かったのですが、そう言われる時の先生のお気持ちや性格はよく分かっていました。

私の学校での仕事は四苦八苦していましたが、高田先生の御陰で最初の赴任校は割と楽しいことがありました。先生は他の教師と違い郷土史やご専門の廻船の話、それに文学の話など色々な話題で職員を楽しませてお

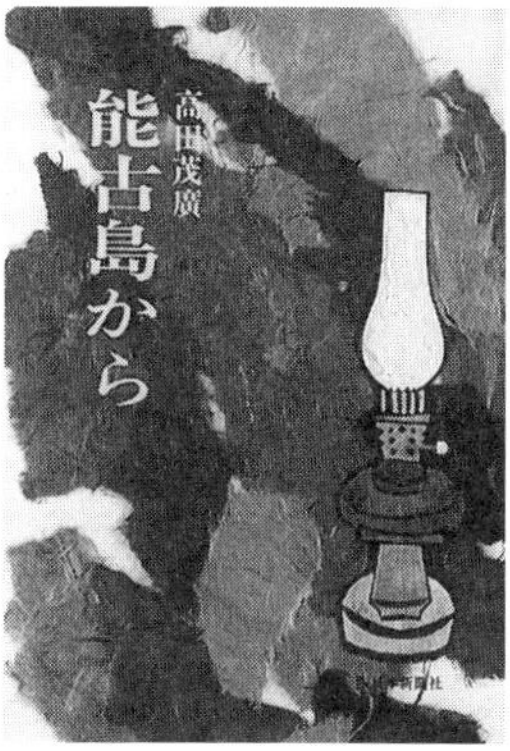
『能古島から』（西日本新聞社，1977年）

られました。先生との出会いは、小さい頃から歴史に興味があった私には非常に楽しいものでした。

文学の話ですが、ある日、後で調べますと、まだ檀一雄さんが亡くなって二年しか経っていなかったのですが、檀さんの話になりました。私は高田先生とお話しするようになって御著書の『能古島から』を早速読んでいましたので、高田先生と檀さんの出会いがどのようなものであったのかはその範囲で知っていました。『火宅の人』の話になった時、その時の私は崇高な思想を表すのが文学であるなどと思っていましたし、私自身の育った家庭環境や半年前の深刻な別れがあったためかどうか、「『火宅の人』のような内容の話を何故文学作品として書き、発表しなければならないのか分かりません。あまり価値があるとは私には思えません」などというようなことを言いました。先生は少し驚かれたのではないでしょうか。その時自分でも潔癖過ぎて、人間味の無い考え方かなと思いました。

そんな未熟な感想を聞かれた時の少し困惑ぎみの高田先生の表情から察しますに、奈田君はまだ若いので男女の自身にとってもどうにもならない関係や自分の情念とどう向き合って人生をより意味あるものにして生きていくのかという難しさを、檀さんのこの作品を引き合いに出して、大いに堅苦しい若者に話すのは多分非常に難しいと思われたと思います。強いて明るく笑い飛ばされて、後はそれについて深入りされませんでした。そういう時は、ご自分でまた考えられて、後日、あの時のあなたの言っていたことについてだけど、などと言って来られることがよくありました。

『火宅の人』については、私自身も少し頑な感想だと思いましたが、その時の私にはそう感情的に言う自分を押さえられませんでした。これも自分の本当に考え感じていることを他者に伝えることの、大げさに言いますと生きることの難しさ、或る意味『火宅の人』のテーマかも知れません。

今は、檀さんの作品やその生き方に懐かしさと言いますか惹かれるものがあります。当時『リツ子・その愛』、『リツ子・その死』も読みました。檀さんの代表作であるし、今赴任している小田の浜辺の民家でリツ子さんが療養されていたからです。

能古島にある檀さんの歌碑が何故あの場所にあるのか、バスケットクラブの子供たちを引率した時などによく説明してやりました。「海の向こうを見てご覧、あのずーっと右に出ている低い山並みが糸島半島で、ほらあそこが小田の浜で、リツ子さんが療養していた所なんだ。だから、その浜が見える所にこの歌碑が建っているのだよ」と。

「モガリ笛　いく夜もがらせ　花ニ逢はん」

檀さんの寂しい思いと愛し愛されたい人を求める強い気持ちが表れている歌だと私には思えるのです。学校からの帰りのバスを待っている時など、よく橋の側の小さいお店に寄っていました。その店のおばあさんから聞いたのですが、おばあさんの確か義理のお姉さんがこの店の裏の二階の部屋だったと思いますが、道の角に近い場所でしたので裏は折れた道の表にもなっていたのではないかと思います。檀さんの作品にはその部屋で療養されていたリツ子さんのお世話をするオバさんが登場します。そのオバさんがおばあさんの義理のお姉さんだったと聞きました。もっと詳しくお聞きし、記録に残しておくべきだったと、数年後、後悔しました。高田先生には檀さんの能古島の草庵・月壺洞にも案内して戴き、色々とご存命の頃のお話を伺いました。

学校での話に戻りますが、当時はよく職員会議で戦争や国旗、国歌のことが議論になっていました。私は教師ではありませんので教育問題については積極的な発言は控えるようにしていましたが、あまりに紛糾したり経過時間の割に議論が進まなかったり、私から見ますと非常に偏った見方、考え方を滔々と述べられると、時には自分の意見を言わずにはおれなくなりました。黙って聞いていることに歯がゆさを感じました。

いらだちがつのって時に意見を言うことがありました。もっと違う意見があるということを聞いて欲しかったからです。言わずに我慢をしていましたら、時には非常なストレスになって心臓が激しく痛みました。背を曲げたり伸ばしたり、心臓のところをさすったり、ゆっくり深呼吸をして痛みが和らがないかとよくやっていました。そこまで自分を抑えていましたが、とうとう「私は教師ではありませんので、子供の教育については直接教えてもいなければ指導もしてはいませんが、今されているお話は国のあり方に関わる重要な問題ですので、国民の一人として国や戦争の問題について意見を言わせて戴きます」と前置きして自分の考えを言わせて戴いた時もあります。

意見を述べた後の先生方の表情や反応で、どういう受け取り方をされたのか分かりました。高田先生はよく、さっきの意見はなかなか良かったとか、僕はこう思うがどう思う？　とか言って私の席まで話に来られたりしました。先生はご自分から積極的に体が動き、また、人に働き掛けてしまう性格だなと思いました。時に恥ずかしそうにタバコを手に持って少し横や下の方を見ながら話されました。それは自分の言うことに注意深く集中し言葉を選びながら話をしたいという思いと、まじまじと他人の眼を見て話せない、どこかはにかみやな性格もあったのではないかと思います。

ある時、「自分は管理職試験を何度も受けたが通らないんだ」とさりげなく言われました。そして何故落ちるのか、その理由まで私に言われました。生々しい話でしたが、世の中はそんなものかなとも思い、先生に言いました。

「高田先生、校長になれば少しの名誉欲も達成され、社会的な見栄えも良いかも知れません。それから、ご自分の考えられる学校教育の理想というものが現実味を帯びてくるかも知れませんが、先生の考えられるようには校長になってもなかなかうまくいかない気がします。それに第一、好きな海事史の研究ができなくなります。今のように或る程度自由に勉強する時間や旅行に行ったりすることはできなくなると思います。それよりか、今のまま好きな研究をされた方が良いと思います」と答えました。私の希望を言いますと、先生は校長になるよりも子供たちの担任であって欲しかったのですが。

当時は私の子供時代の名残がまだ学校にあり、校内で昔風の音楽会や学芸会があっていました。よく見学に行きましたが、中でも高田先生のクラスの出し物はよく工夫されていて面白かったのです。子供の個性にあった役柄の振り分けなど、配慮が行き届いていました。そんな先生の力を後輩の先生に伝えていって戴きたかったし、何よりも子供たちに愉快な学校生活をまだまだ味わわせて欲しかったからです。

しかし、先生は最後の学校を三年で辞められました。先生が教師をされた戦後から昭和五十年代前半までの時代は教師にとっても児童にとっても幸せな時代であったと思います。退職された後も時々お会いしました。ある時はご自宅で、ある時は私の勤務校の近くのレストランでと。先生の生き方、境遇はゴーゴリの描く九等官的な生活を送っていた私には羨ましいものでした。退職されてからかその前だったかはっきり憶えていませんが、ある時、「今日、歴史資料館（現在の赤煉瓦文化館）で筑紫豊さんと会って話をするけど、奈田くんも来ない?」と誘われました。筑紫豊先生は著書を持っていましたし、その中には興味深い話が色々書かれていましたのでお名前は前から知っていましたので、「え、よいのですか。お邪魔でなかったらご一緒させて戴きます」と答えました。

その日は、歴史資料館地下一階の少し暗い部屋で、筑紫先生、高田先生、私と三人での鼎談ならぬ対談になりました。なぜなら、私はお二人の話を側で聞くことしかできなかったからです。しかし著名な先生に会わせて戴いたこと、読んだ本の著者ご自身に会えたことを今でも感謝しています。

『見聞略記』を発見された時は、非常に喜ばれていて、コピーを私に見せられて、「ここはこう読むの」、「ここは何と読むのかねー。どう思う。分かる?」とか、古文書などほとんど読んだこともない私に平気で聞かれました。歴史は好きですが、私が古文書も読めないのもお構いなしに、よく解説をして戴きました。発見の経緯などについても色々お聞きしました。その後先生は、『見聞略記』も含め地域に根ざした海事史研究の功績を認められて西日本文化賞を受賞されました。

後に、先生も講師をされていた西市民センターでの古文書講座に参加しましたが、昼間の平日であったため、半日か数時間の有休を取って出席していましたが、途中から有給休暇を取り辛くなり挫折してしまいました。その時も、なかなか時間が取れませんと言ったところ、「僕の講座に来たら」とか「僕が教えてあげようか」などと言われました。好きなものを学ぶ同好の人を求めてあったのか、後輩を育てようとされていたのかよく分かりませんが、とても有り難く思いました。

ある日、廻船の話をしていましたら船霊様のことになり、山陰の方で沖を通る船の乗組員が、船霊様に参詣し航海の安全をお祈りをするところがある、と言われました。私はそれは須佐の黄帝社しかないと思いました。それでその話を先生にすると、そうかも知れないから行ってみよう、よかったら案内してくれ、ということになりました。

そこで、盆休みでの帰省に合わせて山口県に先生と私、妻の三人で自家用車で向かいました。その日は、私の田舎の実家に泊まられ、翌日黄帝社に行くことになりました。当時はまだ私の母は魚の仲買いをしていて、先生にも烏賊の刺身などを夕食に差し上げました。先生は食べながら「僕はほとんど歯が無いので、美味しそうですが、申し訳無いです」と言われ、少し噛まれるようであったが食べ難くそうでした。

母は生来の性格でしょうか、どんな方にでも遠慮無く田舎で話す通りに話をします。母（高田先生より三歳年上です）は「あなたは、お幾つですか」と聞き、高田先生が自分より後輩だと知ると、「あなたはまだ若いからいいですよ。私は……」などと自分の人生経験を話したりして、先生をまだ若いからとしきりに持ち上げたり後輩扱いしたりして親しく話をするのでした。多分、高田先生がこれまで会われた女性の中で異色のタイプだったと思います。先生はいつものように愉快に笑われ、冗談などを交えて対応されたが、何の遠慮も無く次々に色々な体験談を話し続ける母に少し戸惑われたと思います。

しかし、楽しく思われたようで、後日、福岡に帰って時々お会いする度に、「お母さんはお元気？」などとよく聞かれました。遠慮無く正直にものを言う母の印象がよほど強かったのだと思います。

先生は或る意味自由な生き方をされていましたが、当然自身、そのように生きるための努力や工夫はされていたと思います。息子さんが先生のお葬式の時に、「色んな方のところに突然押しかけたりしてご迷惑をお掛けしました」などと挨拶をされていました。先生は『能古島から』の中で、――「親は有っても、子は育つ」と、檀さんはよく言った。安吾のことばなのだそうだけれども、あらゆる意味で旅に生き、自分自身に正直であった檀さんにとってみれば、それは悲しい告白であったに違いない。しかし、そんなときでも、檀さんは颯爽としていた。――と書かれています。

先生がある時私に、日本全国の海岸に沿って走る線路は全部乗った、と言われました。全国津々浦々の漁村を調べられ、海事史、廻船の研究を続けられる中で、それは現地を見聞する旅の結果であったと思います。先生も旅に生き、自分自身に正直に生きられた方だと思います。多分ご本人にそう言うと、タバコを燻らしながらちょっと自嘲気味に「そうたい」と笑われると思います。

高田先生もまた、あらゆる意味で旅に生き、自分自身に正直であったし、「親は有っても、子は育つ」と言われたとしたら、それは少し心苦しい告白であったかも知れません。しかし、そんなときでも、高田先生は愉快然とされ少し恥ずかしげに笑い飛ばされるでしょう。

（古賀市在住）

ラの♭(フラット)のこだわりに先生を偲ぶ

平嶋一臣(ひらしま かずおみ)

基本的に、先生は学者というより教育者であった。したがって、その研究は、人間の生きざま、それも庶民の日々うごめく姿という視点からの研究であり、その眼差しには常に慈愛の心が満ちていた。民俗学を志す研究者の多くが、人間好き・ヒト恋し、そしてまた、大衆の本来持っているパワフルなエネルギーに惹かれていくように。

そう考えると、先生が、定年を待たず少し早めに職を辞され、その方面の研究に、まるで磁石に引きつけられていくように、勉強の領域をシフトしていかれたのが、今となっては分かる気もする。

先生に初めて一面識を得たのは、私が能古小学校に赴任して、既に一年と半年が過ぎようとしていた昭和五十五年の秋だったと思う。先生はその頃、北崎小学校・西浦分校に勤めておられた。したがって、それまでの間、私と先生は、能古島か姪浜の渡船場で、毎朝すれ違ってばかりだった。すれ違いながら、

(この先生が、能古島の生き字引といわれている高田先生か……。いつかゆっくりと教えを受けたいものだ……)

と、元々郷土史に興味を持ち、無手勝流ながらも、郷土(校区)をテーマに、年に一本のペースで教材化していた私は、そんな憧れを先生に持ち続けていた。しかし、先生の通勤の足は、いつも速かった。朝はぎりぎり

に能古発姪浜行きの船に駆け込んで行かれる。夕方たまにお逢いした姪浜港でも、出港ぎりぎりの船に急ぎ足で消えて行かれた。それでも、右手にはいつも缶コーヒーを持ち、その缶はいつも肩の高さで小さく揺さぶりながらだったのを覚えている。

そんなこんなで、先生とお近づきになりたいという私の願いは、虚しく過ぎていった。

そのまま、一年が過ぎ、二年目の秋が来た。

その日は、島の祭りだった。「何でも見てやろう」精神の塊であった私は、このような郷土の行事には、休日でも島に渡り欠かさず顔を出していた。もちろん、常にカメラと（後には）ビデオカメラを離すことはなかった。その年の島の祭りに、先生は研究者というよりも、島民として動き回っておられたような記憶がある。その先生が、ふと作業の手を休め、カメラで撮りまくっている私に気付かれ、ゆっくりとした足取りで歩み寄ってこられたではないか。教員としても郷土史勉強にしても、未だ青二才の私は、先生に何か小言を言われるのではないかと、その時身がすくんだのを覚えている。目の前に立ち止まられた先生は、

「あんたが平嶋君か？　俺の存在をこの頃脅かしよるという……」

先生の私への第一声はこうだった（先生は、私が能古島の歴史を調べては、児童劇を書いていることを、既にどこからか聞いておられたのだ）。

先生のやや低くしわがれたその声に、祭りの賑わいも、私の耳から消えていた。緊張と怖さが混じったままの私は、その時なんと答えたのか今でははっきりとは思い出せない。その時の先生の柔らかい微笑など、緊張のあまり、目に入る余裕はなかったようだ。恐縮しながら私は、

「はいそうです。平嶋と申します。よろしくお願いします」

と、精いっぱいだが、か細い声で返事をした。カメラを持つ手は震え、顔もおそらく真っ赤だったに違いない。

だがその言葉に続けて、先生の、

「うんと頑張りなさい。あんた、いい勉強をしよるみたいやから……」

という激励の言葉と、一層柔和な両の目と、満面の笑みに助けられた。それまで体がカチカチになっていた私は、

「は、はいっ！」

と、慌てて返事をした。先生は、

「ハッハッハッハ――ッ！」（「頑張りなさい」の意に私は受け取った）

と、その大きな笑い声と顔で私の緊張をほぐして下さった。そしてそのまま先生は元居た場所に、そそくさと戻って行かれた。その後ろ姿を見送りながら、私は全身の力が抜けていった。

しかし、初めて先生と会話した私の心は、秋の空に負けず次第に晴れやかになっていた。


それからの日々は、ますます島への通勤が楽しくなったのは言うまでもない。何しろ秘かな憧れであった先生と、少しは気楽にお会いできるのだから……。

とは言っても、先生との朝夕のすれ違いは、それからもずっと（先生の退職の年まで）続いたのは変わりない。それでも、知り合いにはなれたのだから、「おはようございます」、「こんにちは」、「お疲れ様でした」の声を、こちらから掛けられるだけでも幸せだった。そんな時先生は決まって、「オッ、おはよっ！」と、あのうつむき加減に、目をそらせたまま、それでいて青年のような張りのある声を返して下さった。


先生は本来下戸だったのか、それとも理由（わけ）があって酒を絶たれたのか、私は知らない。ただ（私として）残

念だったのは、島での行事の度に、付きものの酒宴の場には、先生は欠席か、出席されてもすぐに退席をされることだった。私はといえば、大の酒好きで、酒宴の場はもっと大好き人間ときている。だからそんな時こそ、先生とゆっくり会える。そして、日頃から溜まっていることを沢山語りたい、教えてもらいたいと考えていただけに、先生が行事の後、酒宴の場からいつの間にか消えてあったのは、なんとなくつまらなかった。

それでも、とうとうチャンスは訪れた。

それは、昭和五十九年春のことだった。

ある朝の能古の渡船場だった。すれ違いざまに先生はつかつかと私の側に寄ってこられ、

「あんたくさ、今度学校の記念誌ば、作ることになりそうやばってん、そん時ゃ、学校側（の担当者）で出てくれん？」

と、尋ねるというより、誘う。それも、だめ押しといった風の声を掛けられた。

私が、それに一も二もなく、

「はいっ！」

と承諾の返事をしたのは言うまでもない。

私の勤めていた能古小学校が、その翌年に創立百周年を迎えることになり、どうやら、そのための記念誌を発行することになったらしい。そのために記念誌委員会が作られ、委員長になられた先生が、編集メンバーを探しておられたようだ。当時まだ若造であった私だが、元よりそのような仕事には興味があったので、喜んで引き受けた。

第一回目の記念誌委員会が持たれた夜のことを、私は忘れない。初めに編集委員長の挨拶である。先生は、

おもむろに立ち上がられ、

「そこいらのありきたりの記念誌じゃ、面白くない。この際、学校や島の歴史や、習慣やら、いろいろ入れられるだけ入れて、後世に残しても意味のあるものば作りましょう」

といったことを、いつになくゆっくりと、そしてきっぱりと宣言された。私は、その委員長の編集方針についての第一声に、驚くと共に感激した。それまで「創立記念誌」といえば、どこの学校でも、学校の過去から現在までの写真と、当時のお歴々が、自分の在籍時代を振り返り、自分の顔写真に、懐かしさと楽しかった思い出に、ちょっぴりと辛く苦しかったことを綯(な)い交ぜての作文の寄せ集めといったものばかりだった。それに比べると、先生のその発想のユニークさに驚きながらも、私は、

(これは面白くなるぞ)

と、内心喜んだ。先生の考えに反対する者は、もちろん一人もいなかった。それから後約一年間、編集会議は公民館や神社の集会室をお借りし続いていった。私は学校側の委員として、毎月一度ほど開かれる夜の編集委員会に出席した。そんな時私の心が躍ったのは、記念誌の編集に携われるということより、先生と定期的に、それもたっぷりとお話ができるという期待の方が大きかったように思う。

一年の月日が流れるのは早かった。編集委員会の仕事も、計画通り順調に進んでいった(記念式典、つまり記念誌完成の日が近づくにつれ、会合は月数回へと、増えていったのはもちろんのことだが)。記念誌の姿が少しずつ見えてくると、会合にもかなりのゆとりが見え始め、そのぶん雑談もかなり入ってきた。それがまた私には楽しくて仕方なかった。もちろん海事史などに関する先生の調査研究の話が、その中心であった。

古文書は面白いからあんたもやるといいという話、江戸末期の日記が宮浦で見つかった(見つけた)が、危機一髪で古紙回収業者に処分されそうだったこと。そのトラックを追いかけていって、すんでのところで灰に

はならなかった話、日本海の浦々に、能古の廻船の寄港地を調べに行っての収穫話、能古の廻船が江戸時代に難破してルソン島まで流された話等々、先生が郷土史について語り始められると、まるで子どもが嬉々として夢物語を語る顔と口調そのものであった。

（先生は、いつまでも童心を忘れず、ロマンを追い求めておられるんだなあ）

先生の沢山の雑談の中に、深く鋭くそれでいて豊かで温かい人間の匂いを感じた。その勉強ぶりを聞く度に、私の方が若さと元気さを頂いたような気がしている。

ある時先生は、郵便局の前で私と立ち話をしながら、何かの拍子に、

「平嶋君、今学校では、校歌の『高鳴る胸に』の所、どげん歌いよる?」

いつもの先生らしくないボソボソッとした声で尋ねられたことがあった。能古小学校の校歌は、先生が作詞・作曲されたことはもちろん知っていた。特に考えもせず、私はその部分を、いつも歌っている通り、マーチ風に音を切り、弾むように歌って聞かせた。

と、先生は、

「ああ、やっぱりそげん子どもたちも歌いよるっちゃろね――」

と言われたので、

「えっ、違うんですか?」

と、今度は私が尋ねると、

「うん、ちょっとね――。あそこ、楽譜ば……、今度よう見とってん。『むーねーにー』の『ね』と『に』の間ば、スラーにして♭（フラット）ば入れとるけん……。ばってん、子ども達が歌い難（にく）いって言うしなら、それでもよか

……」

能古小学校校歌

あるくくらいのはやさで
作詞 作曲 高田茂廣
しらはえわたる みどりのおか
ゆめまどかなる しろきまなびや
しおとどろけば たかなるむねに
あさのひあかるく みなぎるのこ
よわれらがしょうがっこう

能古小学校校歌

一、白南風渡る　緑の丘
夢まどかなる　白き学び舎
潮とどろけば　高なる胸に
朝の陽明るく　みなぎる
能古よ　われらが小学校

二、玄界の潮の　碧く澄みて
磯の香かおる　清き学び舎
道ひとすじに　光求めて
英知のひとみ　輝く
能古よ　われらが小学校

三、筑紫のみねに　夕日はえて
星空に立つ　若き学び舎
強きかいなの　われら海の子
あしたの幸せ　きずく
能古よ　われらが小学校

と、目の前の博多湾を見つめながら、ちょっと寂しそうな顔で言われた。

翌日、早速楽譜の原本を校長室で見せてもらうと、確かに先生の言われる通りだった。作曲者が言われるのだから、こんなことを言うのもおかしな話なのだが……。

そして、フラットを入れて歌ってみると、その部分だけが、精神を鼓舞するような元気あふれる校歌のメロディーの中に、ある種人間の複雑で深い哀感を秘めているものを感じたのである。

（ああ、先生はこの部分に、島で生きる人々のたくましさの中に、人間の持つ優しさや微細なまでの心の綾といったものを、滲ませておられるのだなあ。そこが先生の全人間へのこだわりなんだ）

と、気付かされた私だった。

先生は、人間がそこに生きているナマの姿を見つめようと、庶民の立場からの歴史学を目指してこられ、数多くの貴重な著書を遺された。その一冊一冊は、先生の具体的な事象の探究とその積み上げこそが研究の本筋であると、休むことなく求め続けてこられた証以外のなにものでもない。また、そのいずれの著書からも窺える、背景に潜む温もりは、先生が常に教育者の眼差しをもって人と接し慈しむという、人間讃歌そのものであることを忘れてはならない。

個性むき出しの先生の研究内容は、あるいは今後誰も真似ることができないかもしれない。しかし先生の「人間愛」を基盤に据えた研究方法は、これからも多くの後輩が受け継いでいくことだろう。そしてそこには、先生の万年青春を生き抜いてこられた若々しい息吹が、いつまでも吹き込まれていくのだ。これからも、我々一人ひとりの心の中に、先生が生き続けている。

（純真短期大学こども学科）

高田先生と過ごした日々

堀田一郎（ほりたいちろう）

出会い

私は、今年で五十二歳になりますが、高田先生と初めてお会いしたのが、今の私と同じ年の先生でした。もう三十一年も前のことです。先生が小学校を退職されて、福岡市立歴史資料館に勤務されて間もない頃です。福岡大在学中ゼミの教授の紹介で卒業論文の指導をお願いしたく、先生の元にお世話になることになりました。後で知ることになったことですが、先生もその頃、お弟子さんを探されていたようです。そのため、その週から歴史資料館でアルバイトとして働くことになりました。

その当時は、貧乏学生であった私のことを察して、昼食の食事代や、コーヒーのお好きだった先生でしたが、喫茶店でのコーヒー代も先生がほとんど払ってくれていました。唯一その頃、私が返せるものは、ただ一つたばこでした。みなさんもご存じかと思いますが、いつもたばこを口にされ、ついつい話に夢中になると本数も増え、

「堀田君、たばこいいかな」

と言われます。必然的に、私の銘柄はセブンスターよりハイライトに変わっていました。

旅の話

先生と一緒に何度か旅に出かけることがありました。でも、いつも目的地が決まっていないのです。

「とりあえず、南に向かうか」

と、先生の指示のもと、まず、高速道路に乗り分岐点に近づいた所で、

「どっちに行きますか」

と聞くと
「そうだな、天草にでも行くか。あそこは、以前に調査に行ったことがある。なつかしい」

といった具合に目的地が決まります。もちろん、旅の宿もその場で決まるわけです。こんな経験からか、私も独身の頃によく一人旅をしましたが、同じようなことをしていたように思います。

また、旅先からは、決まって先生に電話をしたものです。

「先生、今、青森にいます。昨日ねぶたではねてきました」

と言うと、先生は悔しそうに
「なんてー、けしからん」

とかえしてきます。実は、先生もどこか遠い所に出かけた先から、その当時は、よく我が家に電話をかけていました。師弟ですので、今思えば同じことをしていたようです。

五ケ浦廻船で活躍していた人々の足取りを追って日本中を旅されていた先生の旅のスタイルは、臨機応変で時には考え深く、時には楽しい旅であったことが想像されます。

料理上手な奥さんと配ることが大好きな先生

先生の奥さんは、料理名人であり、貝掘り名人であり、またあるときは野菜作り名人でもありました。その

ため、先生のお宅におじゃまするると、新鮮な食材を使ったハイカラな料理がアツアツのまま食卓に並びます。どれもこれもおいしく、今でもその味は忘れられないのです。

奥さんが、たくさん貝を掘って帰った日には、ぱっとひらめいたように、私のところに電話がかかってきます。

「堀田くん、今日は忙しい?」

という具合にして西ノ浦行きが決まります。郵便局のお宅や分校の用務員さんのおうちに貝を届けるのです。先生が勤務されていた校区の方々とは、まるで親戚づきあいのような会話でいつも楽しく聞いていました。帰りに郵便局のお宅からお花を車につめられないほど頂いて帰ることになります。振り返ってみると、年末の恒例行事になっていました。私の家にも、もらった花の半分近くを頂いて帰っていたわけですから、私が一番あつかましかったのかもしれません。

いろんな人との出会いを

先生と出会ってしばらくして、私が小学校の教員をめざしていることを知り、先生が意図的にして下さったことがありました。それは、個性豊かな魅力ある方々に出会わせて下さったことです。それは、能古島の陶芸家や画家の方々であり、またある時は先生が現職時代に魅力を感じておられた方々との出会いです。

たとえば、許斐先生の話では、

「校長先生なのに、あんなに子供たちに慕われるなんてすごい人だ」

と言われていたことを思い出しました。

教師をめざそうという私が、どちらかというと引っ込み思案でコミュニケーション能力に欠けていることを見抜いて、意図していろんな人々と出会わせることによりいろんな考えやいろんな生き方を教えてくれたように思います。

教員としての教え

「先生、今度教育実習があるのですが」

と言うと、早速我が家に来て頂くことになりました。さっそく指導案作りがはじまります。指導教官の薦めで実習中の授業参観日に授業をすることになりました。それからは、高田先生の熱のこもった指導となりました。参観日当日、私が授業をしていると、子供たちにとっては白髪まじりのおじいちゃんのようなふりをして教室の後ろに立っておられました。

また、採用試験を受けはじめて三回目、やっとのことで一次試験に合格したことを伝えると、

「そうか、よかった」

と、自分のことのように喜んでいただきました。二次試験には、我が家に泊まり込み、論文や面接試験の熱血指導をしていただきました。その頃友人も合格していましたので一緒に指導を受けることになりました。でも私たち二人はどちらかといえば優秀とはほど遠い生徒でした。ですから、何度も作文を書くのですが、あまりのひどさに先生はあきれて、

「君たちは、教員になる気はあるのかね」

と、ひどくおこられたものでした。

また、教員になってからも、

「先生、職員研修があるのですが、先生に詩の授業を私のクラスを使って公開してもらえませんか」

高田先生筆の襖絵「能古島」

とお願いすると、二つ返事で協力して頂くことになりました。教材は、先生が好きだった「雨にも負けず」です。「授業は、楽しくないといけない。教師が楽しんでいないと子供たちも楽しいはずがない」、「めあては、欲張らないこと。一つか二つで充分だ」が先生の口癖でした。この教えをほかの先生方にも気づいてほしいと思っての企画でした。参加された先生方の心には、ユーモアたっぷりで子供たちと会話のキャッチボールをしている先生の姿が、強く印象に残ったことを覚えています。

最後に

先生と出会い、三十年間の中で、弟子であり、私たち夫婦の仲人であり、生涯を通じての教え子であったこと、私の人生の中で常に支えて頂いたことを本当に感謝しています。

特に、誰よりも長い長い時間を教え子としていろんなことを学べたことを誇りに思います。

私も今年五十二歳、残り少なくなってきた教員生活ですが、先生と過ごした時間を糧にして自分だからできることを精一杯がんばろうと思います。

最後になりましたが、先生にお願いして描いて貰った絵があります。二十年ほど前に新築のおりに襖に絵を描いて貰いました。先生の愛した「能古島」の絵です。絵を見るたびに先生と過ごした時間を思い出します。

高田先生、ありがとう。

（高田先生の弟子）

高田先生との思い出

柳川　毅

高田先生と自分の出会いは今から四十五年ほど前、西新小学校の時の担任と生徒との関係から始まりました。当時の高田先生は「大魔神」という映画に登場する恐ろしい形相の魔人のあだ名を持たれていました。今は体罰厳禁の時代ですが、もう何十年も前のことですから、先生の名誉を傷つけることはないでしょう。僕はきっと先生の愛のこもったびんたを受けた回数では一、二を争うほどのワルそう坊主でした。僕らがびんたを受ける時には「叩いていいか?」と必ず聞かれました。悪いことをして叩かれた後は、すっきりした思いになるような気持ちのいい叱り方をされました。

もちろん、叱られた思い出だけではなく、先生の授業の思い出は、四十年を過ぎた今でも不思議に心に残っています。大関松三郎という東北の小作人の子どもの詩集『山芋』の詩の授業は自分の人生を変えたといっていいかもしれません。自分にとっては、その松三郎と教師の佐川満夫さんの一人の関係と自分と高田先生を生意気にも重ねて考えていたと思います。そんな自分にこっそり詩集『山芋』をくださりました。

先生は今振り返れば、小学生に教える内容以上のものを僕らに伝えておられました。六年生の終わり頃には島崎藤村の『破戒』を私たちに紹介してくれました。「主人公の丑松がなぜ子どもたちの前で謝ったのか分からない」と、子ども心に部落差別に対する怒りを先生に訴えたことも忘れられません。

また、芥川龍之介の本も先生から教えていただいたものです。有名な『蜘蛛の糸』のお話の学習で「カンダタはなぜ、蜘蛛の糸が切れて地獄に落ちたのか」という先生の問いに、ひねくれていた自分は「誰だって自分は助かりたいと思うのに、仏が糸を切るのはおかしい」と先生を困らせたこともありました。そんな時に先生は笑いながら、「柳川は長い感想文とかは書ききらんけど、大事なことば言いよう」と褒められたのかけなされたのか分からないことを言われていました。

怒ったら誰より怖い高田先生ですが、誰よりも泣き虫でもありました。クラスに障害を持った女の子がいたのですが、その子が授業中に手を挙げた時でした。今まで発表などしたことのないその子の挙手に、クラスの皆が驚いたことは言うまでもありません。クラスがシーンとなり、高田先生は静かに指名をされて、その子が答えた後黒板の方を向いてしばらく肩を震わせておられました。

失敗をするとペロッと舌を出して白髪の頭を掻かれる茶目っ気たっぷりの先生の姿も含めて、人間味のある高田先生が大好きでした。先生と共に泣いたり笑ったりした小学校の思い出は自分の宝物です。

不思議なもので、高田先生と出会ってから、ただのガキ大将の自分は学習に興味を持ち、成績も伸びていきました。中学、高校と進学してからしばらく、先生とのつながりはなかったと思います。高校は地元の進学校だったのですが、その頃の自分は簡単に言うと「不良」のような生活でした。大学進学や成績のことばかり言う教師と周りの友達についていけなかったことから、逃げ回っていたのです。高校を出てからも落ち着くことはなく、二十歳を過ぎてからも進学も就労もせずに街を徘徊していました。

そんな荒れた時に、小学校の同窓会で高田先生と再会しました。周りの友達はそれなりに自分の進路を切り拓いていただけに、みじめな思いで座っていました。会の終わりごろに先生に呼ばれて隣に座りました。先生はなぜ進学しないのか尋ねられました。たしか「自分は今何をしていいのか分からない。友達は就職のことを考えて文系だ理系だとか言っているけど、自分にはそんな夢すらない」と言ったと思います。

その時先生から返ってきた言葉は、「柳川、先生にならんか。おまえなら面白い先生になる」でした。「教師!?」。高校時代からずっと先生方とぶつかってきていた自分が教師になるなんてことは全く考えていなかっただけに、ほんとうに驚かされました。

その日の夜、寝る前にも「自分が教師?」と何度も先生の言葉を繰り返していました。それでも、すぐに教師を目指したわけではありません。しかし、高田先生との小学校の思い出を振り返りながら、自分にできるかどうか何度も考えた末に教育大学を受験し、無事に合格することができたのです。

結局、大学を卒業してすぐに市内の小学校に勤務して二十九年になります。私が教師になった時に高田先生はすでに教師ではなく歴史資料館に勤めておられましたので、いつの間にか私は高田先生の教師生活の年を超えてしまいました。


私的なところでは高田先生は自分の仲人でもあります。両親の離婚で母子家庭になっていた自分を可哀相に思って引き受けてくれたのでしょう。そのおかげで毎年正月には、能古の島の先生のお宅へ家族で年始に行くのが我が家の恒例となっていました。子どもができた報告を電話でした時に「先生に報告することが……」と言う自分に「待て、いい話か? 悪い話か? いい話なら聞こう」という会話も忘れられません。

先生の膝に乗っておしっこを漏らした娘たちも、もう二人とも成人になります。子どもたちは高田先生を自分たちのおじいちゃんと勘違いしていたみたいです。高田家のお正月料理の美味しかったこと。奥様の手料理は本当に料亭のそれを超えていました。なにせ、食材の一つひとつが手作りの野菜であったり、島や姪浜で獲れた魚であったりでしたから。

高田先生が「西日本文化賞」を受賞された時には記念パーティーに呼んでいただきました。会場に着いたら手招きをされて、「柳川が教え子代表で挨拶をしなさい」という急な御指名です。私が困った顔をしたのでしょう、先生は「こういう時は、少し落としてから持ち上げるといい」という名言を私に残され去って行かれました。私は「先生の本が出るのはうれしいけど、本のノルマもあるので大変です。奥様が料理の本を出されたらきっと高田先生よりも売れると思います」なんてほんとに失礼な挨拶をしてしまいました。

とにかく、このころから高田先生は僕らの恩師と言うよりも「郷土史の高田」という肩書の方が大きかったと思います。おかげで先生からはたくさんのすばらしい先生方を紹介していただき、そこで教えていただいたことを元に、自分の教師の実践を深めることができました。

先生のお宅に遊びに行くと今執筆している本のことを聞き、私は自分の学級実践について話しました。そんな時に先生は、もう一度子どもたちの前で授業がしたいと熱く話されていました。私の前だけでは高田先生は郷土史家ではなく小学校の高田先生に戻ってくれることがうれしかったです。小学校の恩師がずっと現役で自分に教えてくれるなんてことはないでしょうが、高田先生はいくつになってもほんとうに私の「先生」であり続けました。

最後の最後まで、先生を追い抜くことができずに自分はここに立っています。今は、高田先生と出会った西新小学校に最後の学校として赴任しています。私も先生のように子どもたちの心に残るような授業ができるよう、最後まで努力したいと思います。

（現・西新小学校）

道なお遠く

高田茂廣

この小説は、高田先生の部落問題への関心の中でのお仕事である。書かれた時期は一九九一年の夏であろう。というのは、小説の最終場面に描かれた浴場の問題は「二つの湯治場における解放運動」の題で『部落解放史・ふくおか』第60号（一九九〇年十二月）の連載「民衆史の泉（七）」に掲載された史料に収録されたもので、そこからのインスピレーションだからである。これに『見聞略記』中の解放令についての記述を骨格に構想された。この小説には先生の多くの教え子、知人がモデルとなり描きこまれていると当時お聞きしている。部落解放文学賞に応募したが、惜しくも選にもれてしまった。

部落問題についての執筆は、これ以前同誌に「日吉神社の奉納発句」（第46号、一九八七年。本書に再録）、「『見聞略記』にみる差別的記事」（第55号、一九八九年）があり、史料紹介とともに論じられている。

明白な誤記を訂正し、最低限の用字用語の整理を行った。

「この話では、明治初頭の解放令後に、福岡の被差別部落に家庭教師として入っていった青年教師とムラの青年たちとの交流が描かれています。私には、主人公の青年教師と高田先生が重なって見えました。私はこの『道なお遠く』のプリントを、高田先生の家に年始の挨拶に行った時にいただきました。先生から『登場人物の部落の青年は、柳川のことを考えて書いたよ』とおっしゃっていただきました。その年（一九九二年）に私は六年生の担任となり、この中の『湯滴』を使って授業をさせていただきました。子どもたちの前でお話を読みながら、涙を押さえられずに困ったことが忘れられません」（柳川　毅）

合唱

明治四年、初冬。

「えたの号廃され候儀は、天地の間に生まるる人として、階級有るべきはず無ければ也。

人としておのおのその業を尽くすに、あるいは木履（ぼくり）を直し、あるいは獣皮を扱うなど、恥とすべきいわれなし」

つい三十分程前に先生が心をこめて読んでくれたこの言葉を、七人の夜学の青年たちの全員はすでに暗記してしまい、まるで正義を叫ぶかのように大声をあげての合唱であった。

囲炉裏の火が燃えて炉端の青年たちの顔を赤く染めていた。時はもうすでに初冬である。板戸の隙間から吹き込んでくる木枯らしも、山あいの村であってみれば青年たちの背中を凍らせる。それらをはね除けて、それぞれの若者の心も赤々と燃えていた。今夜の夜学の青年には教科書も筆も半紙も、したがって行灯の灯も必要がないのである。

先生の木槌が「カン」と鳴り、一瞬の静けさが戻った。みんなのきらきらと輝く目が先生に集まった。

「今、みんなが覚えたお上からの通達は素晴らしいものだ。だが、喜んでばかりはおられまい。この通達が実行されるかどうかはお前たちの肩にかかっていることも忘れないでほしい。何百年と続いた習慣が、一枚の紙切れで改まると考えるのは間違いではなかろうか。

私もかつてそうだったが、お前たちを汚れた者だと世間一般の者たちは考えている。おまえたちと一緒にされてはたまらないと考えている者が大部分だ、と考えて間違いないだろう。

私もこうやってお前たちを教えるようになってから、私の青年時代と今のお前たちと比べて、どこも違うところはないと分かってはきた。だが、私が今、私自身をお前たちとまったく同じだと思っていると言えば、それも嘘になる」

強い調子で話していた先生は、しばらく時間を置いてから今度は静かに言った。

「この一枚の紙切れの言葉は、みんなに幸せになれる道を教えてくれた。その道をどう通るか、今晩一晩考えて、明日の晩発表してもらう。これが今日の私の宿題だ」

帰り道、それぞれの家までの道のりが遠かった。それぞれの家の明かりはちらほらと見えてはいるものの、さっきの興奮がさめやらず、それぞれの体がカッカと燃える。

しかし、明日からをどう生きるかという現実の問題となると、本当に力強く生きることができるのか、揺れ動く心を声にすることもできない。みんなは押し黙ったまま、しばらくの間は野分（のわき）の嵐の中にお互いが体を寄せ合ってじっと立ったままだった。

青年たちを帰した後の先生も、教室に隣り合った六畳間のせんべい布団の中で、自分の今まで生きてきた道と、今から先の生き方を考えて眠れなかった。

足軽の子として生まれ、小さいときには上役の子のあとを当然のことのようにして付いてまわった。十五歳を過ぎた頃には父親の態度を批判したものの、自分自身も結局のところ父親と同じ態度をとらなければ武士として生きていけないことを身をもって実感した。

浜辺に腰をおろし、悔しさをこらえていたあの日、後からポンと肩を叩いて、

「お前も夕日を見に来ていたか」

とそれだけ言って白砂に足跡を残して帰って行った、おやじ。

足軽の子が少しでも堂々と生きていくためには、身分を乗り越える何かの力を持たなければならないと考えた。学問の道に身を投じ、それが認められて長崎への留学を許された。先輩の人たちが佐幕だの勤王だのと騒いでいるのを横目で見ながら蘭学を学んだものの、ようやく帰国ができると思った頃には、明治維新の結果として藩がつぶれた。

思い出が次から次へと巡り走る。

年老いた両親を養うために、恥をしのんでこの草深い山あいの部落の教師となり、両親には月々の仕送り

もできるようになったものの、寺子屋の中に閉じこもってばかりの生活では土地の人とも馴染みきれずに、

「早く今の生活から抜け出さなければ」

とばかり考えていた自分、等々。

今晩の青年たちの熱気は先生の心を随分と動かしたようだ。

「俺には、百姓や町人などと下に見る者がいた。それでも這い上がりたかった。彼らには下に見る者がいない。それが這い上がりたいと思っているのを救(たす)けないでいいのか」

「長崎にいた頃、俺は勉強だけしておればよかった。彼らは昼間働いて、夜やって来る。その彼らの勉強に対する情熱が長崎時代の俺よりも真剣なのは、なぜか」

「今夜の青年たちの、あの目の輝きと叫びを、俺は抱き留めてやることができるか」

急激な変動の中で、望外の出世をし、あるいは身を滅ぼしていった先輩や友人の姿も闇に浮かぶ。

「これでいいのか。俺はこれでいいのか」

先生はすっかり目が覚めてしまった。布団から這い出すと、行灯を灯し、水屋の中にしまってあった残り少ない餅飴を一つ、口の中にポンとほおり込んだ。母親が送ってくれた餅飴である。甘い香りが口の中に広がって、ふと幼い頃の母親の姿が頭の中に浮かんでくる。

「一生をこの部落で過ごします」

なんて言ったら、おっかさんは嘆くだろうなあ。

「お前の人生だからお前の自由にしなさい」

なんて言ってくれるかもしれない。

おやじはきっと何も言わないだろう。いつもそうだった。気に入らないときは淋しそうに黙ったままであり、気に入ったときは表情も変えずにうなずいていた。さて今回はどうなんだろう。

餅飴が口の中で溶けてしまった頃、先生は行灯の灯を消し、ようやく深い眠りの中に入っていった。

部落の朝は早い。

まだ薄暗いのに、あちこちの家の鶏(とり)が高らかに夜明

けを告げる。

　つい先の川ばたの次介の家の水車が、かすかなせせらぎの音に交じって、ときには歯ぎしりのようにきしみ、ときには餅搗きの杵の音のように明るく響く。

　今鳴いたのは弥吉の家の牛か。

　朝もやの中から鍬を担いだ人が現れ、ときには鼻歌まじりの後ろ姿が朝もやの中に消えていく。

　それらのすべての音が土の道を家並に添って流れてくるのであれば、聞く人の耳には明るく柔らかである。ようやく赤みを増した東の空がそれらのすべてを包む。この晴朗の初冬の朝を、すべての人々も深い眠りの中で過ごしたいのであろうが、生きるということはそれを許さない。

　おそらく、この部落ではただ一人、寺子屋の座敷に一人寝の先生だけが深い眠りの中であった。

「お早うございます」

　裏口の戸を静かに開けて入ってきた次介が、小さな声で闇に向かって挨拶をした。朝飯を届けに来たのである。

　もう十六歳になった次介は、その一家の大事な働き手であった。少しばかりの田畑を耕作し、水車小屋で近所の家の米や麦をつくのが家業であったが、この頃では両親は田畑の仕事に専念し、水車小屋の方は次介に任されていた。二人兄弟の兄は町の鉄工場へ奉公に出ているのだという。水車小屋はいつも仕事があるわけでもないし、家が寺子屋に近いということもあって次介が先生の身の周りの面倒を見ることになった。庄屋から支給される給料と先生が時々くれる小遣いを合わせると、結構いい収入であった。

　次介の顔にはまだ少年の面影が残っており、その豊かな純真さと快活さを先生は愛でたが、体付きはもう十分に青年である。逞しい肩とごつごつとした手のひらが日頃の労働を確実に物語っていた。

　次介は板の間の囲炉裏の灰をおこして火を大きくし、自在鉤には持ってきた味噌汁の鍋を掛けた。襖をそっと開けると、先生のいかにも気持ち良さそうな軽いいびきが暗闇を通して聞こえる。

　先生はまだ目覚めていないらしい。次介はできるだけ静かに朝飯の準備をした。しかし、いかにも食欲をそそるような味噌汁の匂いが寺子屋の中に充満し、先生に大らかな朝を告げた。

「やあ、お早う。すっかり寝坊してしまって」

と、ことわりを言いながら先生が起きてきた。雨戸を開けると、朝のすがすがしさが家の中にみなぎる。外に出た先生は、井戸からつるべで水を汲み顔を洗った。山あいの村の朝の冷たさが心地よい。雲が悠然と流れ、近くの靄（もや）が消えかかった風景はまさに絵である。

しかし、薄着の先生の心の豊かさも冷気に対しては三分とは持たなかった。急いで部屋に戻り、囲炉裏の前にどっかと腰をおろした先生は、

「今朝は冷えるのう」

とつぶやきながら、冷たくなった手で火箸を握り、囲炉裏の火を起こした。

次介が、藁で編んだ小さなご飯温（ぬく）めの中のお櫃（ひつ）から麦飯をよそい、味噌汁をつぐ。小皿には沢庵の古漬けと梅干が一個。それに今朝は鶏の卵もある。卵はまだ温かかった。それらを実に旨そうに食べながら先生は言った。

「昨日は眠れたか」

「…………」

「俺はあまり眠れなかったんだ。でもな、餅飴を一つ頬張ったら、ぐっすり寝てしまったらしい、うふふ」

いつもは謹厳な先生が、今朝はとてつもなく明るい。それが次介には不満である。

「人を一晩中考えさせるような話をしておいて、先生は一体何を考えているんだろう」

口に出して言えない言い分を内に抱えて、次介はいつになく無口なのである。純真な青年の気持ちが読み取れないようでは教師の資格がなかろう。

朝飯を食べ終えた先生がほほえみながら言った。

「次介よ、おれの前に座れ」

次介は頬をぷっとふくらませて、言われるままに正面に座った。

「俺はな、ここにずうっと住むことに決めたんだ。みんなと一緒にずうっと勉強することに決めたんだ」

「先生」とみんなから呼ばれ、子供たちからも青年

たちからも慕われてはいるものの、まだ三十歳にも満たない多感な青年の新たな決意であった。

次介はポカンとした顔で先生を見つめた。自分の耳を疑った。そして先程までの不満の心がばたばたと崩れて行った。

「先生、ずうっとて、ずうーとのことですか」

「そうだ、ずーっとだ。だから、みんなにも言っとけ。昨日の宿題の答えは今日中に出さんでもいいと。一年かかってもいいんだと」

「はーい」

次介は先生の手を力いっぱい握った。先生の手はとても熱かった。

「本当ですよね先生、本当ですよね、先生。みんなにも知らせてきます。本当にいいですか。いいですよね。きっと」

「いいとも、今からでもいいぞ」

食事の後始末もせず、子供のように飛び出した次介の背中に声が飛んだ。

「こーら、戸くらいは閉めていかんか」

あわてた次介は寺子屋の中に入って戸を閉めたが、自分の失敗に気づいて照れ笑いをし、今度は静かに戸を開けて振り返り、ピョコンと頭を下げてから静かに戸を閉め、バタバタと走り去って行った。

もともと、先生にとって、この夜学の勉強会は独り居の淋しさを紛らわすために始めたに過ぎないものであった。小さな子供たちを教える教師として赴任してきて間もない頃、手伝いの次介が毎日のように朝の間の子供たちの勉強を羨ましそうに見ている。先生は彼も勉強が好きなんだろうと思い、さり気なく尋ねた。

「勉強が好きか」

「俺、字が読めんから」

「夜でよかったら教えてやろうか」

「本当、友達も連れてきてよかね」

「その代わり、昼間の子供たちの勉強と違って厳しいぞ」

明くる日の夜、次介は一つ年上の三次という青年を連れてやって来た。

厳しく教えるとは言ったものの、折角捕まえた鯉を逃がすのは惜しいから面白おかしくの勉強時間である。

たとえば盆踊りの口説。

国は長州赤間が関よ
和船ばかりか唐南蛮の
船の出入りに賑わう港

荷揚げ荷積みの掛け声絶えぬ
問屋かずかず立てこむ中で
千代と栄えし鶴屋の娘

三次が口ずさんでいるのをふと聞きつけて、
「面白い歌を知ってるな、聞かせてくれんか」
と、言ったら六十番くらいまでをすらすらと歌った。美声である。先生と次介は目をつむって聞きほれた。

教材が楽しいからその夜のうちに二番までは書けるようになった。

聞けば、三次は横笛も上手なのだそうである。明日の晩はそれを聞かせてくれんか、と頼んだら承知して帰った。

次の晩の勉強は、三次が持ってきた自作の横笛の鑑賞から始まった。三次は追分(おいわけ)を吹いた。夏の夜の縁に腰掛けるようにして吹くその音色が、夜霧の闇に流れ、蛍が乱舞して先生の旅情を誘う。

索漠としていた先生の夜は、楽しい夜と変化する可能性が大であった。

娘二八はただ恋心
思う殿御も内緒の花で
花が古流で茶の湯が表

今年の盆踊りは盛大であった。三次が唄う口説きが評判になり、二日目の夜は踊りの輪が二百人を超えた。この部落には広場などというものはない。したがって部落を東西に走る道が踊りの輪の場所である。手に下げた長い数珠のような輪の中心の高い台の上で唄う三次の唄の強弱や小節が人々の心をとらえ、三味線や太鼓の音も生き生きとしている。家々の門に吊るされた提灯がそれを照らした。人々は酔ったように踊った。

踊りの輪の一員であった庄屋が、先生のもとを訪れたのは、盆を過ぎて間もない日のことであった。

「実はこの間の盆踊りのとき、三次の唄があまりにも見事なもんで、呼んで聞きましたところ、先生から歌の心を習ったからだと申します。もっとも、先生は歌も上手なのかと聞きましたら、あんなに下手なお人も珍しい、とぬかしましたが」

「すみません、つまらんことばかり教えたりして」

「いやいや、字も書けるようになったと言いますので、書かせましたら、上手とは言いませんがしっかりした字を書きます。

色々と聞いている中で、先生が人間とは何かを教えておられることに気が付きました。

今日、お伺いしましたのは、他の青年たちにも教えていただきたいと思いまして。ここに二十人ばかりの青年がおります。家の仕事の関係などで全部が全部とはいきませんが、もう四、五人は習いたいと思っている者がおるはずです。朝の勉強で疲れておられるとは思いますが、青年たちも鍛えてやってください」

先生としても渡りに船であった。正式の夜学となるときちんとした教え方もできるであろう。人生を語り合える仲間も増えるであろう。次介や三次もその中でもまれていくだろう。毎晩の淋しさから解放されるであろう。先生の胸がふくらんだ。

新しい生徒として、二十三歳の善太郎をはじめとして二十歳前後の甚吉、弥吉、八郎、吾介が参加した。

夜学が始まったのは秋の初めであったが、最初の夜、七人の生徒と庄屋を前にして先生は言った。

「今日からお前たちと私の新しい人生が始まる。人生とはつらいものです。だから、ここは決して楽しい場所ではない。楽しい明日のために頑張るところです。昨日まで三次の笛が私を慰めてくれました。しかし、三次にも辛抱をしてもらい、私も辛抱をして、みんなが立派になったと思える日まで笛を吹くことをやめよう。次介とは友達だったが、今日からは少し違う。たとえばお前の言葉遣いなども考えてもらわなくてはならない。もし遊びのつもりでやって来ている人がいるんだったら、その人にはやめてもらいます。みんなは幸いにも勉強の機会を与えられたが、勉強したくて来られない友達も大勢いるはずです。お前たちはその友達の分も頑張らねばならん。厳しいと思うかもしらんが、それが勉強です」

このようにして夜学は始まった。


さて、一生をここで暮らすと約束してくれた先生の言葉を伝えに寺子屋を飛び出した次介は、友達の家を次々に廻った。仕事に出ている者があれば、仕事場まで報せに廻った。

吾介や三次が喜んだ。他の者も全部喜んだ。喜ぶから暇がかかる。庄屋さんの家の善太郎に報せに行ったら、庄屋さんと善太郎が家を出ようとするところであった。その広い土間で次介は、二人に今朝の先生の決意を告げた。庄屋は嬉しそうにそれを聞いた。

「庄屋さん、昨日先生が凄い文句を教えてくださいました。聞いてください」

次介が少年のように真っすぐ立って暗唱をしはじめた。庄屋が昨日の昼間に先生に伝えておいた県からの通達である。が、次介の暗唱は昨夜のように順調にはいかない。しどろもどろの彼を善太郎が笑いながら助けてくれた。

「もう一回、二人でやり直し」

どっかと板の間に腰を下ろした庄屋も笑いながら二人の顔を見つめて命じた。今度は初めから善太郎が一緒だから大丈夫である。二人は向かい合うようにして、確認し合うように、しかも大声で暗唱しはじめた。

「えたの号廃され候儀は、天地の間に生まるる人として、階級有るべきはず無ければ也。

人としておのおのその業を尽くすに、あるいは木履を直し、あるいは獣皮を扱うなど、恥とすべきいわれなし」

お互いの唾がお互いの顔に飛んだ。

庄屋は幸福そうであった。

喧嘩の善吉

この部落にも二十年程前までは寺子屋があった。しかし、

「部落の者が子供に勉強をさせることは罷りならん」

という藩の命令で、寺子屋は閉鎖されてしまっていた

のである。ところが、江戸幕府が倒れ、去年の夏には黒田の殿様も贋金事件で辞任し、いろいろな法律も次から次へと変わっていった。それならばということで、この部落の庄屋がまず最初に考えたことは寺子屋の再開であった。

福岡や博多からもそう遠くないこの部落は、福岡藩内に数多くある部落の中でも裕福な部落の一つであった。もちろん貧富の差も大きく、明日の生活に事欠く家も何軒かはあったが、今の庄屋になってからはそういう家も随分と少なくなった。

庄屋の名は正蔵というのだが、部落の者の多くは尊敬の意味をこめて、「庄屋さん」としか呼ばない。彼が庄屋となってから今日まで三十年近い歳月が過ぎたが、その間に彼がした仕事はこの部落の改革であった。貧乏な者をなくすこと、若い者に勉強させること、小さいながらもいろいろな産業の導入、道路の整備等々、みんなが尊敬するのも当然であった。

正蔵の家はもともと下駄の製造販売を家業としていたが、父親は一人息子の正蔵を商売見習いということで親戚の博多の革屋に奉公に出した。正蔵が十五歳のときであった。

革屋の主人は真面目で才覚もある彼を見込んで可愛がり、仕事も鍛えた。二十歳のときには福岡藩内の部落を廻って革の集荷をする仕事を任され、三年後には大阪での販売の仕事も任された。彼のスカッとした仕事ぶりや責任感、それに正義感などに、

「あいつは大したやつだ。それに酒の飲みっぷりもいい」

などと、大方の大阪商人もほれ、「正蔵、正蔵」と本業以外の仕事も彼に頼むのである。正蔵は見事に主人の期待に応えた。しかし、それらの仕事の中で部落の者の悲哀も充分過ぎるほど味わった。

正蔵は決して身分を隠そうとはしなかったから、初めての土地の宿では汚れた小屋の藁の中に寝かされたこともある。さげすみの眼と声に出会ったことも度々であった。そんなとき、子供のときから一緒に遊んだ善吉の強さと明るさを思い出し、胸をグッと張って耐えた。

正蔵が今まで行ってきたことや、今から行おうとし

ていることの多くは、革屋に奉公していたときの悔しさや惨めさからの解放が目的だったのである。そしてそれは革屋の主人の夢でもあった。

二十五歳の秋に父親が急死し、正蔵が家業を継がなければならなくなったとき、主人は彼を手放すのを惜しんで娘を嫁にやり、経済的な援助ならどれだけでもするとの約束もした。勿論、正蔵は援助など一度も頼むことはなかったが、三十歳の春に庄屋になってからは、事あるごとに主人の店を訪れ、その時々の報告をし、相談もした。主人は喜んで話に応じ、まるで十五歳の正蔵を諭すかのように話すのである。このような正蔵の訪問は主人の死の時まで続いた。主人が明治維新の声を聞かずに亡くなったとき、正蔵はもう少し長生きしてほしかったと思った。新しい時代の足音がこれほど近くまで来ているのに、なぜ死んだのですか、と一人嘆いた。

正蔵にはもう一人、頼りになる仲間がいた。善吉といって、子供のときからの親友である。正蔵が旅の苦しさの中で心の支えとしてきたあの善吉である。正蔵が今のような仕事をするようになったのは、主人の影響よりも、むしろ善吉の影響の方が大きかったのかもしれない。

二人は子供のときからすべてを競い合った。どっちが勝っても負けても喜びがあった。どちらかというと寺子屋の成績は正蔵の方が上であったが、その外のこととなると善吉の方がはるかに勝っていた。特に喧嘩などとなると勝負にならない。

二人が十三歳の頃、一度、こういう事件があった。あれは、もう二、三日もすれば麦刈りが始まろうという頃の夕方、北へ半里程も離れた隣村の村外れの麦畑に挟まれた道を二人が通りかかったときのことであった。

十人ばかりの子供が、
「勝手に村の道を通るな」
と、はやしたてながら石を投げてきた。とっさのことであり、防ぎようがなかった。正蔵はうずくまり、善吉は飛んでくる石を見ながら避けていたが、四、五十も飛んできたであろう石の一つが正蔵の頭にあたり、血が流れだした。善吉は石を背に受けながら正蔵をかばい、自分の着物の袖で正蔵の頭の血を押さえた。流れた血が善吉の袖を伝って地面に落ちた。

善吉は血のついた石の一つを投げ返した。悲鳴が聞こえ、一人が倒れた。他の子供は倒れた子供をそのままにして、村の中へ一斉に逃げた。

正蔵の頭の血が止まらない。仕方がないので善吉は自分の褌（ふんどし）を外して裂き、それを正蔵の頭に巻いた。

「汚い褌ですまんの」

正蔵は痛さをこらえて笑った。善吉も笑った。

村の中から大勢の大人が走ってきた。何人かが倒れた子供を抱き起こし、他の大人は正蔵たちを取り巻いた。さっきの子供たちが隠れるように後ろの方に立っている。

「どうして子供をいじめた」

「いじめてはおりません。訳はその子たちに聞いてください」

善吉は後の子供たちを睨（にら）みつけて言った。子供たちが全部小さくなって下を向いた。

しばらく無言が続いた。

「私たちが歩いておりましたら、その子たちが村の道は通させん、と言って石を投げてきました。この道は、私たちが通ってはいけない道なんでしょうか」

今度は大人たちも無言である。

庄屋らしい人が、その場を取りつくろうように言った。

「それでもお前たちも石を投げたんだろう」

「正蔵は投げておりません。私が投げました」

「そんなら喧嘩両成敗ということだろう」

大勢の大人たちも、正蔵の頭に巻かれた包帯ににじんだ血の具合からして仕方がないか、といった顔をした。

「二人と十人の喧嘩です。この石の数を見てください。私は一つしか投げませんでした。

それも、正蔵の頭から血が流れているのに、なおも石が飛んできますから、それを止めるために一つ投げただけです。相手を止めさせるために、たった一つ投げても喧嘩両成敗ですか」

遠くで話を聞いていた大人たちが、倒れていた子供も連れてやって来た。

「こっちの石にも血がついとるぞ」

「その血は正蔵の頭の血です。私は相手が血を流すような石の投げ方はしておりません。

私は足の辺りを目がけて投げましたから、調べてもらえば分かります」

大人たちがさっきまで倒れていた子供の裾をめくると、太股の辺りが少し赤くなっているだけである。大人たちはまた無言になった。

「この村では、怪我した者や、それを看病している者にまでも石を投げるのが普通なのでしょうか。私の背中を見てください。看病でもしていなきゃあ敵に後姿など見せはしません」

腹立ちまぎれに言ってしまって、しまったと善吉は思った。今、褌を外したままなのである。言ってしまったものは仕方がないから善吉は裸になって背中を見せた。背中には多くの石の跡が赤く残っていた。

言い負けた悔しさからか、せめてものざれごとが後の方の大人から飛んだ。

「いい若者が褌くらいはしとけ」

これにはさすがの善吉もカッとなった。

「ほう、俺の褌はのう、今、正蔵の頭に巻いとるわい。自分とこの子供が蚊にさされたようなかすり傷を負うたら大勢集まってわいわい騒ぐくせに、自分とこの子がよその者ば怪我させても、じいっと見とくだけで、そいつの仲間が褌まではずして包帯をしてやっとるとを、笑い者にする。この村の大人の人たちゃあ立派なもんですなあ。見上げたもんたい。小父さんたちゃそれでも人間か」

「何を」

血の気の多いのが拳を上げた。

「叩くなら叩け、俺が倒れるまで叩け。倒れそうになったらお前に噛みついてでも立っとるわい。さあ」

善吉の睨みつけた瞳が一歩前へ出た。すごい剣幕である。大人の上がった拳が後へ下がった。

「まあまあ、すまんじゃった。庄屋が頭を下げて謝るからこらいとってくれや」

村の庄屋は取り成すように言い、横の何人かの者に、水とたらいとさらしの木綿と薬と、それに褌を取りに走らせた。残った者は散らばった石の片付けである。

そうでもしなければ場がもてまい。

ようやく安心したのか、善吉は着物を着、縄の帯をしめた。血の付いた袖で睨みつけた目から流れていた涙を拭いた。


さいわい、正蔵の頭の傷は大したことではなかった。すべての後始末が終わった後、村の庄屋は子供たちを前に立たせ、

「俺もことわりを言うから、お前たちもことわりを言え」

と頭を下げた。

善吉はそれをさえぎった。

「庄屋さまにまでことわりを言ってもらおうとは思いません。子供どうしの喧嘩です。子供どうしで話がつけばそれが一番いいと思います。悪かったと思う者がいたら、謝ってもらえばそれでいいです。ただ、今から先、部落の者が通ったとき、何もしないときに石を投げるようなことだけはやめてもらいたい。私も大人の人たちに生意気な口をきいて済みませんでした。謝ります」

村の子供たちは、少しブスッとした顔で、黙ったまま頭を下げた。まあいいか。

「石はな、こういうふうにして投げるんだ」

善吉は片付けられて道の端に積まれた小石の中から血の付いた小石を三つ選び、その石を七、八間も離れたハゼの木に鋭く投げた。一つ目がハゼの根元に当たってピーンと跳ねた。二つ目も三つ目も同じ所に当たった。

「庄屋さま、どうもいろいろとご迷惑をかけました。有難うございました」

善吉はまだ涙の残った顔のまま、ニコッと笑って正蔵とともに、振り返りもせずに黄金色の麦畑の道を初夏の夕日に照らされて帰っていった。

村の庄屋は腕を組んだままそれを見送っていたが、子供たちに、そして周囲の大人たちにも聞かせるように低く言った。

「今後、あいつと喧嘩することは許さん」

この話は郡中に広がり、「喧嘩の善吉」と噂された。善吉と正蔵の友情はその後も長いこと続いた。特に

事件以来の二人の会話の中心は、どうしたら村の者に負けないようになるか、であった。金があったら部落の全部の家を建て替えて、みんなに勉強させて、俺が殿様になってお前がお医者さまになって等々、夢のようなことも考えた。そんなとき、いつも話の最後には、

「あーあ、金がほしいな」

と、川土手の草を背に空に向かって嘆いた。

正蔵が主人のところへ奉公に出ることを最終的に決心したのも、善吉の

「金をもうける道を習ってこい、いっぱい金を作って、いっぱい仕事をしようよ」

という言葉であった。

正蔵が町から帰って家の仕事を継いだとき、一番喜んだのも善吉であった。二人で子供のときから夢を少しでも実現させようと誓い合った。

正蔵は下駄の製造販売の仕事に精を出し、善吉は農業で頑張った。その頃、前の庄屋が亡くなって新しい庄屋を決めなくてはならなくなったとき、藩の役人も含めて二人のうちのどちらかが適任であろうということになった。二人は譲り合ったが、こんな場合、例によって善吉の方が勝負強い。

「俺は裏方向きなんだから。お前が庄屋で俺が助ける。それがいちばんいいんだ」

善吉が勝って正蔵が庄屋に選ばれた。

子供のときからの二人の夢の実現への新しい出発点であった。

二人が最初にしたいと思った仕事は、子供たちを幸福にすることであった。その子供たちが幸福であるためには、子供たちの親にも働いてもらわなくてはならない。下駄の作業場を工場と言えるほどの大きさに作り替え、働く者も今までの倍近い二十人まで増やした。革なめしをしている者には今までよりも質の良い革のなめし方を教えた。田畑の小作をしている者には、小作からの脱却を働きかけ、侍や町人、それに近村の地主で土地を手放したい者があれば無利子で金を貸して買い取らせた。適当な荒地があれば開墾もさせた。

こんなとき、正蔵ではどうしようもない事態に陥ったときは必ず善吉が助けた。特によその村との交渉ご

ととなると善吉の出番である。善吉は組頭として活躍したが、その堂々とした論理と迫力は相手に反論を許さなかった。しかも、相手の立場も考えての正義感に満ちた交渉であってみれば、負けた相手が拍手をおくりたい気持ちになったりもするのである。隣村の、あの喧嘩に負けた連中など、

「栴檀は双葉より芳し、というのは善吉のことだな」

と噂したものだった。その彼が、道で出会ったりしたら、その堂々とした体軀が深々と頭を下げて通りすぎるのだから、みんなは困るのである。

こんなこともあった。

冬の雪の降り積もった日の昼前のことであった。善吉は若い甚兵衛と二人で雪の畑の大根と蕪の取り入れをしていた。横の畑でも隣村の青年たちが二人同じ作業をしている。

そこへ十歳前後の子供たちが五、六人、じゃれ合いながら通りかかった。そのうち、一人の子供を他の者が畑の方へと押しやった。運悪くそこに雪に隠れた肥え壺があり、押された子供が落ちた。押した子供たちは呆然と見ているだけである。善吉たちが走り寄ったときには、落ちた子供はすでに頭の先まで肥えに浸かった状態であった。甚兵衛が肥え壺に飛び込んで救い揚げたが、子供は死んだようにぐったりとなっている。それを見て子供たちは一目散に逃げた。

善吉は甚兵衛に子供を自分の家へ連れていくように命じ、隣村の青年には一緒に行って風呂を沸かしてくれるように頼んだ。自分は再び降ってきた雪の中を五、六人の青年を集めに走った。

善吉が家に帰ると、甚兵衛は囲炉裏の側で子供の着物を脱がせ、そこらにあった古着で子供の体を拭いてやっている。善吉は青年たちと手分けして、一人には甚兵衛と交替させ、一人には医者を呼びに、一人にはふとんを敷かせた。体を拭いて少しは美しくなった子供が、ふとんに寝かされた。しかし、口の中にはまだ肥がいっぱいである。善吉はそれを自分の口で吸い取った。子供はそれで息をしはじめた。ふとんを敷いた青年が裸になって子供を抱いた。ようやく風呂が沸き、子供の体が新しい湯で清められていく。別の新しいふとんが敷かれ、今度は風呂を沸かしていた隣村の青年が裸

になって子供を抱いた。

　子供の顔に赤みがさしてきて、人々は少しはほっとした。ところが、この子供がどこの子供なのかだれも知らないのである。親に連絡のしようがない。子供たちの逃げた方向からすると、西の村の子供なのであろうか。西の村であれば一里程しか離れていないので、もうそろそろ親が来てもいい頃である。

「臭いな」

　青年の一人が言った。居合わせていた者たちは、このときになって初めて、自分たちが糞尿にまみれているのに気が付き、大雪の寒さの中に身を置いていることにも気付いた。みんなの笑い声が震えた。

　人々は風呂で身を清め、善吉は自分の着物のありったけを持ち出して着てもらった。肥え壺に飛び込んで救けた甚兵衛は先に体を洗い、着物も着替えていたが、改めて沸かし直された風呂につかり、髪の間にまでもしみ込んだ臭いを気にしながらも、人の命を救った満足感に浸っていた。雪で真っ白の庭の端には、黄色に染まった着物が何枚も積み重ねられた。

　医者がやって来たのはその頃であったが、善吉たちの話を聞いてその処置の見事さに驚嘆した。子供の命については、二日程このまま動かさないで暖めてやれば助かるとのことである。善吉はようやく意識が戻った子供の頬を軽く叩きながら、頑張れよと励ました。青年たちが囲炉裏に新しい炭をどっさりとくべた。

　西の村から肥え壺に落ちた子と落とした子の親、それに近所の青年たちが走ってきたのは、医者が帰ろうとする直前であった。二十人もいたであろうか。棍棒を持った若者もいる。家に入るなり、

「臭い」

と言った。青年たちはむっとした顔をしたが、善吉が首を横に振った。子供が親の顔を見て泣いた。棍棒を持った若者が激昂して言った。

「どうしてこの子を肥え壺に落とした」

「何を！」

　険悪な空気が部屋中を包んだ。

「そんなつまらんことよりも、今は子供の命が大事だろう。静かにせんか」

　善吉の一言にだれもが黙った。

医者が病状を説明した。

隣村の青年が、子供が落ちたときの状況や善吉が子供の口から糞尿を吸い取ったこと、自分たちも裸になって体を温めてやったことなどを話した。しかし、親は、一応の謝辞を述べたものの、子供をここには置いておけないから連れて帰るという。今度は青年たちが本当に怒った。しかし、今度も善吉に睨み返された。

「子供を殺したかったらどうぞ」

医者がそう言っても、何とか理由をつけて連れて帰りたいのである。

「それにここは臭いし」

今度は医者が怒った。

「あんた方も一度肥え壺に入って来るがよい。臭いが気にならなくなるぞ。それにここでいちばん臭いのはこの子だが、風呂に入れるわけにもいかず、どうだ、あんた、親なら黄色いところを舐めてやらんか。他人の善吉にできたことが、親のあんたにできんことはあるまい」

すったもんだの末、結局のところ、子供は二日程親とともに善吉の家で養生し、元気を回復して帰って行った。

話は隣村の青年によって郡中に広がり、評判になった。特に善吉が口から口へ糞尿を吸い取った話などは尾鰭もついての大評判である。だが、さらに大きな評判となったのがその事後処置であった。

善吉は二日ののち、手伝ってくれた青年たちを呼んで慰労会をした。隣村の青年たちはもうすっかり善吉に魅せられてしまい、慰労会への誘いにも気持ちよく応じて冬の夜を楽しんだ。臭い話の数々が次から次へと飛び出してきては心地よい笑いとなり、グツグツとたぎる鶏の水炊きに甘い味の彩りを添えた。

一方、西の村では話し合いが何日も続いた。

命を救けられたのは西の村一番の大地主の子供であった。その子を肥え壺に突き落とした子供たちの中には、西の村の庄屋の息子も含まれている。子供たちは地主の家に呼ばれ、まだ寝ている子供の前で、本当のことを白状した。棒を持って善吉の家へ行った青年が大きく息を吐いた。子供たちが大目玉を食らったのは当然であるが、問題はどうやって謝罪するかであった。

隣村の二人の青年の家には、庄屋と地主が酒と鯛を持ってお礼に行った。善吉の家には使いの者が金十両を届けた。当時の一両は、大人一人が一月真面目に働いて稼ぐ給料に匹敵する金額であるから、十両は大金である。善吉はそれを受け取らず、手紙を渡して使いの者を返した。

「人の命を救うということは人間として当然のことと存じております。したがいまして、私どもの今回の行動もお礼の金子を頂く理由はございません。まして相手は国の宝の子供であります。もし、私どもの子供が同じことをしでかしましたら、御地でも同じようにお救け頂けるのではないかとも考えております。人の命はお金には替えられません。お宅様のお子様の命は十両ではないはずです。千両でもないはずです。今回のことで私たちの体は汚れましたが、心は清まったと喜んでいるところであります。お子様の一日も早いご回復をお祈り申し上げます」

西の村は困った。困った結果、大庄屋に相談することになった。

当時、この辺りの大庄屋には隣村の元の庄屋が庄屋の職を息子に譲って就任していた。昔、石投げ事件で善吉との喧嘩に負け、今ではすっかり善吉を気に入っているあの人である。

西の村の庄屋と地主は、善吉の手紙を持って大庄屋を尋ねた。二人が事の次第を話し、手紙を見せると、

「ほう、善吉は字も巧いんだな」

としきりに感心し、話の正確を期すためにと村の二人の青年を呼んだ。すぐにやって来た青年たちは善吉の行動を感激した口調で語ったが、善吉が十両もの金を返した話を聞くと、すぐにまた家に帰り、貰った酒を持ってきて西の村の二人に返した。

「善吉さんが受け取らないお礼を、私たちが受け取るわけには行きません。鯛はすでに食べてしまったので今すぐにとはいきませんが、後で何らかの形でお返しします」

話がますます混乱してきた。

「この勝負、お前たちの負けだな」

大庄屋が笑った。

「あいつと喧嘩をして勝つ方法は、いや、対等に勝負する方法は一つしかない。それはな、誠意を持って話すということだ」

大庄屋の脳裏には、あの十三歳の善吉が裸になって叫んでいる姿が心地よい思い出としてまざまざと浮かんでいた。

「では、どのようにすればいいのでしょうか」

「それを私が教えたのでは誠意にはなるまい。お前たちも噂で知っていると思うが、私も善吉に負けたことがある。負けたけれども気持ちが良かった。あのとき、善吉が喧嘩の善吉と噂された理由は、腕力の強さや頭の良さが凄いと思ったことは勿論だが、それにもまして、友達を思う優しさと叫びで相手を共感させたことにある。私は感動もした。今度の善吉の行動もあのときとまったく同じだ。その手紙で善吉が何を叫んでいるのかを考えてみることだな」

西の村の庄屋と地主は半分納得し、後の半分は困ったことになったと改めて思いながら、すごすごと帰っていった。


明くる日、大庄屋は酒の徳利を一本を持って善吉を尋ねた。当時、数十の庄屋の上に立つ大庄屋が部落の者の家を訪ねるなどということは普通考えられないことであったが、そういうこととは別に、自分を理解してくれる人の訪れを善吉は喜んだ。

昔話に花が咲いた。事件の話はほとんど出なかったが、最後の頃になって、大庄屋が尋ねた。

「糞を食べたそうだが、味はどうだった」

「なかなかのもんでございました。ただ、少し塩気が強うございました」

「俺も一度は食べてみたいな」

「いやいや、大庄屋さまにはあの味は不向きでございます。その内、大庄屋さま向きの心温まる物を持って参りますのでしばらくお待ち願います」

「それは何よりだ。楽しみにして待っておるからの」

二人は大声を上げて笑った。

帰りがけに大庄屋は座り直して頼んだ。

「あいつらがどのように出て来るか分からんが、もし、つまらんことをしてきても馬鹿だと思うて許してもらいたい。頼む」

「分かりました。早速のご馳走を大庄屋さまに差し上げられそうです。それにしても今は本当に嬉しゅうございました。有難うございました」

禅問答の末、大庄屋は上機嫌で帰って行った。善吉も上機嫌であった。


西の村の大人も子供も、この事件に関係したすべての者が酒と鯛を持って善吉の家に謝りに来たのは、それから何日かしてのことであった。

この間、村の中ではどう対応するかについての議論が沸騰していた。大別すると、悪いことは悪いこととしてきっぱりと謝るべきだという意見と、村の者が部落の者に頭を下げるということはあまりにもみっともないから金銭で解決すべきだ、という二つの意見であった。しかし、どちらにも共通した意見は、下手な方法では善吉が納得しないし、世間の笑い者になるということであった。

話し合いの結果として一応決まったのは、内心はどうであれ、関係者全員が謝りに行こう、ただし、庄屋は村の権威を保つための方策として除こう、ということであったが、これには、あの棒を持って押し掛けた青年が反対した。

「庄屋さんとこの坊っちゃんがしでかしたこと事の謝りに、俺らが行って庄屋さんが行かんのはおかしかろう。おまけにこっちは恥までかかされて、たまったもんじゃなあい」

結局、庄屋も同行することになった。


西の村から明日挨拶に行くとの通知があっていたので、善吉は朝から待っていた。

一行は昼過ぎにやって来て家の中には入ったが、善吉が座敷に上がるように勧めてもなかなか上がろうとはしない。

「この間の臭いは近所の者たちが掃除をしてくれましたので消えてしまっております。どうぞご遠慮なく」

一行は渋々座敷へ通った。予定では地主がみんなを代表してお礼と謝罪を言うことになっていたのだが、出し抜けに地主の子供が両手をついてお礼を言った。

「おじさん命を助けてもらって有難うございました。本当はもっと早く来たかったんですが、部落だから行くことはならんと言われて。隠れてでも来ようと思っておりました。会いたかったです。早く会ってお礼が言いたかったです。今から先は何べんも来て水汲みをします。薪割りもさせてください。お礼がしたいんです」

大人たちは、どうなることかとどぎまぎした。しかし、善吉は泣きじゃくる子供を赤子のように自分の膝に抱き、頭を撫でながら少し赤くなった目を細めて言った。

「坊っちゃん、有難う。小父ちゃんはな、坊ちゃんの気持ちだけで充分だ。遊びにも来たかったらおいで。一緒に魚釣りをして遊ぼう。山にも登ろう。みんなも連れておいで。だがな、お家の人の言うことは聞かなくちゃあいかん。お許しが出たら、いつでもいいからおいで。おじちゃんはな、今とっても嬉しいんだから。もう泣きなさんな。男の子は泣いちゃあいかん。泣いたら遊んでやらんぞ」

善吉は子供をそっと横に座らせると、今度は大人たちに向かって言った。

「みなさん今日は遠いところをわざわざお出でいただきまして、どうも有難うございました。私としましては今の坊っちゃんの言葉で充分でございます。もう何も言わんでお帰りください」

みんなも感動していた。大庄屋の言う誠意の意味が分かったような気もした。他の子供がうそを言った事を謝った。棒を持っていた若者は誤解をしていたことを、地主はお金を送ったことを、庄屋は使いの者をよこしたことを詫びた。

善吉は恐縮したが、私からも一つお願いがございます、と済まなそうに言った。

「今度のことで迷惑をかけた者が何人かおります。これらの者にもお礼の言葉をかけてもらったら、嬉しゅうございます」

庄屋たちは酒と鯛の用意をして明日再び訪れることを約束して帰って行った。善吉が言葉だけでいいからと言っても、それでは申し訳ないからときかないのである。善吉は、みんなの家を廻って恥ずかしくないように掃除をしておくように触れて廻ると同時に、西の村の者たちが謝罪に訪れたことを他言しないことも堅く約束させた。

二十歳の頃に両親を亡くし、十数年の間まったくの独り者であった善吉は、正蔵の強い勧めで嫁を迎えた。正蔵のかみさんの遠縁に当たる娘であったが、正蔵のおかみさんとどちらが上かと噂されるほどのいい人であった。

やがて子供もでき、善太郎と名付けた。まだ子供のできない正蔵は、その善太郎をわが子のように可愛がった。善吉を人生の師と仰いでいた甚兵衛なども、毎日のようにやって来ては善太郎を抱いた。善太郎も正蔵を伯父ちゃんと呼び、甚兵衛を兄ちゃんと呼んでなついた。正蔵はこの子が寺子屋で勉強する前にと、善吉にはいろいろと別の理由をつけて古い寺子屋も新しく建て替えた。善太郎が三つのときであった。

しかし、折角建てなおした寺子屋も、部落の寺子屋禁止で使えなくなった。正蔵と善吉は何とか法の網の目をくぐる工夫はないものかと頭をひねった。

そんなとき、と言っても、もう善太郎は八歳になっていたのだが、善吉のかみさんが胸の病を患った。善吉がその病気に気付いたときには病気も随分と進行していて、近所の村の医者は、懸命に治癒してはくれたものの、

「私の手にはおえない」

と、暗に余命いくばくもないことを告げた。

善吉は福岡へ出て名高い医者に頼んだ。しかし、遠く離れた草深い田舎の、しかも部落なんかに喜んで来てくれるような医者はいない。善吉は普通の何倍もの金を出して来てもらった。薬は一番よいものを使った。その繰り返しである。

近所の女たちは、

「善吉さんのおかみさんになってみたい」

と羨ましげに噂をしたものだった。

善吉は田畑の全部を売った。正蔵が
「何も売らなくても、金は出すから」

と言っても承知しない。それならばということで買い取ろうとしても、

「お前に売ったら高くしか買わないからいやだ」

と他人に売ってしまった。その金も無くなってしまい、今度は家屋敷も売ると言いはじめた。今度は正蔵が承知しなかった。押さえ付けるようにしてお金を貸した。正蔵が善吉に喧嘩で勝ったのはこれが初めてであり終わりでもあった。善吉は拝むようにしてその金を借りた。

かみさんが死んだのは、それから間もなくのことであった。三年間の看病にすっかりやつれていた善吉であったが、葬式は盛大に行い、四十九日の法事も無事に終えた。

その何日か後の朝、正蔵の家の土間に一通の手紙と少しばかりの金が置いてあった。正蔵が手紙を開いてみると善吉からの置き手紙であった。

「いろいろと迷惑をかけた。心から感謝している。俺も一から出直しだ。お前から借りたお金が少し残ったので置いていく。お前からの借金も返済するためしばらくの間稼ぎに出かけてくる。家屋敷はそれまで預かっておいてほしい。もし帰ってこなかったときは、借金の一部として家屋敷を受け取って貰いたい。でも、絶対に帰ってくる。俺がお前に一度でも嘘を言ったことがあるか、信じてもらいたい。

善吉

庄屋どのへ」

正蔵は善吉の家へ走った。

善吉の家は日頃と何一つ変わることはなかったが、きちんと片付けられていた。仏壇には新しい菊の花がいっぱいに飾ってあった。

正蔵は八方手を尽くして善吉を捜した。甚兵衛も血眼であった。しかし、捜しだすことはできなかった。

「俺が捜しだせるような所に善吉が居るわけがないわ」

親友の凄さを知っている正蔵の想いではあったが、

「せめて善太郎だけでも置いて行けばよいものを」

と腹を立てた。

善吉の病気が重いという報せが正蔵のもとに届いたのはそれから二年も経った年の秋のことだった。峠を越えたとなりの郡の石炭の村の庄屋からであった。

正蔵はすぐに甚兵衛を呼び、供に連れて家を出た。

「馬鹿が、善吉の馬鹿が」

つぶやきながら走るようにして月夜の坂道を急いだ。峠を越えた頃、ようやく白々と夜が明けはじめ、善吉の住むという村がかすかに見えたが、七曲がりの坂道は遠く、村に着いたのは昼近くになってからのことであった。

石炭の村は炭坑夫の薄汚れた長屋が幾つも連なっていた。道行く人に尋ねたら善吉の家はすぐに分かった。と言うよりも、坑夫らしいその人が連れて行ってくれたのである。

「あの人はここに来てからすぐに病気になっちょっての、胸の病という噂じゃったが、それでも息子の善太郎がようできた奴でしての、親父の看病は近所の者がたまがるごとするし、炭坑の仕事も大人並みでしてな、度胸もあってみんなの世話もできよるし、凄い奴ですたい。あいつが大人になったら立派な親分になるばい、とみんなで話しちょります。あいつが大人になって親分にでもなったら、私たちの仲間も子分になってよかばい、とみんなで話ばしちょります」

その人は善太郎が可愛くてたまらないといった口調で、善吉の家に着くまでむしろ得意そうに話してくれた。

善吉の家は長屋を幾つか通りすぎたその奥の、五軒長屋のいちばん奥の家であった。垂れ下がったような軒の家であった。ガタピシと音を立てないと開かない戸を開けて中に入ると、三畳程の土間と四畳半の畳の部屋がある。寝ているのは善吉であろうか。その横で看病をしているのは善太郎か。

「あ、伯父さん。兄ちゃんも」

小さく叫んだのは、やはり善太郎であった。

その声に目を覚ました善吉が、上がっていた正蔵に力なく手をさしのべた。

「すまんのう、報せとうはなかったが、善太郎を頼みとうて」

と、正蔵の手を握った。

「何を云うか、まだ若いんじゃあないか」

「いんや、もうつまらん、善太郎を頼む」

「分かった、分かった」

正蔵は何か言おうとするのだが言葉にならない。

善吉は、今度は善太郎に向かって言った。

「伯父さんの家へ連れていって貰え、だけどな、今までのように伯父さんなんて言っちゃあいかん。父ちゃんは伯父さんにいっぱい借金をしたままだ。すまんが、お前が働いて返しておくれ。それまでは庄屋さまと呼ばなきゃあいかん。出しゃばったこともするな。出しゃばったことばするのは一人前の者がするこった。どげんいじめられても辛抱することのできる強い男になれ」

「…………」

「返事ばせんか」

「はい」

「つまらん親ば持って、すまんのう」

「そんなら正蔵、甚兵衛も、頼むけんの」

それだけ言って善吉は息を引き取った。今まで生きていたのは、正蔵の来るのを待っていたからなのだろう。

善太郎が水瓶から茶碗に汲んできた水でその唇を濡らした。正蔵は善吉の青白い手を合掌させてやり、自分の手拭でその顔を覆った。甚兵衛は見る影もなく痩せた足をさすった。だれも黙ったままであり、無言のままお互いの顔を見ることもなかった。

正蔵は炭坑主の家を尋ね、訳を話して善吉の遺骸を持って帰りたいと頼んだ。

「あの人が噂に聞いとりました善吉さんだったんですか。訳ありの奴だと思うちょりましたが、名前も変えとんなさったので気がつかんで、すまんことばしました。若いときからとなりの郡の『喧嘩の善吉』と尊敬ばしとりましたとい。顔ば知らんやったばっかりにこげな死なせ方ばさせて」

炭坑主は善吉の遺骸を自分の家へ運ばせ、坊さんも呼んで通夜をしてくれた。炭坑の仲間が広い炭坑主の家の座敷から盛りこぼれるほど焼香に来てくれた。そこで語られる善吉は伝説の偉人であった。喧嘩の善吉の噂はこの郡にまで広がっていたのである。特にあの石投げの場面や肥え壺の話は、まるで歌舞伎の舞台である。敵は五十人にこちらは二人、などと勧善懲悪の話となって伝わっていた。おかしいことに正蔵は必要以上に弱虫であった。

「善太郎が偉いのはおやじさん譲りだったんだな」とだれかが言うと、今度は善太郎に対する賞賛の声が

あちことから揚がった。炭坑主もせめてもの申し訳に善太郎を預かりたいと言ったが、

「お気持ちは有難うございますが、私にとりましても善太郎を育てることが善吉に対する償いでもありますし、私の今からの生きがいでもあります。どうか、善太郎を連れて帰ることを許していただきたい」

と丁重に断った。


炭坑主は十人程の若者に、正蔵の部落まで善吉の遺体を担がせ、自らは村境の峠まで見送ってくれた。善吉の仕事仲間や善太郎の友達も見送ってくれた。


故郷の家並みが遠く見えはじめた頃、正蔵と並んで歩いていった善太郎が言った。

「伯父さん、本当にいろいろとご迷惑をかけてすみませんでした。今からもお世話になると思いますが、よろしくお願いいたします。


伯父さんはきっと反対なさると思いますが、おやじの遺言でもありますし、私もそれが正しいと思いますので、今から伯父さんのことを庄屋さまと呼ばせてもらいます。言葉だけではありません、行いもそうさせていただきます」

「何もそんなにしなくても、もとのように、俺のひざに抱かれていたときのお前のようになってくれや」

「――」

「そんなら、一年だけ」

「おやじが死ぬ四、五日前に言っておりました。俺が正蔵から借りたお金を戻すには、お前が十年は働いてくれんといかんだろうって、ですから十年間はそうさせてもらいます。私はおやじのためにもそうしたいのです」


正蔵は諦めた。十年のときを待つしか仕方がないだろう。それにしても何とおやじに似ていることか。ふと気がつくと、横にいた善太郎が後から従うように付いてきていた。その善太郎の肩を甚兵衛がやさしくたたいていた。


善吉の遺体の一行が、いつ善吉親子が帰ってきてもいいようにときちんと片付けられている昔の家に帰って来たとき、出迎えた正蔵のおかみさんは、

「奥さま、ご迷惑をおかけいたします」

と正座して頭を下げた善太郎にびっくりした。何か言おうとすると、正蔵がめくばせをしてそれをさえぎった。

葬式には多くの人が来てくれた。しかし、あの愛らしく凜々しかった善太郎が、昔の面影をまったく失ってぺこぺこと動き廻っている姿を見て、哀れには思ったものの、

「善吉の家もおしまいだな」

と噂し合った。

その後、善太郎は正蔵の家の小屋の二階で生活するようになった。

いつも正蔵の家の仕事を手伝っており、したがって幼友達も離れていった。正蔵の後ろ盾と甚兵衛の睨みがあるから、みんな遠慮して正面からいじめはしなかったが、それでも子供たちのことである、時々はいたずらもされた。そんなとき、善太郎は黙って逃げるようにして家に帰った。そして、そのことを正蔵や甚兵衛が知ることもほとんどなかった。

善太郎には「ふぬけの善太郎」というあだ名が付けられ、ふぬけの善太郎の噂は善吉の壮絶な死の噂とともに郡内に広がった。

正蔵はある日、善太郎が寝泊りしている小屋の二階に上がってみた。部屋はきちんと片付けられており、昔、善吉と正蔵がともに勉強していたときの本が数十冊、机の上にきちんと重ねられていた。一冊だけ机の中央に置かれている本があった。手に取ってみると見ると『農業全書』の巻の三であった。正蔵は正確にもとの場所に戻し、安心したように大きく息を吐いて、そっと家に戻った。

甚兵衛が善太郎よりも三つ年下の甚吉とおかみさんを残してぷっつりと居なくなり、消息を断ったのは、善吉の死から三年も経ってのことであった。

しんせいじゅく

善太郎が正蔵の家に来てから九年が過ぎていた。

新しい時代の足音が響きを立ててやって来ていた。その新しい時代に対応する仕事として正蔵が真っ先にしたかったのは、寺子屋の再開であった。善吉とともに描いた夢を実現したかった。部落が部落から脱却できる時代の足音を見逃すことはなかろう。

正蔵は部落の有志に働きかけた。自分一人ではなくできるだけ多くの者が力を合わせて寺子屋を作ろう。善吉が生きていたならば、きっと同じ意見に違いない。正蔵の胸は今躍っているのである。

幸い、昔の寺子屋はきちんとした状態で残っていた。少し手を入れれば、どこにも負けない寺子屋ができる。問題は、いい教師をどのようにして招くかであった。正蔵たちの理想を理解できる人は無理としても、少なくとも学問に対して真摯な人がほしかった。

正蔵は福岡へ出て行って教師探しを始めた。職を失って生活に困り始めていた侍など何人かの応募者はあったが、正蔵の眼鏡にかなう人物はなかなかいない。ようやくにして今の先生を見付けだしたのだが、今度は先生がなかなかウンとは言わないのである。正蔵は予定の倍近い金額を提示したが、先生は最終的には正蔵が初めに示した金額で承知した。

その最も大きな理由は、

「自分たちが置かれている身分の違いはどうすることもできないが、せめて、子供たちだけにはどこに出しても恥ずかしくないだけの実力を付けてやりたい」

と、土間の土に頭をつけるようにして頼んだ正蔵の言葉と態度であった。

安い金額で引き受けたのは、金で動いたと思われたくないという武士の誇りがそうさせた。しかし、引き受けはしたものの、先生にとっては世間体が大事である。将来への希望もあった。だから、当座の生活費を得るため当分の間、ということで引き受け、朋輩(ほうばい)たちにも隠れるようにして赴任してきていたのである。

次介の、あの戸も開けっぱなしで飛ぶような出て行き方が、先生の決意を倍加させ、新しい出発の朝となった今朝は、寺子屋の奥まで陽がさしてすべてのものがまばゆい。先生は正面の机の前に悠然と座り、朝の生徒を待った。

実のところ、先生と正蔵との契約は、この午前中の八歳から十二、三歳くらいまでの子供たちに読み書きそろばんを教えることであった。二十人程の男子と十人程の女子が生徒であったが、女子の場合は十歳どまりである。十歳を超えた女子は、子守や家事の手伝いや裁縫の稽古、それに奉公などと、正蔵も含めた親たちの大きな希望の外にあったことも事実である。

先生が困ったのは手本。高いのである。聞くところによると、先生の給料をはじめ寺子屋の諸経費のすべては正蔵をはじめとする有志の寄付で賄われているのだという。先生は正蔵に頼んでたくさんの半紙を買ってもらい、上級と下級の二種類の自作の手本を作った。

今朝も、下級の子供は、

「オイシイクダモノハ、カキニミカンニクリトナシ」

と大きな声をそろえて本を読んでいる。

上級生はといえば、九州の国の名前覚えであった。

朝、時間が始まったとき、

「北の方では筑前・筑後。離れた島に壱岐・対馬。東の方には豊前に豊後に日向あり。西の方には肥前に肥後が、南の方には大隅・薩摩に琉球の国」

と全員が上手に読めた。続いて先生が言った。

「では、手本を見ないで書いてみよ」

これが難しいのである。みんなは墨をすって、すでに表は真っ黒になっている半紙の裏側を使っての練習を始めた。

以心伝心というのだろうか、今日はいつになく元気で、しかも行儀がいい。子供たちが最後に渡された新しい紙に清書をすると、先生は何も見ないで書いた子供には大きな丸を、手本を見て書いた子供には中くらいの丸を書いてやった。中くらいの丸の子供も得意そうにそれを持って帰った。

昼になって子供を帰したあと、先生は正蔵の家を訪ねた。

道に面した入り口の戸を開けて案内を乞うたが、返事がない。仕方がないので、家の横の納屋との間を通りぬけて庭に出た。そこには二百坪程の広い農作業用の庭があり、その先は家庭菜園風の畑である。正蔵はおかみさんと二人で、大きく青く茂った野菜の手入れの最中であった。

「やあ、先生、気が付きませんで」

正蔵は座敷の縁側へ案内した。おかみさんも仕事をやめてお茶の用意である。

「今朝は次介がえらい勢いで走り込んできまして」

「塾からは走り出て行きました」

笑い声が軒場で冬の陽に光っている十連程の吊し柿を揺らした。

「大変な決心をしていただいたそうで、有難うございます」

「いやあ、大したことではありませんが、よろしければこの土地に骨を埋めさせてもらいたいと思いまして。人を教えるということは変なもんですな、子供たちにがんじがらめに縛られてしまって。初めは腰掛けのつもりであったのが、身動きができなくなってしまいました。恩着せがましく言っているのではありません。私自身のためにもそうしたくなったのです」

「ご両親が嘆かれるでしょう」

「嘆くほどの身分でもありませんし、いつかは両親も呼び寄せてやりたいと思っております。そういう時代にしたいと考えたのです」

おかみさんが熱いお茶を運んだ。小皿の飴色に光る瓜の味噌漬を一切れ口にしたら、母の漬物と同じ味がした。

正蔵の家を辞して去っていく先生の後ろ姿を、正蔵は茶筅髪（ちゃせん）の頭を下げて見送った。


普通、午後のひとときは先生の自由時間である。帰り道、先生は初めて部落の中をゆっくりと見て廻った。

平屋建ての大きな建物があった。前の広場には厚い板や半分に引き割かれた大きな材木などが干してある。建物の中を覗くと下駄の工場であった。鋸で大方の形を作る人、鉋で仕上げをする人、出来上がった下駄を束ねて菰に包んでいる人など、二十人近くの人による流れ作業が黙々と行われている。

「あ、先生」

奥の方で働いていた甚吉と善太郎が駆け寄ってきた。甚吉は下駄の大体の形を作るのが仕事であり、善太郎の方は帳面を任されているということだったが、二人とも手の空いたときには忙しい部所を手伝っているのだそうである。

甚吉は、興味深そうに見つめている先生に色々のことを話してくれた。博多や福岡の職人の仕事場とは大きく趣を異にして、本で読んだことのあるエゲレスの工場を思わせるこの工場は、正蔵が自分で考えて作った工場だという。おとなしい善太郎は甚吉の説明を間違いないとでもいうように話の節々でうなずいていたが、最後に、

「いい工場でしょう」

とひとことだけ言って、ニコッとほほえんだ。

甚吉たちに別れを告げて、しばらく歩き、寺子屋のすぐ近くにある水車小屋を覗いたら、中から、髪も眉毛も着物も小麦粉で真っ白の次介が、手ぬぐいで着物を叩きながら笑って出てきた。

「精が出るのう」

「もうすぐ仕事が終わるんです。ですから、先生、今晩は次介特製のうどんを作ってきましょうか」

「それはいい。旨そうやのう、二人分持って来んか、一緒に食べよう」

嬉しそうな次介の顔から粉がはじけた。

いつの間にか、手に小さな籠を持った幼い子供たちが五、六人集まってきている。

「先生、どこへ行っているんですか」

「おまえたちが何をして遊んでいるか、見にきたんだ」

「今からお宮の森まで椎の実を拾いに行くところです」

「先生も連れて行ってくれるか」

「いいよ、連れて行ってあげます」

楽しい散歩が始まった。歩き始めると、子供たちは先生の手を奪い合う。ジャンケンで勝った子供が百歩の間だけ手をつなぐ権利を獲得する。負けた子供は、仕方がないから先生の着物の袖や裾にしがみいた。あんまり強く引っ張るもんだから、先生は前がはだけて褌の垂れがひらひらと風に舞った。

運が悪いことに向こうから次介の母親がやって来るではないか。慌てた先生は子供たちをふりほどき着物を整えた。次介の母親は可笑しさを堪えて手で口を押さえながら、深々と頭を下げた。それにつられて子供たちが大きな声で笑った。

「何が可笑しいか、馬鹿」

先生も笑った。


一団は稲の刈り取られた田の中の野道をお宮へと向かった。今朝習ったものがすでに子供たちのわらべ唄になっていて、大声での合唱である。

「オイシイオイシイクダモノハーア、クダモノハ、
カーキニミカンニクリトナシー、クリトナシー」

明るく楽しい歌声が部落中に響いた。

川に架かった細い木の橋を渡ると、そこに石の庚申塔があった。裏に「明和九年三月吉日」と書いてあるのを指差して年長の子が言った。

「明和九年は迷惑の年だから建てたんだそうです」

「だれが迷惑したのかなあ」

「うちの父ちゃんがね、いつも旅に出て道に迷わんごとって、母ちゃんが毎日お参りしているんです」

「そんならお前んとこの父ちゃんが迷惑しとるんぞ」

今日は子供たちが案内役である。お宮の森の登り口は道を挟んですぐそこにあった。田舎には珍しく石の鳥居があり、そこから急な自然石の石段である。みんなで数えながら登ってみたら百二十九段あった。石段の周囲は雑木林である。椎、笹栗、楢、椿、桜、楠の木、あけび。四季それぞれの子供たちの活躍の場なのであろう。

お宮は高い岡の上にあった。今登ってきた石段の方を見下ろすと、川を挟んでみんなの家が見える。川のこちら側は何軒かしかないが向こう側は百軒を超すだろう。集落の先には稲の穫り入れの済んだ田んぼが広々と広がり、その間に青々とした野菜畑が点在する。

そしてその向こうは高い山である。一同は四間四方程の社殿の後ろに廻った。残念なことに小高い山が海への眺望をさえぎっている。

「あの山がなければ海が見えるんだけどなあ」

「先生は海を見たことがあるんですか」

「あるとも、子供の頃は夏になると毎日のように泳ぎに行ってた」

「海って広いんですか、となりの村の大池とどっちが広い」

「そりゃあ海さ、大池の百倍以上も広いんだぞ」

「凄いなあ」

「それにな、水を舐めると塩辛いんだ。沖の方には大きな船が帆を上げて走っているし、大きな魚も泳いでいる。お前たちも来年の夏には連れていってやるからな」

「やった」

先生の頭に、ふと、海ならばだれにも文句を言われることもなく泳げるだろう、という考えがよぎった。

椎の木の群落は石段を少し下った所にあった。

子供たちの籠は椎の実ですぐいっぱいになった。先生は手拭を結んで袋にし拾った実を入れたが、子供たちの十分の一にも達しない。

「先生は拾うのが下手ね」

少し大きな子が自分の拾ったものを全部やると言う。他の子も同意した。

「そんなに貰ったら先生は大黒さまになってしまうわい。だけどおいしそうだから少しずつ貰おうか」

先生はみんなの籠から一握りずつの椎を貰った。それでも先生の手拭の袋の中には五合程の椎の実が詰まった。

石段を下りてさよならを言うとき、子供たちの籠の中には今日一日の幸福がいっぱいに詰まっていた。

夕方、先生がさっきの椎の実を熱い灰の上に乗せてプスッとはぜらせ、皮をむいて食べていると、いつもよりは少し早めに、次介が鍋と風呂敷包みを持ってやって来た。

鍋の中身は約束のうどんであったが、風呂敷包みの中身は絣の袷（あわせ）と、やはり絣の綿入れのちゃんちゃんこであった。

「おやじの着古しで申し訳ありませんが、母が是非にと言うもんで」

先生は早速に単（ひとえ）の着物を脱いで、ほのかに糊の匂いのする暖かい着物に着替えた。

実を言うと先生は、初夏の頃に赴任してきてから一度も福岡に帰っていないのである。替えの二、三枚は持ってきていたものの夏物ばかりであり、多少とも寒さに震えていた先生にとっては何よりの贈り物である。

本当は次介の親父の一番いい着物なのだろうがと、内心申し訳なく思いながらも、久しぶりにさっぱりした気分で囲炉裏の前に座った。

次介がはにかみながら小さな声で言った。

「先生が私のあんちゃんのような気がしてきまして」

「そう思うてもかまわんぞ。その代わり、俺の弟はきついぞ、兄貴は人使いが荒いんだから。いいか新米弟」

「はい、有難うございます」

二人はうどんを食べはじめたが、着物騒ぎで少し時間が経ちすぎていて、

「このうどんは少しのびすぎとらんか」

との先生の意見に、次介も内心賛成しながら、

「先生は早速威張りはじめるんだから」

と嬉しそうに言った。


夜、吾助が干柿を持ってやって来た。甚吉は蜜柑である。

今夜も昨夜に続いて行灯など不必要な雰囲気であった。先生の絣姿がその雰囲気をさらに盛り上げる。先生も仕方がなかろうと平常の勉強を諦めた。みんなが座った場所も机の前ではなく囲炉裏の周囲である。

「みんなもすでに次介から聞いたと思うが、私は一生をここで過ごさせてもらうことに決めた。それは侍を捨てたということでもあるのだが、絶対に捨てまいと思っていることが一つだけある。それは人間としての誇りだ。みんなも人間としての誇りだけは一生持ち続けてほしい」

何時ともなく始まった先生の話に、みんなのあぐら姿が正座に変わった。

話は変わるが、先生は勉強を教えるとき、いつもきちんとした正座である。先生が赴任してきて初めての授業のとき、先生は新しい先生がどういう人物か興味深く見つめているみんなに言った。

「私は小さいときから勉強のときは正座で習った。初めの頃は足が痛くて勉強どころの騒ぎではなかったこともある。しかし、習慣というものは恐ろしいもので、今ではいつまで座っていても平気になってしまった。私は正座でないと勉強を教えている気持ちにならないから正座で教えるが、みんなはあぐらでもかまわんのだぞ」

それから何日かの間はあぐらで習っている者が大部分であったが、先生の勉強が面白く、人間としての先生に尊敬の念を抱く者が増えるにつれて、正座で勉強しようという者が増え、いつの間にか全員が正座で勉強するようになってしまった。それでも、初めの頃は、勉強が終わったとたんにコロンコロンコロンと転がる者や、悲鳴や笑い声が飛びかい、

「だから、無理をするなと言っているではないか」

と先生を笑わせたものだった。しかし、みんなの先生と一体化したいという気持ちが正座を定着させ、今から勉強をするんだという気持ちの自然発生的な表現方法となってしまった。

今夜も、先生は座談のつもりだからあぐらなのに、生徒の方は勉強を習う気構えなのである。

「この間、四民平等の話をしたことを覚えているか。士と農工商がみんな同じ身分になったことはいいことだ。しかし、部落の者だけが蚊帳の外というのではおかしかろう。昨日の話は四民平等の話を一歩進めたことだけは確かだ。みんなが昨日の宿題の答えを出すためにはもう少し勉強が必要だろう。その勉強を基にしてどう行動するかも決めなくてはなるまい」

静寂が部屋を包み、食べかけの蜜柑や干し柿などに手を出す者もいない。

そういえば、先生は、普通生徒と話すときは「俺」だが、勉強のときだけは「私」に変わる。生徒の方も友達同士の遊びのときは「俺」でいいのだが、勉強のときともなれば先輩であろうと後輩であろうと「私」でなければならない。この他、先生が特別に嫌う言葉は返事を「へえ」と答えることである。先生から呼ばれて「へえ」などと言おうものなら、「はい」と言えと極めてうるさい。

次介の場合など、初めの頃は先生の方が「私」と言っているのに、俺を連発して失敗を重ねたものだった。普通の方言は珍しがって喜んで聞く先生なのに、と不思議に思っていたが、今日の話はそのことに関係がありそうだと思った。

「すまんすまん、つい話が長くなって、蜜柑を食べ

ろ、あぐらになれ、干柿頂くぞ」

先生は干柿を一つ旨そうに口に入れた。みんなもホッとしてあぐらになり、口をもぐもぐさせたのも束の間、

「だがな、みんながこうやって遊んでいる間も、みんなの家では堂島作りなんかの夜業をしておられると思えば、やっぱり遊ぶ気にはなれんもんな。なあ、みんな」

先生は、どうしてこんなに生真面目なんだろうと、みんなが思った。

吾助が話題を変えるようにして言った。

「先生、西の村の湯ノ谷で温泉が出たという話を聞きましたが、温泉とはどんなもんなんですか」

「温泉か、温泉はつまり、その……。いつか地球の話をしただろう。その地球の真ん中では、岩や鉄がどろどろに溶けているんだ。その熱い熱が地球の表面まで近づいてきている所がある。そこへ川の水なんかがしみ込んでいったらたぎるだろう。そのたぎったお湯が噴き出てくるのが温泉だ」

「手がつけられないくらい熱いでしょう」

「だから、水でうべてお風呂くらいの熱さにすればいいんだ。温泉に浸かったらいい気分だぞ」

「先生も入ったことがあるんですか」

「うん、長崎の近所の嬉野という所の温泉に入ったことがある。広々としていて、熱いお湯が滝のように落ちていて。そうだ、打ち身や胃の病気にもよく効くのだそうだ」

いつの間にか正座になっていた生徒たちは、それぞれの想いでそれを聞いていた。

次介は、大きな大きな五右衛門風呂を思い浮かべた。無理すれば十人くらいは一緒に入れるんだろうか。背中は熱くないんだろうか。

風呂の水汲みと沸かすことは次介の日課である。先生に入ってもらうようになってから二日ごとに沸かすのだが、川から水桶に水を汲んで天秤棒で担いで十往復もしなければならない。それに雨の日なんかの焚物の火つきの悪いこと。温泉はまるで極楽ではないか。

弥吉は、年老いた祖父母のことを考えていた。七十

を超えて腰が痛いと嘆きながら、それでも毎日田畑へ出ての野良仕事である。家族の者がいくら止めても聞かない。隣村まで一里の道程なら背負ってでも連れて行ける。もし、仲良しの甚吉が手伝ってくれるなら爺さんと婆さんと一緒に連れて行けるだろう。

　俺が小さかった頃、爺さんは俺を馬の背中に乗せて町まで連れて行ってくれたもんだった。俺は馬の背中で爺さんの馬子唄を聞くのが楽しみだった。爺さんを背負ったら、背中で馬子唄を唄ってくれるかもしれない。温泉の中で背中を擦ってやったら、昔みたいに、

「有難うよ」

なんて言って、飴玉一つくれるかもしれない。

　善太郎は、庄屋さまのお供をしていくことを夢見た。そして、はるか遠い昔、両親が健在だった頃のことを思った。眼をつむって、

「父ちゃん」

と、心の中で呼んでみた。父ちゃんは善太郎を肩車に乗せ、母ちゃんを後に従えて菜の花の咲く道を温泉へと向かった。そしたら庄屋さまや甚兵衛兄ちゃんが追い掛けてきて一緒に行こうなんて言って、賑やかな道中になって。

　吾介は、百人程も入れる風呂を思った。父ちゃんと母ちゃんと六人の兄弟と、家族八人が一緒に入って。弟たちが騒ぐもんだから俺が押さえ付けようとしたら、妹たちも一緒になってお湯を掛けて。俺はお湯に潜ってみんなが心配しだした頃ほっと顔を出したら、みんなが喜んでまたお湯掛けて。

　甚吉は、六年前に戦争に行ったまま帰ってこない父を思った。戦争が終わってもう三年にもなる。死んでいるのかもしれない、が、もし生きているのであったら乞食になっていてもいいから帰ってきてほしい。母ちゃんが喜ぶだろう。そしたら俺は、

「もう働くのはやめて遊んで暮らせよ、おやじ」

なんて言って温泉に連れていってやる。

　何時もは明るい甚吉が目をつむった。

　八郎は、病気の妹を背負って温泉通いをすることを

思った。医者の話によるとそう長い命ではないという。一日温泉に入って一日命が延びるんだったら、十年でも二十年でも毎日連れて行ってやりたい。

三次は、いつか母から一度だけ聞いた遠い町の温泉宿の舞台のことを思い出していた。

母は娘の頃、田舎芝居の人気役者の一人であったという。特に、惚れた男を捜して三味線をつまびきながら放浪をする場面では、投げ銭がいっぱい飛んできたという。

「あの頃、芝居じゃあのうて、ほんとに男ば想うて歌ば唄うた。それがあんたのとおちゃんたい」

三次は母の唄も三味線も聴いたことがない。父と一緒になって慣れない百姓に精を出している母を、温泉ができたら、そこに舞台もできたら、舞台に立たせて昔を再現させてやりたい。そんな母の姿を見てみたい。

先生は、福岡や博多での銭湯での事件のことを考えていた。部落の人を銭湯に入浴させないために色々なことが考えられ、それに反発した部落の人が抗議をするという事件が多発しているという噂話が、次から次へと耳に入るのである。

先生の温泉の話は、聞く者のそれぞれの人生と重なり、それぞれの者のいろんな想いとなって心に響いた。先生も、七人の青年も、しばらくは黙ったまま囲炉裏の火を見つめていた。

夜が更けて、みんなが帰り支度をしようとしたとき、先生は慌てたようにみんなをもとに戻して言った。

「朝から考えていたことを言い忘れていた。この寺子屋の名前を付けようと思ったんだ。いつまでも寺子屋ではあるまい。何々塾とか、何々学校とか、みんなが勉強をする場所にふさわしい、そして新しい時代にふさわしい名前をつけたいんだ。名前は一人一人が考えてきてほしい。明日の晩までの宿題だ。今日の宿題はこの前みたいに決して先には延ばさんぞ」

今晩の帰り道でのみんなの心は、昨日とはひと味違った複雑なものであった。

明くる日の夕方、三次は自信があったからだろうか、一番早くやって来た。

「世界学校」

大書した短冊を教室の板壁に貼った。

あとからやって来た者も、それぞれの短冊に考えてきた名前を大書し、教室の板壁に貼った。先生もその頃には教室に姿を現し、一緒に下馬評を楽しんだ。

六枚が貼られた。一枚足りない。先生が言った。

「貼っていない者は手を挙げよ」

教室の入口に座っていた善太郎が申し訳なさそうに手を挙げた。

「どうして書かなかった、言ってみよ」

無言のままである。

「こっちへ来い」

先生が立ち上がった。善太郎も先生の前まで進み、下を向いたまま立った。

「お前は、ここで一番年長ではないか。みんなを指導しなければならない者ではないか。それが宿題もしてこず、訳を聞かれても返事もしない。どういうことなんだ」

無言が続いた。先生の手が善太郎の頬にとんだ。

みんなはハラハラとして心配そうに見つめた。先生が生徒を叩くなんて初めてのことだからである。

先生も内心、しまったと思った。人を教える者が心を取り乱したりしてと、自分自身に対しても無念であった。気を取り直した先生は善太郎を席に戻した。

善太郎は赤く先生の手形のついた頬を押さえもせずに自分の席に戻り、しばらくの間はうつむいたまま正座をしていた。


しばらく静かな時間が過ぎたのち、発表会が始まった。

最初の三次は、もっと派手に発表しようと思っていたのだが善太郎の事件で調子が出ない。それでも、

「私が『世界学校』と書いたのは、世界中のことを勉強する学校という意味です。世界一の学校になりたいという意味もあります」

と得意そうに言った。

「ちょっと話が大きいのう」

三次は少し首を傾け、口を尖らせて声の方に向かっ

て言った。

「話が大きゅうて悪かったの」

みんなの笑い声にさっきからの緊張がほぐれた。三次も笑った。

「明治塾」と書いた弥吉の説明はこうだ。

「この間の福沢先生の話に感激しました。戦の真っ最中にも勉強をしていたというあっちが慶応なら、毎晩勉強をしているこっちは明治です。いけませんか」

「いいけれども、少し真似のような気もせんでもないなあ」

これも、あまり形勢がよくない。

次介や吾介や甚吉も意見を出し、爆笑や憤激が続いた後、最後に立った八郎の短冊には、下手な字で
「しんせいじゅく」

と書かれていた。

「私はみんなと一緒に勉強することが少し無理ではないかと考えたことがあります。しかし、みんなが援けてくれるからどうにか付いて行けるようになりました。この『しんせいじゅく』も家で一度漢字で書いてみました。そしたらおっかさんが漢字は読めないと言いました。ひらがなだったら朝の子供たちも読めるんではないかとも思いました。妹にも教えてやったらすぐに覚えました。ですからひらがなにしました。『しんせい』とは新しく生まれるという意味のつもりです」

朴訥な話が終わると同時に起きた大きな拍手が暫く鳴り止まなかった。先生がふと善太郎の方に目を遣ると、善太郎も嬉しそうな顔をして手を叩いていた。先生は多少とも訳が分からなくなってしまった。

みんなが帰ったあとで、次介がひそひそ話をするかのように小さな声で先生に言った。

「善太郎さんは本当はいい人なんだけど、少し気が弱いところがあるんです」

それまで言って、言おうか言うまいか迷ったあげく、

「私たちも、よその村の者も、善太郎さんのことを『ふぬけの善太郎』と呼んでいるんです」

と、秘密を語った。

翌日の昼過ぎ、しんせいじゅくの玄関に看板を立て

たいと思った先生が下駄工場へ行くと善太郎がいた。先生は少し困ったが、看板にする板を貰いに来たことを告げると、善太郎は何事もなかったように喜んで板置場から一番上等の板を選び、それを適当な大きさに切り、かんなもかけた。が、仕上げに多少不満があるのか甚吉を呼んだ。甚吉は板を手でさわっていたが、もう二、三回かんなをかけ、角も削って仕上げた。

「さすがに甚吉は巧いな、私がしたのとまるで違う」

善太郎の、板に頬を寄せながらの言葉に甚吉の頬も弛んだ。さらに善太郎は、

「先生にこんな重いものを持たせる訳にはいきません」

と言いながら塾まで運んでくれた。

先生の手が、善太郎を叩いた手が、少し痛んだ。

先生はその白木の大きな厚い板に、

「しんせいじゅく」

と大書して玄関に懸けた。

十二月に入って、午前中の先生の授業は相変わらず楽しいものであったが、夜学の方は随分と厳しさと難しさが加わってきたようである。理解しにくい問題にぶつかって困っているときなどは分かるまで教えるのだが、授業中に悪ふざけをしたり、嘘を言ったりしたときには容赦もない烈火のような叱り方である。あんなに叱られて、どうしてみんな先生を慕うのだろうかと次介は時々不思議に思うことがある。叱り方のコツがあるのだろうか。先生の学問の力なのだろうか。

こんなふうだから、みんなの学力の付き方も相当のものであった。たとえば、読める漢字の数は二千を超えただろう。書ける漢字も千字近くにはなったとそれぞれの者が思っている。算術でいえば掛け算や割り算の計算なら平気である。もっとも、算術の場合はみんなが日常生活の中で算盤などですでにできていることを理屈として理解させることに主眼があり、先生はそれに成功したようだった。

生徒の間でいちばん人気があったのが講釈の時間。毎日の勉強の最後に、三十分から一時間程度行われる先生の話に、みんなは熱中した。

三国志、平家物語、太閤記、奥の細道、江戸、京都、

長崎、黒船、ナポレオン、リンカーン、等々。

特にリンカーンの話のときは、みんなが身を乗り出して聞いた。

貧乏人の子供が勉強をして偉くなって、みんなから選ばれて将軍様になって、反対派をやっつけて奴隷解放をして。メリケンという国はいったいどういう国なんだろう。三次などは、

「先生、私もメリケンに行くことができたら将軍様になれますか」

と瞳を輝かすのである。しかし、

「なれんことはないが、そのためにはまずメリケンの言葉が出来なくては」

などと切り返されて、

「世の中は万事うまくいかんもんだ」

とみんなの笑いを誘った。

実のところ、先生にとってはこの時間が最も楽な時間であった。何しろ勉強の成果を期待する必要がないのだから。あまりにもみんなが喜ぶもんだから、ある日先生は言った。

「私は福岡以外には長崎しか行ったことがないのだ。だから、私の話をあまり信用するな。講釈師見てきたような嘘を言い、という言葉があることを知っておきなさい」

それ以後、この時間が「講釈の時間」と名付けられたのだが、弥吉が、

「でも、先生の講釈には私たちを奮い起たせ、考えさせる何かがあります」

と言い、みんなも大賛成であった。

先生は、年が明けたらもっと素晴らしい講釈師になろうと思った。この講釈の時間こそがこの塾における本当の学問ではないだろうか、とも思った。

ただ、この講釈の時間にも少しばかりの問題があった。それは、長州戦争や戊辰戦争の話をしたときのみに関することだが、この話が出ると甚吉の顔がくもる。ときにはうつむいていることもある。そうすると、善太郎が心配そうな顔で甚吉を見守るのである。どうも庄屋に関係する者は何か暗い影がある。いつか庄屋に尋ねてみなくてはなるまい。

暖かい冬

十二月二十日。

今日から塾が休みというのに朝からの大雪であった。障子を開けると、そこから見える山々がすべて真っ白であった。目の前の軒には先生が今までに見たこともないようなつららが何本も垂れ下がっている。時々、庭の山椿の赤い花の枝に積もった雪がバサッと音をたてて落ちる。庭に積もった雪も一尺ははるかに越えているだろう。それも福岡の町の雪とは違って、足を踏み入れてもサラッとして気持ちがいい。が、慣れない先生の足では次介の家まで行くのも無理である。

今日からの休みは、赴任以来一度も福岡に帰っていない先生を思ってか、正蔵の発案で早めの正月休みになったのだが、この大雪ではだれも仕事にはなるまい。

そんな中を次介が朝早くからやって来て、囲炉裏の火をボンボコと燃やしながらの朝飯の用意である。

先生も起きてきて、今日は休みだろうからゆっくり遊んでいけ、と誘うと、

「このくらいの雪や寒さで仕事を休んでいたら、生きてはいけません」

と、先生が朝飯を食い終わるのを待って急いで帰ってしまった。

昼ごろになると善太郎が正蔵の言い付けを伝えにやって来た。明日、正蔵が福岡に行くので一緒に行かないか、という誘いの言葉であった。

すでに福岡へは帰らないと決めていた先生は、よい機会だから正蔵に手紙をことづけることにし、夕方もう一回取りに来てもらうように頼んだが、折角来たのだからと、無理遣りに善太郎を囲炉裏の側に座らせた。お茶でも出そうとすると、

「私がいたします」

と、急いで、しかも手際よく用意をする。しかし、先生が少々のことを質問しても、「はい」か「いいえ」のどちらかしか返ってこない。困った先生は、ふといい方法を考えた。

「お前がいちばん好きなことは何か」

これには、何か言葉が返ってくるだろう。善太郎は困ったようにもじもじしていたが、

「本を読むことです」

と小さく答えた。

今読んでいるのは貝原益軒の『筑前国続風土記』なのだそうである。今までに読んだ本の中で最も役に立った本は宮崎安貞の『農業全書』であったと言う。難しいだろうと聞くと、

「たいへん苦労しました。しかし、先生から勉強を習うようになりまして、少しは読めるようになりました」

との答えである。先生はこの間、善太郎の頬をたたいたことを謝りたいと思い、質問に答えなかった訳も聞きたいと思ったが、また困ったことになってはと、それはやめた。善太郎は帰りがけに、

「私が本を読んでいることを庄屋さまに黙っておいていただきましたら助かります」

と言って雪の道を帰って行った。

先生は久しぶりに父親と母親のそれぞれに手紙を書いた。この雪景色のすばらしさも最後に付け加えた。

夕方、次介が晩飯の用意をしに来ないので、何か訳でもあるのかと思っていたら、正蔵が善太郎と甚吉に晩飯の鍋を持たせて現れた。晩飯を共にしながら、先生に福岡へ帰ることを勧めようとやって来たのである。

先生は、

「福岡へ帰ってですよ、母親からもうどこにも行かないでくれ、なんて泣き付かれたらどうします。あなたも困るでしょう。私も困ります。何しろ母親の泣き言がいちばんの苦手なんです。折角決めた決心をそう簡単に変えたくありませんから。私の気持ちも察して下さい」

と笑った。

正蔵も、

「今、先生に逃げられたら大変です。おい、善太郎、錠前を持って来い」

などと上機嫌で先生の好意に感謝した。

二人が話をしている間に、善太郎と甚吉が晩飯の用意をした。すでに炊かれて鍋の中にある鶏の水炊きだから何ということはないが、台所を使えないのがいか

にも不便であった。台所はあるにはあるのだが、もう十年以上も使っていないのである。いつか機会をとらえて修理しようと若い二人も話し合った。甚吉の発案で次介も呼ぶことになり、甚吉が次介を呼びに走った。

先生にとっては久しぶりの賑やかで楽しい夕食であった。次介にとっても何カ月ぶりかの自分で用意をしないでいい夕食である。

「先生、こんな晩飯会が毎日続くといいですね」

次介の言葉にみんなが笑った。甚吉が、

「そうだ、お前のためにここの台所を使えるように修繕しよう、と話したばっかりだ」

と言うと、次介が目を輝かせながら言った。

「一日も早くお願いします」

しかし、この日の次介の希望は、後々次介自身の忙しさを倍増させる原因ともなった。

夜が更けて、正蔵たちは先生から両親宛の手紙と、いくばくかの金を預かって帰って行った。

明くる日の朝、正蔵は、雲一つない、しかし雪で真っ白な道を、善太郎を連れて福岡へ向かった。途中、善太郎は、

「先生のご両親に会っている間だけ、昔の自分に返ることを許して下さい」

と頼んだ。

正蔵が訳を聞くと、先生に代わって親孝行の真似がしたいのだと言う。正蔵は喜んで承知した。というよりも、今後もずっと昔に返ってほしいと望んだが、それには善太郎が返事をしなかった。

数日後、正蔵が父親の手紙と母親からのを持ち帰ってくれた。母親からの大きな荷物は、善太郎が富山の薬売りのように背中に担いで持ち帰ってくれた。

父親からの手紙は、元気でいること、お金を受け取ったこと、庄屋からの歳暮として米や餅や鰤や、そして金一封まで届いたこと、庄屋の話から、息子がどんなにみんなから慕われているかが分かったこと、安心して今の仕事を続けてほしいこと、庄屋が人間として立派な人物であると感じたことなど、先生を喜ばせるに充分な便りであった。

さらに正蔵の話によると、案内を乞うて玄関で手紙

を渡すと、一読の後、父親は正蔵を座敷に上げて酒を酌み交わし、一泊することを強要したこと、その頃になって、自分が帰ってから届くようにと頼んでおいた歳暮の類があちこちの店から届いたが、それをなかなか受け取ろうとしなかったこと、母親が入れてくれたお茶が美味しかったことなど、これまた先生を喜ばせた。

正蔵は最後に、

「これはお母上から預かってきたものです」

と、善太郎が担いできた風呂敷包みを差し出し、

「今の先生があるのは、あのご両親の教育の結果です」

と言って、満足そうな顔付きで帰って行った。

正蔵が帰った後、先生は囲炉裏の側に座って母親の包みを開いた。母の手作りの褌や手ぬぐいなど細々したものが何枚も何枚も入っていた。先生はその褌の一枚を頬にあてた。久しぶりの母の匂いである。いちばん下には羽織やあわせの着物や袴、それに襦袢などが入れてあった。羽織を手に取ると、その下に米二升分程の紙包みと手紙が挟まっていた。

紙包みを開けると、あの手作りの餅飴である。手紙は母からのものであった。先生はそわそわと行灯に灯をともし、囲炉裏に新しい薪を加えた。手紙の封を切ると、懐かしい文字がドッと眼に飛び込んでくる。先生は餅飴の一粒を口に入れた。

「久しぶりのおてがみ、なつかしくよませていただきました。げんきでがんばっているとのこと、安心いたしました。こちらでは父さまもわたくしも元気にくらしておりますのでご安心ください。

庄屋さまからはたくさんのいただきものがありました。おかげさまでよい正月をむかえることができます。よくよくお礼をいっておいてください。

父さまは庄屋さまをずいぶんとおきにめしたようで、お二人でお酒をめされました。それに庄屋さまのおはなしになるおまえのはなしがおもしろうて、父さまも母も久しぶりにわらいました。おまえのけっしんもよく分かりました。

庄屋さまには、父さまも母もおとまりになるように

おすすめしたのですが、庄屋さまはごえんりょなされておとまりいただけませんでした。おまえへのことづけがありますのでと申しますと、明日またまいりますから、と言っておかえりになりました。ですから、父さまは、今ざしきでおまえへの手紙をかいておられます。庄屋さまへ、こんどふくおかへおいでのときは、ぜひともわがやへおとまりになるようにおすすめください。それもひるまからどうどうとおいでいただきますようにお伝えください。ただ、こんかいのようにたくさんのおみやげをいただきますと心がいたみますので、おん地の草もちなどをいただければ、むすことといっしょにたべているようなきもちになれてうれしゅうございますとお伝えください

　ほんとうのことをいいますと、おまえがいえをでてから、ごきんじょの方もあまりわがやへはおみえにならないようになりました。かくしておいたおまえのしごとが、いつのまにかうわさになって広がってしまったからのようです。しかし、庄屋さまのおはなしをきいておりますと、おまえがどんなにりっぱなしごとをしているかがよく分かりました。わたしはいま、おまえをほこりに思っております。

　父さまが、おれの子にしてはできすぎたかな、と申されましたので、わたしの子でございますから、と申しますと、なにをいうか、おれの子だといわれまして、久しぶりにたのしいふうふげんかもいたしました。

　いつか、おまえのしごとのりっぱさを、ごきんじょのかたも分かってくださる日がくることをしんじて、おまえにまけないように、たのしく生きてまいりたいと思っております。

　おまえがすきだったもちあめをおくりましたので子どもたちといっしょにめしあがってください。

　なお、これは口止めされていたのですが、庄屋さまがお連れなされましたぜんたろうどのの立派さにはおどろきました。おまえのことをたいへんにそんけいなされて、庄屋さまもこの子がこのようにそだったのもおまえのおかげだと申されました。母はうれしゅうございました。ふかいごじじょうもおありのようですから、母がこのようなことを書いたことは庄屋さまにもぜんたろうどのにもないみつにしておいてくだされ。

母より
むすこどのへ」

手紙の所々に涙を拭いた跡がかすかに残っていた。先生もその上に自分の涙を重ねた。ただ、善太郎がどのようにして母とそしておそらくおやじどのも喜ばせてくれたのか、その訳が知りたかった。


「こんばんは」

次介が晩御飯を届けにきた。先生は慌てて薪を囲炉裏にくべた。

「やけに煙るのう」

眼に手をやる先生と、広げたままの手紙と、下着の類と餅飴と。

大体のことを察した次介は、もう二、三本薪を囲炉裏に入れて部屋中を煙りだらけにした。

「おい、俺の大事な餅飴を一つだけやるから、心して頂けよ」

「はいはい、心して頂きまする」

必要以上にふざけながら餅飴を頰張った二人の顔から煙が去ったとき、治介の眼も赤くなっていた。

今夜の晩飯も、次介が用意したのは二人分だった。先生にはかぶの煮付けがやたらとおいしかった。


師走の二十八日。快晴。

朝早くから次介の家の餅搗きが始まった。昨夜、次介に、

「俺にも搗かせろ」

と頼んだが、次介は作業用の着物もないでしょうと承知をしない。考えてみると確かにそうだ。じゃあ見物だけと何年ぶりかの餅搗きを楽しみにしていたのだが、まだ薄暗いのに目が覚めるともう活発な杵(きね)の音が聞こえてくる。先生は急いで次介の家へ出掛けた。

餅搗きは親戚の何軒かの家と共同で庭先で行われていて賑やかである。先生が見物に来るというので縁側には座布団の用意もしてある。先生はそこには腰掛けずに立ったまま見ていたが、どうしても搗きたくて仕方がない。

「次介、俺も餅を搗くぞ」

「やっぱり思ってた通りだ。じゃあこれに着替えて

ください」

次介が笑いながら自分の半纏と六尺褌と荒縄を持って来た。半纏は端布を縫い合わせて作ったものに刺し子が施されている。肩の辺りの模様が美しい。先生は奥の部屋を借りて素っ裸になり、褌を締めなおして半纏を着、荒縄を帯にした。土間にあった草履を履いて庭に出ると、十数人の拍手である。

「格好いい」

親戚の娘が思わず言った。日頃は労働などしたことのない先生の白い足と胸が役者のように見えたのであろう。だが、先生は寒い。早速一臼搗かせてもらった。額から汗がにじみ、肌の色が赤くなった。爽快である。次介の母親が大根おろしの中に搗きたての餅を摘み入れて持ってきた。

「旨い」

縁側の先生は片肌脱いでそれを食べた。もう格好などどうでもいいのである。

いろんな餅が搗かれた。粟餅、餡入り餅、胡麻の入ったかき餅。そんな中で先生がいちばんおいしいと思ったのは塩餡の搗入れ餅であった。


先生は三臼搗いた。そして参った。やはり、百姓としては半人前である。

昼過ぎともなると、生徒の家から続々とお歳暮が届いた。

大根、かぶ、ごぼう、みかん、干柿、くり、牛の肉、干し鰯、餅。

それぞれの家でできたものが大半である。一つひとつの量は大したことはないが、重ねると一山にもなろう。先生は困った。それぞれの親にしてみれば授業料のつもりであろう。感謝の気持ちであろう。それを返してしまうのも大人げない。お返しをしようにも、持ち金の大半を故郷へ送ってしまっているのではどうしようもないのである。

「まあいいか」

あきらめた先生であったが、やって来た次介に檄（げき）をとばした。

「今夜は牛鍋大会だぞ。暇な者を全部集めてこい」

命じられた次介は、

「うちのあんちゃんはこれだから困る」

と、まんざらでもなさそうにぶつぶつつぶやき、みんなに報せて廻ったあと、不足のねぎや醬油や鍋や皿や箸などを用意するのであった。

全員集まるのは集まったが、暮れの忙しいときだから、みんなが揃ったのは八時過ぎであった。その間、先生と次介は腹を空かして待っていなければならなかったのだが、先生がひもじいと言ったって、

「自業自得です」

と、知らぬ顔であった。

やがて、囲炉裏に掛けられた大鍋の中に牛肉や野菜が投げ込まれ、みんなが食べ始めると、次介が山のように用意した材料が瞬く間になくなってしまった。

「この調子だと正月まで大忙しが続くかもしれない」

次介の悪い予感はついに的中してしまった。

二十九日は先生が正蔵の家に出かけている間に、次介は三次や吾助に手伝ってもらって塾の大掃除をした。掃除が終わった頃に帰ってきた先生からは、

「一緒に掃除をしようと思っていたのに」

と叱られたが、それを子守歌のように聞いた。が、後がいけない。

「今、庄屋殿と相談して、元旦に年始に来た子供たちにぜんざいを振る舞うことにしたから、善太郎と話し合って用意をしてくれよ。小豆や餅や砂糖は庄屋殿が出してくださるそうだ」

そら来た、と思ったが、善太郎と一緒というのは気が重かった。

善太郎さんについての深い事情は知らないが、正蔵の家では非常に大事にされている人である。だのに正蔵を呼ぶときには「庄屋様」なのである。歳も二十三歳と塾の最年長であり、体付きもがっちりとしていて頭もいい。塾一番の秀才でもある。仕事もてきぱきとできる。にもかかわらず、自分から進んで発言したり仕事をするといったことがほとんどないのである。塾が始まってからそういうことはなくなったが、友達から「親無し子」とか「ふぬけの善太郎」などとなぶられても平然としていた。

以前、次介は善太郎と一緒に隣村を通ったことがある。

あのとき、善太郎さんは隣りの村の子供が投げる石

から俺を守って村を通り過ぎてくれた。そしてニコッと笑ってくれた。よく見ると善太郎さんの額からうっすらと血が流れていたから、

「すみません」

と言ったら、善太郎さんは「平気、平気」とすましたもんだった。


実をいうと、五年程前のこの事件は、善太郎と隣村の大庄屋一家しか知らない処理がなされていた。

次介を家の近くまで送り届けた善太郎は、夜暗くなって隣村の大庄屋の家へ一人で出かけた。

昔、善吉と渡り合ったという庄屋はずいぶん以前に大庄屋になっていたが、その職も息子に譲って隠居の身であり、八十を過ぎた今でも元気である。今の大庄屋はあのとき善吉たちに石を投げた子供の一人であった。

善太郎が戸を叩いて案内を請うと、大庄屋が戸を開けた。

「隣りの部落の善吉の息子でございます。お願いがございまして、夜分失礼とは思いましたが、お伺いいたしました」

あの善吉の息子ともなれば追い返すわけにもいくまい。大庄屋は中に入れてくれた。善太郎は入り口で草履を脱ぎ、裸足になって土間へ通った。囲炉裏の側で大庄屋と話をしていた隠居が何事かと大庄屋に尋ねた。

「善吉どんの息子が、願い事があると言ってまいりました」

「何、善吉の息子、あの有名なふぬけの善太郎か、ちょっと見てみたいもんじゃ」

隠居は、あの何十年か前の気持ちのよい敗北の日のことを思い出しながら出てきて土間を見た。

「もうちょっと明るい所まで来い」

善太郎が前の方まで進むと、隠居は確かめるように善太郎を見つめていたが、

「善吉の若いときとそっくりじゃ」

と懐かしそうに言った。

大庄屋が土間にござを敷いた。善太郎はそのござにきちんと座ると、一礼して言った。

「ご隠居さまのお話はおやじからいつ時も聞かされ

ていました。おやじは、俺を人間として認めてくれた最初のお人だと感謝しておりました」

「うまが合うと言うのかの、もめ事があったりしたら、俺の方から出かけたりして相談に行ったもんだ。まあ、上にあがれや」

「いいえ、お願いを聞いていただくまではここに座らせてもらいます。実は今日、私と近所の子供と二人してこの村を通り過ぎようとしましたら、村の子供たちから石を投げられました。私はかまいませんが、子供には石を投げないとお約束をしていただいたと、おやじから聞いておりました。おやじとうちの庄屋さまとが、体を張って約束をさせたその約束が、こんなに簡単に破られていいもんでしょうか」

善太郎は鋭く大庄屋を見つめた。

何がふぬけだ。隠居は面白がり、大庄屋は驚いた。大庄屋には数十年前の忘れられない苦い思い出がある。

「すまん。子供たちにはきつく言っておくので勘弁してもらいたい」

「有難うございました。これで、おやじと庄屋さまへの約束を破って来た甲斐がありました」

深く頭を下げた善太郎に隠居が再び言った。

「やっぱり上へあがれ、歳を取ったらすぐに冷えての、囲炉裏の側で話を聞かせろ」

「でも、部落の者が居間に上がったということが人に知れたら大庄屋さまがお困りでしょう。入り口のかんぬきだけでも閉めさせてください」

善太郎がかんぬきを閉めている間に、おかみさんがたらいに水を汲んできた。善太郎はそれで足を洗い、ふところから手ぬぐいを取り出して足を拭いた。


ようやく囲炉裏の側に座った三人であったが、よく見ると善太郎のひたいに血がにじんでいる。

「もしかしたら石が当たったのでは」

「いやいや、蚊にくわれたくらいのかすり疵（きず）です。気にしないでください。これくらいのことでがたがた言ったのでは、ふぬけの善太郎の名がすたります」

言うことまでが善吉と一緒だと、隠居はますます気に入った。

「おい、向こうの庄屋に詫び状を出さなきゃあいかんぞ」

隠居は大庄屋に命令するように言った。

「村の大庄屋さまがうちの庄屋さまに詫び状をお書きになったということが世間に知れたら、恥をおかきになるでしょう。ぜひにと言われるのでしたら、ご隠居さまに書いていただきとうございます」

　相手の立場まで考えての言動に、二人はただただ感心するばかりであった。

「もうひとつ、お願いがあるのですが」

　隠居が身を乗り出し、大庄屋は身を引いた。

　善太郎は、善吉が死ぬときの様子から今までのことを正直に話したのち、今日の行動が父親の遺言に違反し、庄屋との約束を破ったことなので、庄屋には内密にしておいてほしいとの頼みである。

　隠居と大庄屋と、側で聞いていたおかみさんも、手ぬぐいを眼に当てながらうなずいた。

　善太郎がお礼を言って帰ろうとすると、おかみさんは、

「困ったことがあったらいつでも来てください」

と菓子の包みを手に握らせた。

　数日後、隣村から届いた詫び状は大庄屋の名前であった。

　話をもとに戻さなくてはなるまい。

　次介の善太郎に対する不満は好意的なものであったが、

「今度だって善太郎さんは俺の言う通りに仕事をしてくれるだろう。そして仕事が終わったら、よかったね、なんて言ってくれるに違いない。それが困るんだ」

と、どう対応したらいいか分からないのである。

　大晦日の朝には善太郎が大きな鏡餅を、三方や昆布やするめ、それに酒などを届けてくれた。先生はしきりに話していけと勧めたが、大晦日であってみれば善太郎がそれを断るのも無理はなかろうと断念した。しかし、帰りがけに善太郎がニコッと笑った、その笑顔がとても印象的であった。母からの手紙の最後の数行の故であろうか。

　弥吉は自分で作ったという大きな七五三縄(しめなわ)を持ってきた。次介は弥吉と共に鏡餅を床の間に飾り、七五三縄を玄関に飾った。川から砂を運んで玄関の付近にま

いた。これで終わったと思ったら、少し後に下がって七五三縄の具合を眺めていた弥吉が言った。

「門松も立てようか」

「おお、それはいいですね」

二人は早速、鎌と鉈とのこぎりを持って裏山へ向かった。弥吉が手慣れた手つきで孟宗竹と梅と松の枝を伐った。次介が赤い実のいっぱいについた南天と千両を見付けて、両手いっぱいに切ってきた。弥吉が、そういうものは門松には使わないと言う。次介がしょげた顔をした。

「まあいいか、それは床の間に飾ろう」

弥吉は改めて梅の古木や松の枝を伐った。

「花瓶がありませんが、どうします」

弥吉は伐り残しの竹の中から筒になりそうなものを五つ程選んで切った。

弥吉の家の仕事は、米や麦、それに菜種などを耕作するのが中心であった。しかし、広い面積ではなかったので、季節季節の花木を育て、あるいは山から切ってきて町に売り捌(さば)くのも大きな仕事であった。だから、この四、五日は飯を喰う暇もないほどの忙しさである。

今日もまだ仕事が残っていた。しかし、両親は塾のこととなると何よりもそれを優先させてくれた。弥吉も飾り付けを終えたら朝早くから町へ出掛けている両親を追っ掛けようと思っていたのだが、成り行きだから仕方があるまい。

先程まで二人で砂を撒き、きれいに掃いた玄関前で門松作りが始まった。弥吉が手際よく組み立てていく。次介は盛り砂を採りに川に降りた。砂を運び終えた次介は、弥吉から習って花瓶を作りはじめた。さっきの五つの竹筒を縄でしっかりと結ぶのである。出来上がったのを弥吉に見せると、やり直しを命じられた。高さの具合が悪いとか、結びがゆるいとかである。

門松を作り終えた弥吉が寄ってきて結び目の一つを作り直してくれた。小さな結び目が大きな飾り結びに変わって見事である。次介は鋏で縄から飛び出した藁を切り、最後の仕上げを済ますと、そーっと教室の床の間へと運んだ。

門松に盛り砂をし、箒で掃いたあと、二人で出来上がりを確かめた。門松と七五三縄と純白の白砂と。

「福岡のご家老さまの家のやつより立派だ」

と弥吉が満足そうに言った。

床の間の生け花も出来上がった。梅の古木も商売物としては絶対に切らないような枝ぶりである。松の緑と南天や千両の赤が部屋に明るさを与えている。見事だったのが青竹の花瓶。どっかと座って花々を支え、控えめの青さと縄の飾り結びが目出度さを倍増させている。しかも、それらのすべてが黒光りの板壁とよく似合っているのである。

次介は尊敬の心で弥吉を見た。

弥吉は、今までは人様のためにのみ目出度さを作ってきた、今年は自分とその仲間のために持っている力を尽くして目出度さを作った、と満足げであった。


朝の間に終わるつもりの作業が、気が付けばもう昼過ぎである。弥吉はあわてて帰って行った。自分の部屋で片付けものをしていた先生が出てきたので、次介は今朝からの作業を得意そうに見せて廻った。先生は巧いもんだとしきりに感心した。


これで今年の仕事のすべてが終わった。先生も仕事が終わったようである。囲炉裏の側に座って先生とお茶でも飲みながら話しでもしようと思った次介の考えは甘かった。

「次介よ、雑煮はお前の家で祝いたいんだが、いかんか」

雑煮を塾まで運ぶのは予定の行動であった。だが、先生が家にやって来るとなると話は別である。おっかさんが家の掃除のやり直しを命じるに違いない。次介は家へとすっ飛だ。


夕方、次介が早く風呂に入ってくれるように頼みに来たので、先生はそれに応じてすぐに風呂に入った。

これでこの一年が終わるかと思えば感無量である。今年一年の自分自身の生きざまを思った。何も悔いはない。と言うよりも新しい希望の年でもあった。すばらしい自然と心暖まる人情の中に浸ることのできた年であった。その中に埋没していたのではないかとも反省した。

先生は風呂からの帰りがけ、母屋に挨拶をしようと思ったが、何やら取り込んでいるようなので遠慮をして塾に帰った。

囲炉裏の火が赤々と燃え、行灯が灯り、囲炉裏の前には食事の用意がしてある。そしてその横に置き手紙が一枚、

「年越しの運そばは除夜の鐘の鳴る前に持ってきます」

次介は今、家片付けの真っ最中なのである。

夜遅く、次介が例のように元気な足音をたてながら、二人分の運そばを持ってやって来た。隣村の寺の除夜の鐘が遠く低く聞こえる。二人はそれぞれの想いの中でそばをすすった。

そばを食べ終わって次介が後始末を終えると、先生が

「この一年、お世話になったな、これはお年玉だ」

と大きな紙の包みをくれた。包みを開けると、『農具便利論』という本であった。

先生はいつかみんなの将来への希望を語らせたことがあった。

次介は一町歩程田を耕す百姓になりたいのだそうである。もう何年かしたら町から兄貴が帰ってくる。兄貴は町の鉄工所で働いているが、帰ってきたら鍛冶屋を始めるといっているから、兄貴の作った鍬(くわ)や鋤(すき)で田を耕す。兄貴は、

「俺の作る鋤は今までのものよりも五寸は深く耕すことができる」

と威張っていたから、それを使って一反に七俵くらいの米を作る。田圃や畑の暇なときには今までどおり水車小屋でも働く。

瞳を輝かせながら語った次介の夢の実現に少しでも役立つものをと、先生が自分の蔵書の中から選んでいた本であった。

次介にとっては、生まれて初めてのお年玉であった。生まれて初めて自分で所有することのできた木版刷りの本であった。しかも、上中下と三冊もある。中を開くとたくさんの農具の絵がある。農作業を図解した図もある。今の次介の学力であれば充分に読めそうな字でもある。兄貴の仕事の役にも立つかもしれない。次

介の体中を幸福感がはねまわった。

その頃善太郎は、下駄工場の大きな釜で小豆をぐつぐつと煮ながら本を読んでいた。側では甚吉が何やら小さな板切れを黙々と削っている。

今年は雪も降らず、風も吹かないのどかな正月になりそうである。


「お目出度うございます」

元日の朝早く、先生は次介の元気な挨拶で起こされた。

「先生、今朝は朝寝坊はできません。早く雑煮を食べてもらわないと、ぜんざい会の用意がありますから」

「やめとけばよかったな」

「何言ってるんですか、先生が言いはじめたことではないですか」

「そうだった、そうだった。新年早々、次介はやけに厳しいな」

布団の中から叩き起こされた先生は、急いで顔を洗い、この間母親から届いたばかりの羽織袴に着替えた。


次介にはいつもと違う姿の先生が、とてつもなく威厳のある人に思えた。

先生よりも先に玄関に出て下駄を揃えようと思った次介は、しまった、と思った。自分の下駄は新しいものを履いてきたのだが、先生の新しい下駄を用意するのを忘れていたからである。急いで玄関に出てみると、なんと、次介の下駄の横に数等立派な下駄が並んでいるではないか。外に出て見ると善太郎が汗を拭きながら立っていて、

「お目出度う」

と声をかけた。

善太郎も次介のすぐ後くらいにはやって来ていて、先生の下駄に気付き、取りに帰ってくれたんだろうと次介は思った。

「お目出度うございます。どうもすみません」

深々と頭を下げた次介の肩を軽く叩きながら善太郎が言った。

「気にするな、それよりも先生と一緒にゆっくりと雑煮を食べておいで、ぜんざいの用意は私がしておくから」

次介はもう一度心から深々と頭を下げた。そして、先生が玄関に出てきた頃には善太郎の姿はその辺りにはないのである。

「次介はよく気が付くな、下駄まで新しいのを揃えてくれていて」

先生のとっさの言葉に、本当のことが言えなかった次介の顔は真っ赤にほてった。

次介の家では、次介の両親と、昨日の昼頃、博多の鉄工場から帰ってきていた兄の太介が門口で迎えてくれた。

座敷へ上がると、床の間には掛け軸はないものの鏡餅と梅と野水仙の花が飾られ、その横の小さな机の上には昨日の『農具便利論』がきちんと置かれている。先生が言われるままに正面に座ると、右に父親が座り、左の障子を背に太介と次介が座った。

「お目出度うございます」

新年の改まった形通りの挨拶が交わされた。酒やご馳走が運ばれるまでしばらくの間雑談である。

「次介は綺麗好きなんだな」

先生の言葉に次介はもじもじとし、家族中が笑いに包まれた。太介が、

「昨日、こいつが帰ってくるなり大掃除の手伝いをさせられまして。こんなに片付いている我が家は初めてです」

と内情を暴露する。

膳部を運んできた母親も、

「いつ先生がお見えになってもいいように、これからは次介が毎日片付けるんだそうでございます」

と笑った。

父親も、

「この半年、我が家では毎日のように先生の話でもち切りでございまして、それに、昨日頂いてまいりました本などは抱いて寝たりいたしまして」

と謝意を述べた。

次介は小さくなりっぱなしである。

先生と太介とは初対面であった。その話によると、もう五年もすると年季が明けるので、故郷のこの部落に帰って来て鍛冶屋を始めるのが夢なのだそうである。次介と太介はお互いの将来をいつも語り合っていたの

に違いない、と先生は思った。

雑煮がおいしかった。福岡の雑煮と違って、鶏やカツオ菜などを餅と一緒に煮込んだ簡単なものであったが、餅に汁の味がしみじみと染み込んでいて、いや、家族団欒の味もしみ込んでいて、先生の腹を充分に温めた。先生にとっては、何年かぶりの家族団欒と言える元旦の朝であった。


塾に戻ると、玄関の下駄箱に入りきれないほど下駄が土間にずらっと並んでいる。どれも新しい下駄である。男の子の下駄は差し歯に白緒の高下駄。背の高いものは夜学の青年の下駄であろう。女の子のものは花模様の焼き判が押された色緒の下駄。みんなこの部落の下駄工場で作られたものであろうか。日頃は汚れた草履が主流なのだから、この光景は如何にも新鮮で正月気分をそそる。

それにしても、今年の新年の新しい下駄には特別の意味が含まれていた。

去年までは部落の者が下駄を履くことを許されてはいなかった。自分たちが作った下駄は部落の者以外が履くものであって、自分たちは履くことができない。派手な着物を着ていたというだけの理由で牢に入れられた者もいる。それが今年からは自由なのである。親たちの希望が期せずして新しい下駄という形になったのであろう。ただ、この希望が崩れ去るにはそう長い時間はかからないのだが、ともあれ今は目出度いのである。


教室に入ると、はちきれそうな熱気であった。朝の子供たちも夜学の青年たちも一人残らず集まっていて、そのみんなの鼻の辺りにはぜんざいの匂いが教室中を飛び回っていて、先生が現れるのを今や遅しと待っているのであった。

いつもと違って、小綺麗な頭と顔と着物の子供が机の前にきちんと座った。青年たちは机が足りないから後に立ったままである。先生も豪勢な生け花を背に着座した。

「お目出度うございます」

久しぶりの一斉の大声である。先生が後に吹き飛ばされそうな仕草をすると子供たちが喜んだ。先生の短い話が始まった。

「年の初めは雑煮を食べてご馳走も食べて、思い切り遊んで楽しくしよう。私もみんなと同じようにしたいと思っております。だがな、私は今日の朝日に向かって、今年は何をしようかを考えました。そして決めました。みんなをしっかり鍛えてやろうと決めました」

おどけたような先生の話に子供たちも答えた。

「もう少しましなことを決めなされればいいのに」

「たとえばどんなことかな」

「思いっきりみんなを遊ばせようとか」

笑い声が爆発した。少し落ち着いたあと、

「そこでだ、みんなも今年は何をしようかを考えてほしい」

「――」

「実は、私はもうひとつ考えた。みんなにお年玉として何をやろうかということだ」

今度は子供たちの瞳が輝いた。

「ところが、やるものがない。考えていたら一つだけあった。私のおっかさんから送ってきた餅飴だ。数えてみたら百七十個あった。みんなは三十人、一人が何個ずつ貰えるかな」

子供たちが計算を始めたた。小さい子の計算は手も足も必要だ。答えは小さい子に任された。

「五つだ」

「二十も余ります」

「余ったのは私が食べるから心配せんでもいい」

「いいなあ、先生は」

楽しそうなざわめきの中で、先生は五個ずつの餅飴を新しい半紙におひねりにし、順番に並んだ子供の頭を撫でながらたもとの中に入れてやった。子供たちは大事そうにそれを確かめて席へ戻っていった。


やがて、青年たちがぜんざいを配り始めた。

子供たちも食欲は旺盛であった。おそらく、こんなに甘いぜんざいを食べたのは初めてのことだったのだろう。次から次のおかわりである。聞けばぜんざい会のために雑煮の餅の数を減らしてきたのだという。善太郎が甚吉に応援を頼んで下駄工場で炊き、他の何人かも加勢して運んできた大釜のぜんざいが、全部たいらげられてしまった。結局のところ、青年たちは接待係をしただけで一杯のぜんざいも口にすることはできなかったのである。

子供たちを帰らせたあと、青年たちは囲炉裏を囲んだ。

三次が腹をグゥーと鳴らした。彼もまた朝の雑煮を減らしてきた一人である。先生はさっきの余った餅餡を配った。次介が隣りの部屋からあのお歳暮の餅やミカンなどを持ってきた。囲炉裏の火が赤々と燃えた。

「すごく立派な門松が立っていたが、あれは次介が立てたんか」

吾助が尋ねた。

「できるわけがないでしょう。弥吉さんです。ほら、あの生け花も、私は巧いのにびっくりしました。すごいんです」

商売とは言え、男子が花活けなどをすることを恥とし、弥吉はそのことを友達にもしゃべったことがなかった。だから、今、こうやってみんなに教えた次介に、

「いたらんことを言うな」

とは言ったものの、知られたことは仕方がなかろうと、顔を赤らめながら花活けを習った経過を話した。

「俺の家はじいさんの代から花商売をしとる。花を少しでも高く売るためには花の活け方を覚えなならんと、じいさんもおやじも花活けを勉強した。俺も十二、三の時からじいさんから習うとったが、じいさんからは手筋がよかと褒められもした。ばってんねえ、恥ずかしかけん人には言わん、と言うたら、家の者全部が親子三代同じことば考えよる、と笑うた。皮なめしの方が男らしかと、どれだけ思うたかもしらん。

昨日は恥ずかしかとも何もかも忘れてしもうとった。みんなが喜ぶことばしたかった。人のために花を飾ることが仕事なら、友達のために花ば飾ろうと思うた。自分たちのために飾ろうと思うた。もうちょっと時間があったら、この教室ば花いっぱいにできたかもしれん」

最後の頃には笑顔になって話す弥吉に、先生は心の中で精一杯の拍手を贈った。みんなが確実に成長していっていることを体で受けとめた。

吾助が言った。

「この間のあればみんなで言おうか」

みんなには「あれ」の意味がすぐに分かった。自然発生的に全員起立であった。全員直立であった。

「えたの号廃され候儀は、天地の間に生まるる人として、階級有るべきはず無ければ也。人としておのおのその業を尽くすに、あるいは木履を直し、あるいは獣皮を扱うなど、恥とすべきいわれなし」


夕方、先生は正蔵の家に年始に行った。正蔵も心待ちにしていたらしく、喜んで座敷へ迎えた。そこで型通りの屠蘇を頂くと、今日は話が長くなるだろうからと居間の囲炉裏の側へ席を移した。そこで小さな事件が起きた。先生が正蔵のことを「庄屋殿」と呼ぶのである。慌てた正蔵は、

「身分違いの貴方から庄屋殿などと呼ばれるのは面映ゆくていけません。どうか庄屋と呼び捨てにしてください」

と頼んだ。が、

「庄屋殿と私とでは親子ほどの歳の開きがあります。まして、人間として素晴らしい方だと分かった今、どうして呼び捨てになどすることができましょう。私は貴方に雇われている人間でもあり、生徒たちには身分の差などなくなったことを叩き込んでいる真っ最中であります」

先生は頑固である。ついに自分の意見を譲らなかった。

「とうとう私を特別扱いで呼ぶお人が二人に増えました」

正蔵が少し淋しさを交えた顔で小さく言った。事情を察して先生も小さく頷いた。もう一人とは善太郎のことである。

「それにしても善太郎は惜しい人物であります。あれだけの頭と体力とやさしい心を持っておるのですから、少しでも人の前に出ようといった態度があればすごい人間になることができると思うのですが」

「そうなんです。私もそれを願っておるのですが、なかなか思うようにはいきません。あれが望めば何でもさせてやりたいと思っているんですが、それも言ってはくれません。

養子にしたいと一度頼んだことがありますが、これだけはピシャッと断られました。それでもその断り方が、昔のあれの父親のことを思い出させてくれて、残念だったり嬉しかったり、あれが子供の頃は私を伯父ちゃんなどと呼んで膝に抱っこされて」

正蔵はうっすらと泪さえ浮かべた。

「庄屋殿には申し訳ありませんが、いつか善太郎のほっぺたを思い切り叩いたことがありました。ところが善太郎は嬉しそうな顔をしているんです。彼が何を考えているのか時々分からなくなることもあります」

先生はこの間の塾の名前を決めた日のことを詳しく話した。正蔵はしばらく黙っていたが、

「それは、きっとおやじの遺言に背くことになることを恐れたからに違いありません。もし、あれが本気で考えて選ばれでもしたら困ることになる、と考えたからだろうと思います。

善太郎も一度だけおやじとの約束を破ったんだから、私も一度だけ善太郎との約束を破りましょう。もし、このことが善太郎に知れたとしても、話した相手が先生なら許してくれるでしょう」

そう言って正蔵は話を始めた。

話は、善吉と遊んだ子供の頃の話から始まった。面白い。先生は身を乗り出すようにして聞いた。特に、あの隣村での石投げ事件の話ともなると血が躍るのである。

「すごい人だったんですね」

「もう五年程前になりますか、隣村の大庄屋から詫び状が届きましての、善太郎と次介が石を投げられたらしく、それを知った大庄屋どんが、善吉との約束を破って申し訳ないと書いてありました。しかも、石を投げられた相手の一人が善吉どんの息子であるらしいと、お菓子まで添えてありました。私は二人をそれとなく呼んで食べさせましたが、何も知らずに食べている善太郎が哀れでしての」

そこまで話して正蔵は手ぬぐいを取り出した。しかし、思い直したように言った。

「村の大庄屋から部落の庄屋に詫び状が届くなんて前代未聞のことです。今でも喧嘩の善吉といえば郡内の者ならだれでも知っています」

そう言って、今度は胸を張った。善太郎がとなり村の大庄屋の家に抗議に行ったことを庄屋は未だに知らないのである。

正蔵の話は続いた。自分が町の革屋に奉公に行ったこと、帰ってきて善吉とともに部落の改革に乗り出したこと。

先生は感激した。今から自分がしようと思っていることをすでに実行していた人がいたのである。今の自分は少し思い上がっているのではないかと反省もした。話が善太郎の母親の病気の話に移ると、正蔵の声もやや湿りがちである。善吉の死の場面ともなると話がしばしば途中で止まった。先生も感動した。壮絶な男の死を心から悼んだ。しかし、先生の眼から涙を流させたのは、その後の善太郎の行動であった。先生は善太郎を叩いた右の手のひらが強く痛んだ。まるで求道者ではないか。俺が同じ立場だったとしても同じことができるだろうか。

「あれが『ふぬけの善太郎』と呼ばれるようになってからもう十年が経ちました。よう辛抱したと思っております。ひょっとしたら、おやじより偉い奴じゃあないかとも考えとります。今年の秋になったら満十年になります。秋になったら、あれが私を『伯父さん』と呼ぶのです。秋の来るのを楽しみにして待っておるところです」

話し終えた正蔵は手ぬぐいで顔を拭いた。

話が終わるのを先程から待っていたおかみさんが、真っ赤にはらした目のままで酒とご馳走を運んだ。

先生は今すぐにでも善太郎に謝りたい気持ちでいっぱいである。おかみさんに尋ねた。「善太郎は今どうしているんですか」

「先生、気にしないでください。あれは今きっと自分の部屋で本でも読んでいます。私は十年間育ててきましたからよく分かるんですが、嬉しいときはいつもそうしているようです。あれはどなたがお見えになっても顔を出しませんが、先生がお見えになったときはニコッと笑って自分の部屋へ帰るんです。自分の部屋と申しましても小屋の二階でございまして、みっともないから止めてくれと申しましても、聞いてはくれないんです。主人が気に入っているお方はどうして偏屈な方ばかりなんでしょう。あら、失礼なことを申しましてすみません」

　おかみさんはそう言ってから盃になみなみと酒を注いだ。

「本も好きなようですが」

　今度は正蔵が答えた。

「おやじの善吉も本が好きでしてな、二、三百冊も持っていたでしょうか、今も空き家になっている家に昔のまま置いてあります。善太郎はその本を家の掃除に行くたびに少しずつ持って帰っては読んでいるようでして、ですからできるかぎり何回も掃除にやっとります。ところが、あいつは本を読んでいることを私どもには知られていないつもりなんです。あれのことで知らないことは何一つないのに、おかしなやつです」

と笑った。

　お互いに盃が進んだ。おかみさんも楽しそうである。一晩中でも続けたいような雰囲気であった。

「もうひとつお伺いしたいんですが、先程、善太郎が一回だけ約束を破ったとおっしゃいましたが、あれはどういうことだったんですか」

　正蔵はおかしそうに笑って言った。

「これを言うとあいつが腹を立てるかも知れませんが、まあいいか。

　実は、先生の福岡のお宅を尋ねたときのことです。私たちのために福岡へ帰ることを止めてくださった先生に申し訳がないから、せめて先生が育ててくださった生徒の本当の姿をお見せしたいと申しまして。二人でお伺いしたときも、きちんとした態度でいましたが、お父上が泊まっていけと申されましたとき、私はご遠慮申しましたが、あれだけは泊めさせてもらったんです。

　明くる日お伺いいたしますと、ご両親も善太郎もすっかり親子気分でありまして、風呂の水を汲んだり、庭の手伝いをしたり、叱られますと口返答などもいたしまして、たいへんに楽しそうなんです。お父上もあれの勉強がどのくらい進んでいるかお試しになったようですが、息子もうかうかしておると二、三年で追い付かれるぞ、と言っていただきました。おかげで一泊でいいところを二泊になったんです。

　私は善太郎を使いに出し、お父上に事情を話して、先生には内密に願います、とお願いしましたところ、もう一泊させたら何も言わぬと脅迫されまして、気持ちよく承知していただきました。お母上も泪を流してくださいました。あれもたいへん楽しかったようで、お父上からはご本を、お母上からは下着の類を縫っていただいたようです。この間、あれの部屋へそっと入りましたところ、机の上に本と手ぬぐいと褌が大切そうに置いてありまして、これが頂いたものなのだろうと考えております。先生には内密にしたりして申し訳ありませんでした」

この話はおかみさんも初めて聞いた話のようで、

「私も早くそのような身分になりたい」

とうらやましそうであった。

「それでも、この頃では時々先生のことや塾のことを話してくれます。この間も隣村の温泉の話をしだしまして、ひょっとしたら先生が困られることになるんじゃあないかと心配しとりました。

実は今朝のぜんざい会も善太郎が言いだしまして、あれが何かを頼むなんてことは初めてのことなもんですから、私も嬉しゅうてすぐに承知しましたが、家内が喜んで小豆でも砂糖でも何俵でも持って行け、などと大はしゃぎですたい」

すべてを打ち明けて安堵したように、正蔵は酒をぐいと飲み干した。

先生は大きく息を吐き、ややしばらくの沈黙の後に言った。

「今の話、もしよろしければ、そして善太郎が承諾してくれれば、夜の子供たちにも話してくれませんか」

正蔵は嬉しそうにうなずいた。

「もう一人、勘吉のことも気になっているんですが」

「あれも可哀相な奴です。もともと明るい気性ですから気にしておりませんでしたが、何かありましたか」

先生が、長州戦争のことなどを話しだすと勘吉が下を向く話をすると、

「あれのおやじは勘兵衛と言いまして、善吉が随分と可愛がっておりました。善太郎も勘兵衛のことを兄

ちゃんと呼んで懐いておりましたが、早ように嫁ば貰うて今の勘吉が生まれました。善吉が亡くなりますと心の支えをなくなしましたのか、考え込むことが多くなりました。

ある日、私のところに参りまして、私には善吉さんのようなことはできませんから、戦争に出ていって侍になって帰ってきます、と言うのです。私は勿論反対しましたが言うことを聞きません。とうとう密偵ということで出ていきました。このことは家族にも知らされておらず、私一人が知っておることなんです。

勘吉母子には戦争に行ったとだけ言っておりましたが、長州の知り合いからの連絡では、一度は長州軍に捕まり、その後は長州軍に入れられたそうです。長州では部落の者は爆薬をかついで敵陣に殴り込み、爆薬と一緒に死ぬ練習をさせていたそうで、その一員に加えられたのだそうです。ところが、戦が終わって明治になりますと、紙屑のように捨てられて、偉いことを言って国を出たのにと帰るにも帰られず、困っておるとのことでしたので、善吉と仲の良かった大阪の知り合いとも連絡をとってそこで働かせてもらうことにしました。これは半年程前の話ですが、つい最近来た連絡では、実によく働くそうでして、さすが善吉さんが可愛がっていた者だけのことはあると褒めてありました。

あと半年もすれば威張って帰らせることができるだろうとのことでしたので、安心したところです。このことは勘吉の母親にも教えてやりました。

ところが勘吉の母親というのが気丈な女でして、惨めな主人の話など息子にはしとうないと申しまして、勘吉には何も話していないらしいのです。生きとうか死んどうか分からんやったときも、この間の話を聞いた後も顔色ひとつ変えず、だれよりも朗らかな顔ばして、内心は苦しかったとでしょうけどなあ」

先生と正蔵の二人はしばらく黙ったままであった。正蔵が薪を二、三本囲炉裏にくべると、パチパチと音をたてて燃えた。柱に掛けられた竹筒の水仙の花の一輪が、ポチッと小さくはじけて、たった今咲いたように先生には思えた。春はもう近いのである。

夜も更けて先生が塾に帰ってくると、次介が囲炉裏の側で『農具便利論』を抱いて寝ていた。晩飯が布巾をかぶせて置いたままである。先生は次介の体を囲炉裏から少し離し、掛けぶとんを掛けてやった。昨日の大晦日はほとんど寝ていない次介である。少々動かされても、まったく目を覚まさなかった。

先生は次介の横で敷きぶとんをかぶって寝た。しかし、なかなか眠れるものではない。正蔵から聞いた話が善太郎を中心に絵となって浮かび上がってくる。福岡の家もなつかしかった。

先生が本当に寝てしまったのは、もうすぐ夜明けという頃だった。

翌朝、目が覚ました次介は驚いた。先生が寒さを防ぐように体を横にして次介のふとんに寄せ、足は次介のふとんの中に入れて寝ているではないか。しかも、心地よさそうないびきである。目をこすってよく見るとここは塾である。ようやく事情が分かりはじめた次介は、できるだけ先生の目を覚まさせないようにして起き、自分に着せられていたふとんをそおっと先生に掛けた。先生の顔の辺りの床が濡れていた。何があったんだろうと考えながら囲炉裏に薪をくべた。

「こんな調子だと、もう一組ふとんを作ってもらわなくてはなるまい。おっかさんに頼んだら、おっかさんが庄屋さんに頼んで作ってもらえるかもしれない。そうなると先生が座敷に寝て、俺はここに寝て、三次さんなんかが泊りにきたら一緒に寝るかな」

次介の心の中でのひとりごとは目出度さいっぱいのものであった。

湯の一滴

好天が続いた正月三が日も過ぎた四日ともなると、気温が下がり雪がちらつきはじめた。たいていの農家は農閑期の最中であり、正月の余韻を楽しむことができるのだが、革なめしとか下駄工場ともなるとそういうわけにはいかない。極寒の中での作業が再開された。

先生はといえば、この二日間は冬眠の真っ最中である。元旦、二日と飲み疲れて、三日は朝から寝ていたら、やって来た次介が心配していろいろと看病らしい

ことをしてくれた。しかし、それが単なる飲み疲れだと分かると急に態度が大きくなり、

「先生の体はどうなってもかまいませんが、私たちにとっては先生の心と頭が必要なんですから、大事にしてもらわないと困ります」

などと洒落た言葉を投げかける。

今日も、昼過ぎにはついに叩き起こされた。いや、

「掃除をしなければなりませんから、外を散歩してきてください」

と叩き出されたのである。でも、本当に塾を出ようとすると、それもまた心配であるらしく、綿入れを着ていってくださいとか、足袋をはいてくださいとか、なかなかにうるさい。

先生は外に出た。三十軒程も続く家並みを出ると、急に開けた田畑の風景である。北西の風が強く正面から吹きつけてくる。だが、充分に暖まった体には当分の間は心地よい風であった。山の方へ小さな畔道をたどって歩くと、清流の小川にぶつかった。それをさらにさかのぼって行ったら、向こうの田んぼで青年が一人、作業をしている。近寄ってみると弥吉であった。


七草のための芹を摘んでいるのだという。花の得意先に持っていってやるのだそうである。山の田んぼは深田が多い。弥吉も両足をすっぽりと土にいぼらせての作業であった。

先生が、

「俺も摘んでみたいが」

と言うと、弥吉がすかさず言った。

「先生、やめられた方がいいです。着物など汚されたら次介から怒鳴られますよ。先生だけならいいんですが私も怒鳴られます」

二人で笑ったが、それもそうだと諦めて、あまり仕事の邪魔をしても悪かろうと塾へと引き返した。

帰り道で八郎と出会った。

五人兄弟の末の妹が腹痛をおこしたので、医者のところまで薬を貰いに行った帰りなのだそうである。診せなくていいのかと聞くと、日頃胃腸が弱く、少し食べすぎるとすぐに腹痛をおこすので、いつもの薬を貰って来るだけですと、淋しそうに笑った。

しばらく並んで歩いていたが、お互いに話のきっかけがつかめずに無言である。

「それに」

八郎はそれだけ言ってまた黙った。次の言葉を発したのはしばらく経ってからのことであった。

「お医者さんはなかなか来てくれませんから」

八郎の静かな短い言葉の中に、激しい怒りがこめられているのを先生は感じた。


昔、善吉を贔屓（ひいき）にしていた医者はすでに亡くなっており、後継ぎもいなかったので福岡から若い医者がやって来ていたが、なかなかの評判で忙しいらしく、あまり金持ちでもない八郎の家などへは来てくれないのである。

何かいい工夫はないものかと、考え考え先生は塾へ帰った。

「おーい、帰ってきたぞ」

次介は家に帰ったのであろうか、先生が何回呼んでも返事がなかった。塾はきちんと片付けられて静寂の中にあり、囲炉裏の埋もれ火がかすかに赤く顔を覗かせているだけである。

先生は、火箸で火を掻き出し、薪をくべた。炎が先生の体を暖めた頃にはもうすでに夕方である。先生は早く次介が来ないかなと待った。さっきの八郎の言葉が気になって一人でいるのが無性に淋しいのである。青年たちの顔も、もう十数日も会っていないかのように見たくなった。何かいい工夫はないか。

「今晩は」

次介がいつもとまったく変わらない調子で晩飯を運んできた。が、先生の少し沈んだ様子に、昼間むりやりに散歩に出てもらったことが原因ではないかと、声を落として聞いた。

「どこか具合でも悪いんじゃあないですか」

次介の気持ちを察して先生は、

「いやいや、ちょっと考え事をしていたもんで、飯をついでくれるか、山盛りだぞ」

次介は少しほっとして飯をついだ。

「おい、七日の晩にな、七草がゆ大会をせんか」

「七草がゆ大会って何ですか」

先生は、夜学の者を全員呼んで七草がゆを食べながら話をしよう、その際にお歳暮で貰った物も全部平らげよう、とたった今思いついたことを、さも前から計画していたかのように話した。次介も自分が忙しくなるのも忘れて大賛成である。

「じゃあ今から計画だ。だれかを呼ぼう」

人選をした結果、家の仕事のことも考えると善太郎がよかろうということになった。先生は庄屋殿に手紙を書いた。

「私が呼んでくる間に晩飯を食べておいてください」

次介はすぐに暗くなった夜道を走って行った。

次介が善太郎を連れて帰ってきた。

囲炉裏の側で先生が大方の計画を話すと、善太郎が身を乗り出すようにして聞いている。

次介は大はしゃぎである。

「だがな、こういうことを始めるとすぐに庄屋殿に迷惑をかけてしまう。今回だけは庄屋殿に迷惑をかけたくないんだが、できるかな」

「できますよ先生、芹やらなずなのようなものは採ってくればいいでしょう。大根やかぶは私の家の畑にあります。餅はここにいっぱいあるでしょう。味噌や醤油も家から持ってきます。こんにゃくは、これは買わねばならんかな。鶏もあったら豪勢になるんだがなあ」

次介の計画ではいとも簡単である。善太郎が控えめに言った。

「あのう、私には少し貯えがあるんですが、別にお金を使うこともありませんので、少し出させてもらうといいんですが」

「おおそうか、そんならご馳走になるか、次介、鶏も食べれるぞ」

次介は喜んだものの、今夜の先生は少し違うとも思った。いつもの先生なら、無駄遣いはするなとかなんとか言うはずなのに。それに善太郎さんも少しおかしい。自分から言いだすなんて初めてのことである。

話が弾んで計画が出来上がった。先生が、実は、と切り出した。

「今日、八郎と会ったら、妹の具合が悪いからと淋しそうにしとったんでな、励ます会をしたかったんだ」

次介の母親と八郎の母親は仲がよくて、次介は八郎の家の事情をよく知っていた。それによると、八郎の妹は今すぐということではないが長い命ではないらしい。母親が温泉にでも連れていってやったらと話ながら、ときどき泣いているのを見たことがあるというのである。

「先生、盛大にやりましょう」

善太郎が突然大きな声で言ったので、先生も次介もびっくりしてしまった。

その晩、善太郎と勘吉は初めて喧嘩をした。

話し合いが終わっての帰り道、善太郎が下駄工場の前を通りかかると灯がともっている。

入ってみると勘吉が何かを作っている。大晦日の夜、小豆を煮ながら作っていたものの続きらしい。覗いてみると位牌であった。尋ねると、勘兵衛の位牌だそうだ。

「もう少し、勘兵衛兄ちゃんの帰りを待てば」

善太郎が慰めるように言うと、

「母ちゃんや子供を捨てて出ていくような親は帰ってきてもらう必要はありません」

と下を向いたまま答えた。

「何を」

善太郎の手が勘吉の頬を打った。二度も三度も打った。黙って善太郎に叩かれていた勘吉が急にしゃがみこみ泣きだした。

「すまん。今夜の俺はどうかしている。叩くつもりはなかった。しかしな、お前が勘兵衛兄ちゃんのことを悪く言ったりするもんだから、お前も半分悪いんだぞ」

帰ってきてほしくないと言いつつも父親の位牌をこつこつと刻んでいる勘吉の心が痛いほどよく分かる。善太郎が叩いたのは無意識の中の負けるなという叫びであったのかもしれない。

「おい、今日のは兄弟喧嘩ということにせんか。いっぺんしてみたかったんだ。兄貴が弟をいじめて、泣きだしたらことわりを言うて、それでも泣きやまんかったら飴玉買うてやって。おい、何がほしいか、でんでん太鼓か、凧ばたか。頼む、笑え」

勘吉が涙の顔で笑った。

「お前の言う通り勘兵衛兄ちゃんの位牌も作ってやれ、戒名は二人で考えよう。何とか院殿何とか大居士とかな、お前んところのおっかさんがびっくりするぞ」

「俺だっておやじが恋しいです。でも、おっかさんが無理に朗らかそうな顔をしてるのを見るのがつらいんです。おやじが求めた幸福とは一体何だったのか、戦争なんかに出ていって、勝っても負けても、結局のところおっかさんを苦しめただけじゃあないか。そんなふうにしか思えないんです」

「勘兵衛兄ちゃんもな、みんなのために何かをしたかったんだ。部落の惨めさから俺たちを救いたかったんだ。それを戦争に参加するという方法で解決しようとしたことは間違いだったかもしらん。いや間違いだ。戦争の結果、四民平等という考え方が生まれてきたとしてもだ、戦争はおまえたち親子を不幸にした。一人を犠牲にして多くの者が幸せになる、そういう考え方が間違っているんだ。だがな、勘兵衛兄ちゃんの部落を救おうという気持ちだけは間違いじゃあない。これだけは信じてやろうじゃあないか。それにな、俺にはどうしても兄ちゃんが死んだとは思えんのだ。もし死んでいたとしても、俺たちのために死んでくれたんだとそう考えようじゃあないか」

勘吉がうなずいた。

「俺たちも何か人のためになることをせんか。勘兵衛兄ちゃんみたいに大きなことじゃあなく、小さなことで、俺たちの仲間が喜ぶような。たとえばお前の得意な大工仕事で、たった今からだぞ」

二人はさっきの悲しさを忘れて話に熱中しはじめた。結局、次介と約束をしていた塾の台所や風呂場を修繕しようということになった。

「何日あればいいか」

「次介にも手伝ってもらえば二日もあるといいです」

「よし、決まりだ。今から用意をしよう」

「この頃の俺はおやじとの約束を破りっぱなしだな」

「すみません」

「いや、今日のはおやじも喜んでくれるさ」

明くる朝、早くから善太郎と勘吉が塾にやって来た。もう十数年も使われていない塾の炊事場を使えるようにするのだそうである。庄屋さまの許可を得てきたと言う。先生の意志も何もあったものではない。あとから飯を運んできた次介も一日中加勢をさせられた。

先生も勘吉も次介も、こんなにてきぱきと仕事をし指図をする善太郎を見たことがない。

足りない材木が下駄工場から運ばれてくる。大工仕事になると勘吉が専門家だからきちんと仕事をしていく。次介は一日中、拭き仕事ばかりであった。先生が手伝おうとすると、

「先生は勘吉の仕事ぶりを見ていてください。昨日の晩、この計画を始めましたとき、勘吉が私の一番得意なところを先生に見て頂くんだと、張り切っていたんですから、あいつ一人の力でやらせたいんです」

と、仕事をさせてくれない。いつの間にか風呂の方も使えるようになっており、新しいまないたが台所の壁に掛かっていた。

「時々はここの風呂も沸かして先生に入ってもらえ、お前も入ったら大きくて気持ちがいいぞ」

善太郎はやさしい笑顔で次介に言い、

「明日また早くから来るからな」

と言い残して帰って行った。

「すごいですね。善太郎さんは」

次介が感嘆して言うと、

「あれが善太郎の本当の姿なんだ。だがな、このことはみんなには言わん方がいいぞ」

と、先生も善太郎の後ろ姿に見惚れながら、話に聞いている善吉さんもあんなふうだったのではないかと思った。


六日の朝も善太郎と勘吉が早くからやって来た。次介も同じである。今日はこまごまとした作業が行われた。風呂場の板格子の窓を開けると、焚き口の向こうの梅がちらほらと咲いている。山椿の花も赤い。

「次介は風呂の釜磨き、俺はくどの釜磨き、棟梁殿は最後の仕上げ、先生は鞭を持って尻叩き」

善太郎はふざけたように言ったが、仕事はその通りに行われた。もっとも先生は善太郎が何と言おうと手伝うぞと、何やかと手伝ってはみたものの、だれよりも下手なのである。

やはり尻叩きしかできないか。

仕事を終えた次介が、試しにし風呂に水を入れはじめた。次介の家の風呂よりも入れる量は多いが、井戸

が近いのでずいぶん楽であった。風呂も沸かしてみたが、これは失敗であった。お湯が真っ赤になったのである。

七日の朝には、善太郎が鶏を三羽もぶらさげて一人でやって来た。

勘吉は工場の仕事だそうである。

善太郎と次介は藁で編んだ籠を持って材料集めに出掛けた。芹、なずな、はこべなど、山間（やまあい）の美しい雪の隙間から採った。また雪が降り始めたが、その中で次介の家の畑からは大根やかぶを引いた。

塾へ帰ると善太郎が鶏の首をはね、血をたらして、火にあぶって残った羽を焼いた。次介はこんにゃく買いである。帰ってきたら正蔵の家へ大皿を取りに行かされた。今度は採ってきたもののすべてを洗う。善太郎が手際よく洗っては笊に入れる。先生と次介がそれらを台所へ運ぶ。遅い昼飯は先生が囲炉裏に埋めていた薩摩芋を食べた。次介は先生が作った食事を初めて食べた。おいしかった。

その頃、通りかかった三次が、手伝いましょうか、と入ってきた。先生がいいことを思いついた。

「三次、実はな、今晩の食べ会は八郎を慰めたかったから始めたんだ。だから、お前の笛か唄を聞かせてくれんか。みんなも喜ぶぞ」

三次も事情をよく知っていたから気持ちよく応じ、

「手伝いどころの騒ぎではありません」

と急いで帰っていった。

昼からはいよいよ料理である。善太郎が鶏を切っては皿に並べる。七草の類も見かけよく盛る。先生と次介は呆然として見ているだけであった。

用意のすべてが終わったのは、薄暗くなってからのことであった。

一方、家に帰った三次は、

「八郎を慰める会があるので、何かみんなを笑わせるようないい工夫はないか」

と母親に尋ねた。

「半日やそこらで人様を喜ばせる芸ができるんだったら芸人はいらんよ」

素っ気ない返事である。三次がブスッとしていると、

「あのな、つまらん芸ばして見せて、人は笑うかもしらんが喜びはせん。八郎さんば喜ばせたかとやったら八郎さんと一緒に泣いてやれ、それが素人の芸じゃあなかろうか。たとえばお前の好きな追分。八郎さんになったつもりで吹いてやれ」

そばで聞いていた無口の父親が言った。

「それで父ちゃんは母ちゃんに泣かされた」

親子三人のいい雰囲気の夕方であった。

三次は頷きながら黙って笛を磨いた。


夜になって塾にやって来た連中が目を丸くした。すごい料理である。

「次介が作ったのか」

次介はもじもじしながら先生と善太郎を見た。

「私が作ったんだ」

先生が救い船を出してくれた。

「おう、人は見かけによらんもんだ」

「見損なうな、お前たちが嫁さんを貰うときの料理は俺に任せとけ」

「お金のほうもお願いします」

「狐に頼んで作ってもらうから大丈夫だ」

「嫁さんも狐かもしらんぞ」

笑い声が楽しさを増した。

炊事場の変わりようにもみんなは驚いた。

「これは勘吉だろう」

勘吉が笑いながらかすかにうなずいた。


囲炉裏を囲んで七草がゆ大会が始まった。先生は八郎の横に座って同じ皿の鶏や大根を食べた。善太郎は囲炉裏に掛けた大鍋からかゆをついでやるのに専念している。

「善太郎さん、お願いします」

次から次へ差し出されるお変わりの茶碗に気持ちよく応じていた善太郎であったが、一度も茶碗を差し出さない八郎にしびれを切らしたのか、

「八郎、茶碗を出しなさい」

と、八郎の茶碗を取り上げ、盛りこぼれるようについでやった。

みんなが食べおわった頃、三次が立ち上がり、笛を吹き始めた。

しーんとなった部屋の中を三次の追分の曲だけが静かに流れはじめた。夏の頃、先生を感心させたあの曲が、ときには強く怒りをぶつけるかのように、ときにはかすかな思い出を辿るかのように。半年ぶりだというのに磨きがかかってみんなの顔を上げさせない。

家の外で合いの手の鈴がかすかに鳴った。みんなはその鈴の音を自分の心の中の音としてリンリンと響かせながら聞いた。日頃は茶目っ気ばっかりの三次の目は闇を見つめたままである。かすかに涙がその頬を伝った。

八郎は、

「みんなも俺以上の苦しみを持って生きているのに違いない。俺ひとりが不幸であると考えるのは間違いではなかろうか」

と思った。

外では先程から降りだした雪が静かに積もり始めていた。

明くる日、先生は一人で雪の降り積もった中を西の村の温泉に行ってみた。村の中を通りぬけ、さらにちらほらと咲き初めた梅の林を通り過ぎた谷間に温泉工事場はあった。大勢の大工が忙しく働いている。うさん臭いのがやって来たというので数人の大工に取り囲まれたが、身分を明かすと、あの有名な変わりもんの先生かと、何やかやと話をしてくれた。

温泉宿ができるのだそうである。お湯を福岡の医者に見せたところ、胃腸病に効くことも分かったと言う。しかし、温泉はまだ入れる状態ではなく、四月の初めの開店だとのことだった。

新春からの塾の勉強が始まった。

長かった正月の休みの間、幼い子供たちは塾が最大の遊び場であったことを思い知らされ、十歳以上の子供たちも自分たちが如何に知識を求めているかを知った。

青年たちも同じである。人生を語り合う仲間と場を失うことの淋しさもひしひしと感じていた。だから勉強が再開された日は部落中が生き生きとしていた。

その中でも一番生き生きとしていたのは、夜学の生徒たちであったかもしれない。十日間ばかりは普通の勉強が中止され、休みの間に先生が心をこめて作った子供たち用の教科書作りだったからである。字の上手な善太郎や勘吉や吾助たちは先生が書いた手本を丁寧に複写していき、絵の上手な次介や弥吉たちは挿絵を描く。

値段の高い紙だから書き損ないは原則として許されない。まして後輩たちのためになるというのであれば心も弾んだし、今まで幼稚だと思っていた子供たち用の教科書を作ることがどれほど難しいかもよく分かった。一番よく分かったことは、今、自分たちが勉強していることの半分近くは、上の子供たちの年頃に勉強しておかねばならない内容であるということであった。今からこれだけの勉強をしておけば、俺たちの歳になるときっといい若者になるに違いない。俺たちも追い越されないように勉強しなくては、と期待と競争意識が交錯するのである。

それにしても物を製作するということは、人々の意欲を高める。時々先生から「私より巧い」などと褒められると、もう有頂天であった。

出来上がったものを一冊ずつに束ね、みんなで製本した。子供たち一人ひとりの名前も書き入れてやった。

この教科書作りの日々が終わり、普通の勉強に戻ったのは、梅の花も満開であったが、あの冬の一夜を賑わわせた温泉の話はその後もあまり話題にならなかった。あの福岡や博多の銭湯の話が一般に伝わっていたから、先生も善太郎も八郎も弥吉も、いちばん気になっていたことであるにもかかわらず、話題にしにくく、先生も生徒も話を避けていたきらいがある。しかし、桜の頃ともなると、温泉宿が開かれたという噂が伝わってきた。なかなかの繁盛ぶりだそうである。長い間胃腸の病に苦しんでいた人の調子がすっかり良くなったという噂も流れてきた。

ある晩の夜学の勉強が終わったあと、

「先生、私らは温泉に入られないんでしょうか」

と、八郎が思い詰めたように話をきりだした。

「そんなことはない。だが、お前たちも聞いていると思うが、福岡あたりでは銭湯事件があちこちで起こっているという。そこで問題になっていることは、部落の者は穢（けが）れているという考え方だ。お前たちがどうしても入りたいというのであれば私も賛成するから、どのようにして入りに行くか、みんなで相談してみなさい」

この晩の講釈の時間は温泉問題の討議の時間に変わった。

先生が一言も発言しない中で議論は深夜に及んだ。部落の者のどこがいけないのか、どうして部落なのか、武士とは何か、百姓とは何か、武士と百姓と部落の者のどこが違うのか、俺たちは国のためにはなっていないのか、青年たちは答えを先生に求めた。

「何百年も続いた悪い習慣がどうして起きたか、本当のところ今の私には分からない。この問題についてはお互いに勉強をしていこう。だがな、例えば牛や馬の皮をはぐ者は卑しい者で、それを使う武士はいい者だという考えは絶対に間違っている。今、みんなの目の前にある筆だって馬の毛なんかが使ってあるが、これだって吾助の家でも作っているものだ。それが汚いんだったら日本人は筆なんか使うな。外国では牛の厚い肉を食べるのは金持ちで一番上等の物は王さまが食べる。日本ではそれを食べる者は卑しい者だと考えられている。誰かが俺たちは国のためになっていないのかと言ったが、武器を持つのも、米を作るのも、下駄を作るのも、それが無ければ日本人が生活できないのであれば、みんな同じように国のためになっているのだ。

しかしだ、今、私たちが議論しなければならないことは、どのようにして明日、八郎の妹さんを温泉に入れてやるかということではなかろうか」

静まり返った教室の中かで八郎がむせび泣いた。

「今日はもう遅いからこの話は明日また続けよう。明日は他の勉強は止めにする」

次介は、今晩もまた考えて苦しくて眠れないだろうと覚悟した。

今晩のみんなの集まりは早かった。しかし、空気は重かった。先生が教室に入ったときもしーんと静まったままである。先生は場所を囲炉裏の側に移した。

「さあ、話し合いを始めよう」

先生の言葉に応ずる者が一人もいない。

「三次、お前の体は汚れていないか」

「汚れてなんかいません」

「私は今日糞をたれた時、急いで尻を拭いてきたから尻が汚れているかもしれん。昼間田んぼの横で立ち小便をしたあと、手を洗わなかったから、これは完全に汚れている。髪も十日程洗っていないからこれも汚れている。

三次、もう一回聞く。お前は汚れていないか」

「汚れています」

「他の者にも聞く。体の汚れていない者は手を上げよ」

「――――」

「こんなことから話し合ったらどうか」

そう言って先生は目をつむり、腕を組んで無言となった。

初めのうちは少なかった発言が次第に増え、みんなの声も大きくなった。

それが正しかろうと、正しくなかろうと、村の者が嫌うことはこの際すべてやめて、温泉に入ったときに相手に文句をつけさせない体になろうということで話が進んだ。

結論は、まず二人の者が入りに行く。その二人はみんなの中で一番体の立派な者を選ぶ。選ばれた二人は決行の日まで毎日風呂に入り体を洗う。髪も洗う。髭も剃る。歯も磨く。伸びた爪もつむ。肉もニラも食べない。風呂に入るとき脱いだ着物はきちんとたたむなど、細々としたことまでもである。

「先生、これでいいでしょうか」

「いいとも。ただし、選ばれなかった者も、毎日とはいかないまでも同じことをしてほしい。

私も同じことをしようと思っている。それから、私も選ばれた二人と一緒に温泉に行くことにする」

みんなの顔にぱっと明るさが走った。

夜中というのに行灯の火をできるだけ明るくして人選びが始まった。みんな褌一つの裸になった。先生も裸になった。みんな脱いだ着物をきちんとたたんだ。

選ばれたのは次介と吾助であった。

明くる日の夕方、次介は塾の風呂を沸かし、初めて先生と一緒に五右衛門風呂に入った。

次介は先生の背中を流した。なぜか先生の背中が霞んで見える。先生も次介の背中を流してくれた。うつむいている次介の頭に先生の拳骨が軽く落ちた。

吾助の家は大騒ぎであった。

朝、革のなめし場の方へ仕事に出かけようとする両親に向かって、

「お父上もお母上も話がありますので、お座り頂きませんか」

と吾助が話を持ち出したからである。お父上とお母上はびっくり仰天である。それに、お座りくださいときた。去年の盆の興行で、田舎芝居の歌舞伎で聞いたせりふを息子から真顔で聞かされたのではたまったものではあるまい。

お父上とお母上はおずおずと吾助の前に座った。何事かと二人の弟と三人の妹も母ちゃんと父ちゃんの横に座った。

「私はあと十日くらいしたら隣村の温泉に入りに行きます」

「何だと、本気か」

母ちゃんが心配して吾助の額に手を当てた。

「頭がおかしくなったのではありません。本気です」

「よし、本気は分かったから普通の言葉で言え、普通の言葉で。こっちの頭がおかしゅうなるわい」

ようやく落ち着きを取り戻した両親に、吾助は昨夜のことのいきさつを話した。特に自分が選ばれたあたりは得意そうに詳しく話した。

父ちゃんはそう悪い話でもあるまいと思いはじめた。母ちゃんが聞いた。

「それで、お願いて何ね」

吾助は、温泉に入る日まで革なめしの仕事から外してもらいたいと頼んだ。革の臭いが体にしみ込んで、それが原因で失敗したらみんなに悪いから、と理由も話した。

「よし、分かった」

父ちゃんの返事は短く、いつも一発である。母ちゃんには、にんにくやにらも食べさせないでほしいとか、着物も洗濯しといて、とか、いろいろと頼んだ。母ちゃんも

「この際たい、頼みたいことは何でも頼みない」

と豪気であった。弟や妹も、

「あんちゃん、頑張ってね」

と励ましてくれた。

夕方、吾助が野良仕事から帰ってくると、きちんと洗濯のきいた着物が用意してあった。

「今日はよかとい」

と吾助が気の毒がると、母ちゃんは、

「着物ぐらい何枚でもあるけん心配しなんな」

とすでに大張りきりなのである。

吾助は着物を着替えると、颯爽と家を出た。門口の桜の枝を小さく折って胸に挿した。吾助ももう二十歳の青年なのである。


もう一人大変な人がいた。先生である。

先生は昼から正蔵の家を訪れ、事の次第を正蔵に報告した。塾の勉強のことで先生が庄屋殿に報告をするなどということは初めてのことであった。

「おそらく、事はうまくいかないのではないかと考えております。しかし、子供たちに行為そのものは、成功しようと失敗しようと素晴らしいことだと考えました。庄屋殿はどうお考えでしょうか。実は善太郎を選べば親父さんのこともありますし、うまくいくかと考えたのですが、親の威光で成功させるのは卑怯であり、善太郎も嫌がるだろうと思い、やめました」

「分かりました。考え通りにしてください。もし、西の村との問題が起こりましたら私が処置させてもらいます」

先生はほっとした。みんなにもっと自信を付けさせようと思った。


夜、集まってきた生徒たちの変わりようにそれぞれが眼を丸くした。吾助の着物と桜は人気の的であった。

「まるで見合いにでも行くみたいじゃないか」

との囃ことばに、

「おう、よう分かったの、今日は四、五軒廻るんぞ」

と、やり返す。

しかし、勉強が始まると、すぐにいつもの静寂に戻った。今夜の先生の講義は「解体新書」である。先生が長崎で勉強をしているとき、何日も内職をして買ったというその本の腑分けの図を、みんなは頭を寄せ合

って見た。次介が何回か手伝ったこともある牛解きの、あの牛の内臓によく似ていると思いながら見ていると、先生は、

「人間の体の作りはみんな同じなんだ。殿様も私もお前たちもみんな同じなんだ」

と、それだけ言って、ややしばらく無言の後、それぞれの内臓の働きについて淡々と話を進めた。


三日くらい経った日、善太郎が正蔵の伝言を先生に伝えた。

「庄屋さまが、みんなに下駄と、温泉に行く二人には着物の一式を送りたいが、それがよいかどうか先生に尋ねてこいとおっしゃいました」

先生は有難くお受けするという返事を善太郎に頼み、みんなにはそのことを伝えた。二人はみんなの羨望の的となった。


それから十日程過ぎた休みの日の麗らかな朝、青年たちは大騒ぎであった。代表が温泉に入りに行く日だからである。


全員で塾の風呂に入り、褌も新しい物に取り換え、着物も洗いたてのものに着替えた。玄関には正蔵から送られた最上級の下駄が全員分揃えられていた。代表の二人は、今までに着たこともないような上等の絣の着物と下駄までみんなによってたかって着替えさせられた。

先生は母から送ってきた手ぬぐいを贈った。先生たちの留守中はみんな勉強をするのだそうである。

出発の直前、善太郎が静かに言った。

「ここに徳利を二つ持ってきています。代表の二人に一本ずつ持って行ってもらい、温泉の湯口から出るお湯を汲んできてもらいたいのです。一本は八郎の妹に飲ませたいと思います。

もう一本は庄屋さまに飲んでもらいたいと考えています。もし、望む人が五人に増えたら、その時は五人で同じように分けたいと思います」

拍手が起きた。弥吉が大きな声で言った。

「うちのじいさんの分も頼むぞ」

三人が出発したのはすでに昼近い時間であった。

「がんばってこいよ」

大きな拍手が見送った。

広々と広がる平野は、麦畑の緑と菜の花畑の黄とレンゲ畑の赤が入り交じってとてつもなく鮮やかである。毎日見慣れているはずのこの景色が、今日はどうしてこんなに美しいのだろうか。

西の村の中に入ると、次介と吾助はできるだけ胸を張って歩いた。真っすぐ前を向いて歩いた。やがて村の中を通り過ぎ、四辻を左に山手の方へ曲がってしばらく歩くと梅の林があり、それを通りすぎると大きな新しい家が見えた。温泉宿である。二人は一瞬たじろいだが、先生は構わず真っすぐに歩いていく。宿の前に何本かある満開の桜の花びらが三人の肩の上に降りかかった。

新築の宿は藁屋根の切り込みも揃っていてすべてが新しく、人々の心をわくわくとさせる。杉の香の匂う格子戸を開けると、そこに番台があり若い娘さんが座っていた。先生は三人分の入浴料三十文を支払い、すたすたと脱衣場の方へ行ってしまった。後も見ずにである。二人はまごまごとしながらそれでも三人の下駄を下駄箱に揃え先生の後に続いた。

脱衣場には十人分程の着物が雑然と脱衣籠の中に脱ぎ捨ててある。三人は決めたとおりに脱いだ着物をきちんとたたみ籠の中に揃えて入れ、手ぬぐい一本を持って湯槽に向かった。

もうもうと立ち籠める湯気が檜の匂いを含んでいる。次介は大きく手を挙げて息を吸った。いい気分である。湯気で何にも見えないんだから、前なんて隠さなくっても恥ずかしいことはない。そのまま湯に入ろうとしたら先生の手が膝をぴしっと叩いた。

「体を洗わんか」

「あっ」

吾助がくすくすと笑った。

目が慣れてくると辺りの様子が見えてきた。湯槽は二間四方程もあり、湯も透明で足の先がゆらいで見える。入浴している十人程の人は付近の農村の人であろうか、向こうの親父さんはいい気分で歌など口ずさんでいる。次介がびっくりしたのは見渡した眼が左の横まで届いた時だった。何と若い女の人が何人も隅の方にいるではないか。慌てて手ぬぐいで前を隠した。吾助がまたくすくすと笑った。前から気が付いていたらしい。憎らしいから吾助の顔にお湯をびしゃっとかけた。

五分程も過ぎたであろうか、急に辺りの様子がおかしくなった。ひそひそ話が始まったかと思うと全部の人が湯槽からあがり始めたのである。あっという間のことであった。

吾助にも次介にも、みんなが出て行った理由が悔しいながらよく分かる。先生はといえば目をつむったまま微動だにしない。

「先生、先生」

「分かっとる」

二人も先生と同じように目をつむった。長い静寂の時間が過ぎた。

「さあ、もうあがろうか」

と今度は先生が言った。湯槽からあがると、吾助は手ぬぐいを千切れるほどにかたく絞り体を拭いた。次介も真似た。

「吾助、善太郎の頼みは済ませたか」

危ないところで忘れるところだった。二人はもう一回温泉に飛び込んで、向こうのお湯の出口のお湯を徳利の口から盛りこぼれるほど汲んだ。

帰り道の風景は、来たときと何一つ変わっていない。しかし、無言のままの長い長い道程だった。しんせいじゅくの屋根が近くなった頃、ようやくにして先生が口を開いた。

「ここらで一休みしていこう」

三人は土手のレンゲの花の上に腰をおろした。

「お前たちはみんなを代表してきたのだから、今日の結果を報告しなければならない義務がある。それがどんなに嫌なことであろうともだ」

「…………」

「もし、悔しかったのであれば、悔しかったと胸を張って言えばいい。涙を流したのであれば、泣きましたと胸を張って言えばいい。その胸を張った態度がどれだけみんなの心の支えになることか。みんなも一緒に拳を握るだろう。新しい闘いの始まりになるだろう。庄屋さんもその強さを喜んでくださるぞ」

「ほんとうにそうでしょうか」

「当たり前だ。お前たちにはそれができる。お前たちは私を変えることもできたんだ。一年前の私だったら、今日の温泉の人たちと同じ態度をとっただろう。お前たちの真剣さと純真さが私を変えた。だったらもう一人の私を作ることだってお前たちには可能じゃあないか。千人の、いや一万人の私を作ることだって可能じゃあないか。もう少し自分の力を信じろよ。仲間を信じろよ。少なくとも今日お前たちは温泉に入ったんだ。あの温泉の温もりや楽しさや悔しさを、ひとしずくずつでもいいから、みんなに分けてやろうじゃあないか」

「はい」

「この徳利のお湯をみんなで盃いっぱいずつ分けて飲もう」


立ち上がった二人は涙の顔を空に向けて胸を張った。真っすぐ前を向いて、片手にはしっかりと徳利を下げ、片手はしっかりと握り締めて、力強く一歩一歩歩き始めた。


二人の肩を先生の腕がしっかりと抱いた。

春の夕日が、柔らかい暖かさで三人を染めた。

追悼 Ⅱ

市歴地下室の思い出

麻生善三（あそうぜんぞう）

先日帰省した時に、たまたま旧日本生命九州支店の横を通り、昔のことを思い出しました。この建物が福岡市立歴史資料館（市歴）として使われていた頃のことです。

昭和六十年の一年間、私はここでお世話になりました。当時の私は文学部国史学講座の三年生。古文書を少し読める程度で、あと一年に迫った卒論のテーマも、将来の進路もまったく決まらず悩んでいました。そんな時にたまたま「青柳種信関係資料」の目録の印刷原稿を作成するアルバイトを依頼され、正月早々、おそるおそる市歴に足を踏み入れたのです。

地下の図書室に案内され、高田先生をはじめ、佐々木先生、塩屋先生、落合さんという錚々たるスタッフに引きあわせていただきました。最初こそ緊張しましたが、皆さんがとても気さくに接してくださり、おかげで楽しく仕事ができました。当時、「よかトピア」の開催や福岡市博物館の開館を数年後に控えて市歴図書室は活気にあふれ、そこにいると文化財行政がいかにクリエイティブな仕事であるかがよくわかりました。加えて、先生方のお話も、また次々においでになるお客様方と先生方の会話も興味深いもので、高田先生から「能古島でも『ええじゃないか』のお札降りがあった」と聞いて驚いたことを覚えています。

この間、私は高田先生にくずし字の読み方をはじめとして実にたくさんの質問をし、先生はその一つ一つに丁寧に答えてくださいました。そのお力なくして私の仕事は完成しなかったと思います。そう言えば、お向かいの博多東急ホテル（現・西鉄イン）のランチをごちそうになったこともあります。高級ホテルのレストランなどという晴れがましいところに行ったことがなかった当時の私にとって、それは破格の待遇でした。そして何より、先生独特のあの笑い方にはいわく言いがたい魅力があり、先が見えずにくすぶっていた私もずいぶん励まされたものです。私はこれこそ豪傑笑いだと今でも思っています。

やがて私の仕事は終わりましたが、先生のアドバイスもあり、アルバイトのネタである青柳種信を卒論のテーマに取り上げることにしたため、市歴や先生とのつながりはそれ以後も続くことになりました。それから年末まで頻繁にお邪魔して、例によって先生のお力を借りながら古文書と格闘し、卒論「青柳種信の基礎的研究」をまとめることができました。

一方、秋には今の職場への採用が決まり、この時点でようやく卒論と就職という私の悩みの種はなくなりました。

ホッとしながら、教職に就くことを先生に報告した時、先生は例によってたばこをくゆらせながら、こんなことをおっしゃったのです。

「教師は、わからんことはわからんと、知らんことは知らんと、正直に言えんといかんばい」

私はハッとしました。以来、今に至るまで、私はこのことばに励まされています。

このことばには二つの意味があると思います。

一つは「信頼されるように」ということでしょう。教室に四十人の生徒がいれば、八十の瞳があります。それだけたくさんの瞳をごまかすことは不可能です。ならば、知らないこと・わからないことは正直に打ち明け、そのかわりちゃんと調べて後日報告する方が確かに信頼してもらえるのです。

1987年９月，西南学院大学博物館学実習を終えて，市歴玄関前で職員と実習生が記念撮影

教師になりたての頃は今以上に知らぬことばかりで、そんな中で生徒の質問にすぐさま答えられないというのはかなり恥ずかしいことではありましたが、やはり先生の教えを守って良かったと思います。今もそのことを心がけて生徒たちと向き合っています。

もう一つは「しっかり勉強しなさい」ということでしょう。これについてはお恥ずかしい話ながら、とても泉下の先生に顔向けできる状況ではありません。あれから四半世紀経った今も、知らないこと、わからぬことは山のようにあります。そもそも日本史の全時代・全テーマに通暁することは、私が一生かけてもきっとできないことでしょう。しかしそれでも、より広く、より深く勉強を続けなければならない、という気持ちは忘れたくないものです。

こうして振り返ってみると、改めて、市歴地下室の一年間がなければ今の私はなかったことに気付きます。そこでいただいた高田先生の温かいご指導を心に刻み、また前に進んでいきたいと思います。

（ラ・サール高等学校教諭）

彼岸花と高田先生

稲光勇雄（いなみついさお）

今から二十年くらい前のことである。当時、私は福岡県立図書館の郷土課（現・郷土資料課）に勤めていた。秋のある日、「能古に咲いとったバイ」と彼岸花の花束を持って来られた。日焼けした顔とちょっとしゃがれた声、屈託のない笑顔から優しげな一面が覗いていた。

郷土課の書庫には、伝来の「黒田家文書」をはじめ、貴重な古文書、古記録があり、私は目録を採るため、遅まきながら古文書解読の勉強を始めた頃だった。

福岡古文書を読む会（代表は、当時福史連会長だった故廣渡正利氏）に入れてもらい、何とか読むことができるようになった。

森山みどりさん、川島久美子さん、郷土課長だった三池賢一さんなど、現役にも古文書に達者な人たちがいた。

郷土課には、高田さんをはじめ、郷土史家や大学の先生たちの集まる楽しい雰囲気があった。その中でも人気ナンバー・ワンは高田先生ではなかったろうか、特に女性たちに。

私は、残念ながら平成五年頃から三年間、県立図書館の電算化に取り組むこととなり、郷土課の人たちには大変迷惑をかけた。

今、我が家には赤い彼岸花が咲いている。深い付き合いがあったわけでもないが、その花を見ると、高田先生を憶い出す。

（福岡県立図書館元副館長）

能登福浦にて

児玉雅治（こだま まさはる）

昭和四十年代、職務の関係で石川県金沢に住んでいた。その頃博多にいた友人D君の紹介で高田先生を知り、以来廻船に関する古文書史料を頂いたり、佐渡行、能登行のお伴をしたり、能古のお宅をお訪ねしたり、終生の御交誼を得ることになった。

昭和五十年十二月十二日発行の『福岡地方史談話会会報』第十五号に、先生が「北陸と五ケ浦廻船」と題した小論文を発表された。五ケ浦の廻船の航跡を追って、金沢の図書館で見つけられた記録が抄録されている。

寛延三年八月十一日
　筑前国残嶋　丸　船頭　市平
安政三年八月十二日
　筑前国早良郡残嶋　石橋嘉市郎船
　虎繁丸　船頭　弥市郎
（他三件略）

これは『富来町史』福浦毎年大例祭神船簿（寛保三年～大正八年）にある筑前船であって、他に陸奥六、越後六、摂津二十五、播磨五、讃岐四等々、神さま船に選ばれた船は全国に及んでいる。

石川県・富来町・
福浦の腰巻地蔵

先生が能登福浦の地に立たれたのは『会報』に発表された後であった。私も同行したのだったが、その年月が定かでないのである。

昭和五十四年五月十五日付で、先生から頂いた手紙がある。省略しつつ引用してみたい。

出しそびれたお礼の手紙を、もう何年間胸に抱いていたことでしょう。

私は今、五十一歳の身を福岡市立北崎小学校西浦分校においています。二年生を教えていますが（分校は二年生まででありますす）、漁師の子たちの持つ、すばらしい活力と対抗することは楽しいことでもあります。

二月の学芸会で、漁師のことばによる呼びかけ、「西浦の四季」を自作、演出しましたが、一年生の子が太鼓を打ち、大漁旗を振り、舟をこぎ、一緒に歌おうやと呼びかけると、本校の講堂いっぱいの人たちが、斎太郎節を歌い出し――北崎小学校の学芸会始まって以来のことだと――私は、御陣乗太鼓のあの青年たちの、いかりに満ちた場面を思いながらピアノをひいていました。（後略）

輪島市名舟の、御陣乗太鼓について触れてあるので、『会報』（昭和五十年十二月十二日）と「手紙」（昭和五十四年四月十五日）の間の年月に福浦港に来られたのだった。

港を見おろす高台、金刀比羅神社の境内にある「石造方位盤」を調べ始める頃には三々五々爺さんたちが集まってきて、やがて「神さま船」について、昔の港の賑わいについてなどの話を、先生はしっかり引き出しておられた。とりわけ先生が関心をもたれたのは、この地にある「腰巻地蔵」とその伝承のようであった。

福浦は江戸時代、北前船の寄港地として栄えた。二十軒ほどの船宿があって遊女たちで賑わった。難破船の船乗りたちの供養のための地蔵さんが沖視崎と呼ばれる松林の中にあった。ある年、船出する船頭との別れを悲しんだ一人の遊女が、男を引き留めるため腰巻をかけて祈願したところ、地蔵さんが怒って、時化となり船は引き返して来て、願いがかなったという。「泣いておどかす福浦のゲンショ（遊女）」という言い草がある。また、野口雨情の詩碑もあって、「能登の福浦のこしまき地蔵は、けさも出船をまたとめた」とある。

先生は学者肌、研究者気質というより、語り部、文学的志向者であったように思われる。たばこを唇の真ん中でくわえたまま、話に聞きいるご様子がしのばれてならない。

（宮崎市在住）

高田茂廣君を偲ぶ

佐々木哲哉（ささきてつや）

とうとう別れの時が来たか。二〇〇九年九月十一日、高田君の訃報がもたらされた時の感慨だった。

高田君の宿痾（しゅくあ）を知ったのは、『津屋崎町史』刊行（一九九六年三月）祝賀会のあった日であるから、もう十四年も前のことになる。編纂委員長中村正夫先生の急逝で、近世篇の執筆を高田君が受け継いでやり終えたあとである。福間駅跨線橋を渡り終えて上り線ホームに来た時の、ゼイゼイと息を切らしていた高田君の様子が気になって訊ねたところ、「もう駄目ばい。心臓の悪うなって」と言う。初めて聞いた彼の弱音がずっと気になっていた。

高田君とは一九八一年から七年間、福岡市立歴史資料館（現・赤煉瓦文化館）で、席を並べた仲だった。二人とも定年前に学校を辞めた退職教員。それまで考古学の学芸員一人だった市歴（以下「市歴」と略記）に、高田君が歴史担当、私が民俗担当の嘱託として加わった。

高田君との出会いはそれ以前、一九七〇年頃だったと記憶している。私が彦山修験道資料の収集と整理で、県文化会館（現・県立図書館の前身）の図書部長廣渡正利さんの許に出入りしている時であった。そこで顔を合わせたのが高田君。古文書を持ち込んで、広渡さんに解読の手ほどきを受けている。勤めの関係から大抵が土曜日の午後、時間が一緒になるので、何時とはなしに顔なじみになった。あとで市歴で一緒になった時、「僕が海の調査をやりませんかと言ったら、今、山のことで手いっぱいだと言う。こん畜生と思った」と言われて赤面した。彼が五ケ浦廻船資料の解読に夢中になっていた時だから無理もない。

それが市歴に入った当初から、高田君の思うがままになったのだから因縁と言うべきか。私の民俗資料収集最初の取り掛かりが、能古島前田瀧郎家の民具。勿論、高田君の差しがねである。あとで彼の労作『見聞略記』の解題を読んでいたら、一九七八年、原本を発見した宮浦三角家の廃屋にあった蔵いっぱいの民具を見過ごして棄却してしまった悔恨が記されている。民具は私の担当だったが、それまで考古資料と一部に歴史資料を収蔵していた市歴が、その年から民具収集を始めるということで、居ても立ってもいられず私を連れて前田家へ直行したところが如何にも高田君らしい。おかげで二百五十点ほどの民具を寄託して戴いた。

そればかりではない。その年の十月には、能古島白鬚神社おくんちの宮座を見に来ないかという。それまで英彦山山麓一帯の宮座調査に専念し、宮座研究をライフワークにと思っていた私は二つ返事で彼の誘いに乗った。初めての海浜調査であった。

白鬚神社の宮座は十月九日。その前に供え物作りなどの準備段階がある。聞き取り調査を含めて二晩を高田君宅に泊めてもらい、入念な調査が出来た。市歴の『研究報告書 第6集』（一九八二年三月）に調査報告を載せたが、私の市歴での初仕事は総て高田君に誘われてのものだった。しかも、高田君宅での二晩は思い出深いものだった。奥さんの手料理もさることながら、彼が語る能古島での檀一雄さん一家との交流は心温まるものがあった。檀さんの留守には夫婦でその居宅の管理を続けていたという。しかし、檀さんの死後、毎年その旧宅で催される「花逢忌」には、主催者に鍵を渡すだけで自分は加わらなかった。如何にも高田君らしい。

それは兎も角、内に奥深いものを秘めながら春風駘蕩、たくまずして出るウイットに富んだ軽口であたりを和ませるのが彼の天性だった。私は市歴閉館（一九九〇年十月）の二年半前に職を辞したが、閉館後も当分は当時のメンバーでOB会が続いていた。かつての和気藹々たる雰囲気を懐かしむ者たちの集いだった。

私と別れたあと、高田君は『浜辺の子供たち』（一九八七）、『見聞略記』（一九八九）のほか、一九九三年には『近世筑前海事史の研究』を出版、一九九六年には「玄界灘に生きた人々」を「西日本新聞」に七十回に亙って連載しているが、海に関する論考は市歴時代に培われたものと言っても過言ではない。

『浜辺の子供たち』は唯一、小学校の子供たちとの交流を綴ったエッセイ集であるが、心暖まる話題の数々であった。三十数年を管理職には目もくれず、ひたすら子供たちと過ごした高田先生の姿が生き生きと描かれている。

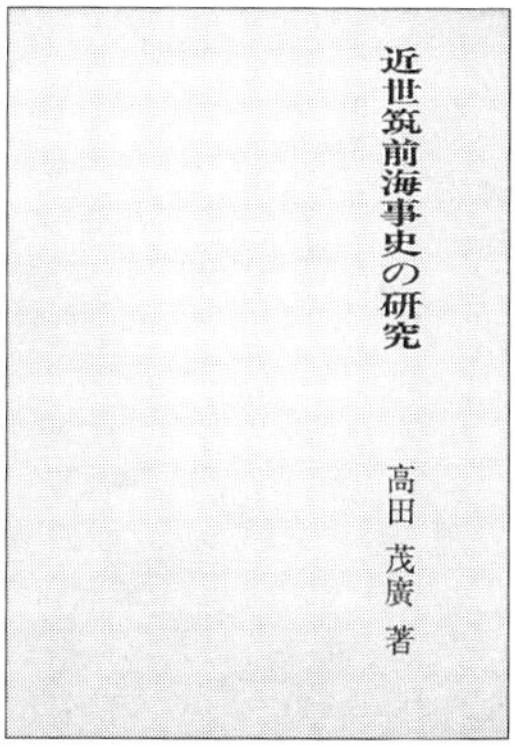

『近世筑前海事史の研究』
（文献出版，1993年）

お互い在野の研究者を自認しながら、私は筑紫豊さん・廣渡さんたちとの宗教文化懇話会、高田君は安川巌さん・由比章佑さんたちとの福岡地方史研究会の運営に携わって少し疎遠になったが、お互いの祝賀パーティや町史編纂、前述の市歴ＯＢ会などで顔を合わせていた。しかし、その間に宿痾が彼の肉体を蝕み、心臓と胃を切除したことを聞いた。入院先を訊ねて姪浜の北野クリニックへ行くと外出しているという。その夜自宅へ電話したら、古文書を読む会の「朝鮮通信使記録」解読に出かけていたとのこと。「首から下は駄目ばってん口は動くもんの」といつもの軽口。『朝鮮通信使記録』全十三巻は二〇〇〇年に完成、福岡地方史研究会古文書を読む会代表高田茂廣で福岡県文化賞を受賞した。その年の六月、市暦ＯＢ会のあった日の私の日記に、「高田君の身体が案じられる。精神力だけで生きている」とある。

その後、心配で時々電話をしたが、かける度に例の軽口にも衰えを感じ、やがて一分間とは持てなくなった。ただひたすら存命を祈るだけだったが、別れの時が来た。葬儀に参列して、彼の生涯を綴った映像を見ながら、胸にポッカリ空洞の出来た思いがした。享年八十一歳。完全燃焼を遂げた友の冥福を祈りたい。　合掌

（『福岡地方史研究』第48号より転載、加筆）

水平線のはるか彼方へ

塩屋勝利

高田茂廣先生と筆者との交流は、福岡市博物館が開館する以前に存在した福岡市中央区天神の福岡市立歴史資料館（現・赤煉瓦文化館）で一緒に仕事をしたことに凝縮されるのであり、最初に次の一文を紹介したい。

＊

「私が高田茂廣先生と机を並べて仕事をご一緒するようになったのは、今からちょうど六年前の一九八三年四月からである。

先生が小学校教師を中途退職され、福岡市立歴史資料館の嘱託になられて二年目、私は福岡市教育委員会文化課埋蔵文化財調査担当の仕事から、歴史資料館の学芸担当へ異動した最初の年である。

永い間ずっと穴掘り（遺跡の発掘調査）業務に従事していた私は、初体験の学芸員という仕事に緊張し、務まるかどうか大いに不安であった。ところが、高田先生に初めてお会いし、その人柄に触れた途端に、私の不安も懸念も霧散したばかりでなく、逆に妙な自信が湧いたものである。「このようなオオマンな先生が務まっているのに、緻密な僕に務まらないわけはない」と。

私が異動したその年には、八月に企画展「近世・筑前の海運展」を開催すべく準備中で、その展示企画や展示資料の収集で高田先生は孤軍奮闘されており、学芸員一年生の私も、先生のお手伝いをすることになった。

この「近世・筑前の海運展」は、高田先生が海辺の小学校の教師をされながら、海に生きる人々の歴史に光を当てようと、営々と資料を収集されてきた航跡を展示という手法で表現するものであった。すでに『筑前五ケ浦廻船』（西日本新聞社）を出版され、歴史資料館研究報告を始め、色々な雑誌に廻船関係の新資料を発表されてきた先生であったが、それらの文書資料にとどまらず、民俗資料にまで視野を広げて展示資料を収集されていた姿に、強い感動を覚えたものである。

スマートには程遠く、器用というより不器用に、「学芸員」として「近世・筑前の海運展」を準備されている先生の姿は、失礼ながら、正直言って滑稽で可笑しく、そして微笑ましかったものである。けれども、海と海に生きる人々にこの上ない愛情を注ぎ、それをバネにして真摯に仕事に打ち込まれる態度に、私の方が引き込まれ、いつしか熱中してしまっていた。

何しろ学芸員一年生の私は、展示資料のレイアウトも、二十分の一の型紙を作り、展示ケースの図面に合わせ、ああでもない、こうでもないと、真剣に悩むのであった。

「先生、この展示品とこの展示品の間隔は、あと五ミリ開けたほうが良かですよ」

「ムモー、塩屋君の好きにしよ」

オオマンな先生とチミツな一年生は、このような会話を交わしながら、初めての学芸会とも言うべき「近世・筑前の海運展」を開いたのであった。

先生の前著『浜辺の子供たち』（海鳥社）に生き生きと描写されているように、先生の教師としての教育方針は、あくまで子供たちの自主性を重んじ、限りない可能性を引き出そうとする態度に貫かれている。三十数年間も、そのような態度を貫かれて教師をされた先生に、学芸員一年生の私がかなうはずがあろうか。先生の不器用さも、先生のオオマンさも、学芸員としての私の自主性を引き出すための、教育的配慮だったのである。

だから、先生にとっても私にとっても、初めての展覧会である「近世・筑前の海運展」は、教師高田茂廣演出、児童塩屋勝利主役の、まさに学芸会であったと思えるのである。

（中略）

一九八五年の夏、歴史資料館では企画展として「海に生きる――玄界灘の漁業、その歴史と民俗」を開いたのであるが、その企画は、こうした先生との対話の中から生まれたものである。新しい師と新しい弟子の共通の思いは、「海と海に生きた人々には国境は無い」というものであった。この思いは現在の区分された学問的状況にも及び、考古学とか文献史学とか民俗学とかの垣根を取り払い、海に生業を求めた人々の歴史と生活と魂を、展示という形で表現しようとするものであった。

展覧会が始まってすぐに、先生と交わした会話を、私は今でも鮮明に覚えている。

「先生、展示場に漁師さんのハチマキが、沢山、忘れ物であったらいいですネ」

「ウン、そうネ。ドンザの忘れ物もあったりして」

「まさかー」

このドンザについては、離島育ちの私としても、専門が考古学ということもあり、最初はその言葉すら知らなかったのである。先生と仕事をご一緒する中で、それがボロ着を意味する言葉で、「板子一枚下は地獄」という苛酷な海の労働に従事する息子や夫に、その安全への深い祈りを込めて、母親や妻が一針一針さまざまな模様で刺子をした、漁師の作業着であることを教えられたのである。ドンザについて語る時の先生の顔はとても穏やかで、海に生きる人々に対する深い愛情に溢れておられ、いつしか私もドンザに愛着を覚えるようになっていた。

こういうわけで、「海に生きる展」には、もちろんドンザも、福岡県有形民俗文化財指定の立派なものを展示していたのである。ところが、先生と前のような交わしてすぐに、展示場の忘れ物ではなく、西浦の漁師さんから一着のドンザが持ち込まれたのであった。

「あのー、家の中にこんなモノがあったとですが、この資料館に要りまっしょうか。要りまっせんとやったら焼きますバッテン」

無造作に包まれた風呂敷を開き、ドンザを見た途端、先生も私も、それこそビックリ仰天してしまったのである。紺色に染めた生地に、白い糸で細かい一松模様の刺子を全面に施したそのドンザの美しさに、二人ともすっかり感激し、

「要ります要ります。是非うちに寄贈して下さい！」

と、思わず叫んでいた。福岡県有形民俗文化財指定のドンザに替え、早速、このドンザを展示したことはいうまでもない。

このドンザを始め、「海に生きる展」はその準備過程から展示期間中、多くの漁業関係資料を収集するという副産物を得たのである。それは、これまで先生が蓄積されてきた海に生きる人々との交流の所産であり、決して高みに立たず、人々と同じ視線で浦方研究を貫かれてきた学問的態度の結果であった。こうして私は、またまた先生に、学芸員として何が大切なのかを教えられたのである。

一九八四年には、「金印発見二百年展」を行った。

この展覧会では、いくつかの新しい文献資料の発掘もできたのだが、如何せん、文書の読めない私は、集めた文献資料の読解を、すべて高田先生に押し付けたのであった。

「先生、これを読んで下さい、これも読んで下さい、それから、これも読んで下さい」

厚かましくも、次から次へと連発する私の注文に、

「ウン、いいよ」

と、快く応じて下さった先生は、本当にありがたかったものである。

（中略）

そのうちに、

「塩屋君、亀井南冥はすごかねー。本居宣長門下の国学者たちは足もとにも及ばんバイ」

「本当にそうですね。修猷館の竹田定良などの坊ちゃん学問に比べたら、南冥の学問は今でも立派に通用すると思いますよ」

というような会話が二人の間で交わされるようになった。

（中略）

二百年後の今日、国宝となった金印を観賞できるのは、身体を張って金印を守った南冥のお蔭である。高田先生も私も、民間出身で体制に迎合せず、真に科学的態度で金印研究をなした南冥先生に、ものすごく共感したのであった。


一九七八年五月、高田茂廣先生は「見聞略記」を発見された。「解題」に書かれているように、その発見は劇的である。とくに、「巻之四」を捜索されたあたりは圧巻で、先生の素早い身のこなしに驚嘆を覚えるのは、私一人ではなかろう。先生は、決してオオマンではなかったのである。では、先生は何故、「見聞略記」を発見できたのであろうか。

高田先生の「見聞略記」との出合いは、著者津上悦五郎との出会いである。

「見聞略記」は、津上悦五郎が、幕末期という激動の社会に起きたさまざまな出来事を誌した記録であるが、その視線は水平線の彼方を見つめる視線であり、廻船業に従事し、海に生きた悦五郎の感性の所産なのである。これまで繰り返し述べてきたように、高田先生は海と海に生きる人々をこよなく愛し、永い間、浦方研究を続けられてきた。だからこそ、悦五郎の感性が、高田先生の感性を引き寄せ、このすばらしい記録を世に出すことができたと思うのである。そしてまた、『見聞略記』の刊行は、亀井南冥の科学的態度に共感する、高田先生の学問的態度の所産でもあるのである。

こうして『見聞略記』は世に出た。それは、海に生き、激動の歴史のうねりに生きた津上悦五郎という人物と、すぐれて科学的態度を貫いた亀井南冥という人物と、この両者に共感する高田茂廣という人物との三人の出会いであると、私には思えるのである。

歴史資料館の地下図書室に留学生たちを迎えて（後列右から二人目が塩屋氏）

＊

以上の一文は、一九八九（昭和六十四）年十一月に刊行された『見聞略記』（海鳥社）の栞「『見聞略記』刊行によせて」に寄稿したもので、無題だったのを責任編集者の別府大悟氏が「水平線の彼方を見つめる学問」と、素晴らしい題を付けて下さったものである。

この年は、福岡市制百周年記念事業のアジア太平洋博覧会（よかトピア）が開催された年で、福岡市博物館となる一〇〇メートル真四角の建物が福岡市のテーマ館として建設された。だから、わが赤煉瓦の歴史資料館の運命は風前の灯火で、博物館開館後のこの建物の再活用について、様々な議論が交わされていた時期でもあった。

筆者も、最後の企画展「ふくおか一〇〇年の歩み展」を開いたのだが、再活用方針が決まらないまま、福岡市立歴史資料館は、翌一九九〇（平成二）年三月三十一日に閉館し、十七年五カ月の活動の幕を下ろしたのだった。高田先生も退職され、筆者は半年間残務整理に従事しながら、福岡市立歴史資料館の活動報告書を作成した。この報告書は、『赤煉瓦の記――福岡市立歴史資料館の歩み』として刊行されたが、題字の「赤煉瓦の記」は、事前にお願いしていた高田先生の揮毫によるものである。

『赤煉瓦の記――福岡市立歴史資料館の歩み』（福岡市教育委員会，1990年）

同年一〇月から、筆者は埋蔵文化財課に復帰し、再び埋蔵文化財の調査業務に携わることになり、高田先生とのお付き合いの機会もめっきり減ってしまったのである。ところが、一九九二（平成四）年に、文化庁の補助事業「能古島遺跡事前総合発掘調査」を実施することになり、筆者がその責任者になった。能古島と言えば高田先生であり、高田先生と言えば能古島であることから、調査の事前準備から調査の終了まで、高田先生からは多大のご援助を賜ったことは言うまでもない。

こうしてまたまた高田先生とのお付き合いが始まったのだが、その後、先生は体調を崩され、入退院を繰り返されるようになった。お見舞いに行くごとに、

「塩屋君、近くのレストランにコーヒー飲みに行こう。君はビールばお呑み」

と、一緒に外出するのが恒例であった。先生はタバコをくゆらしながらコーヒーを美味しそうに飲まれ、筆者はジョッキを傾けたのだった。そうした会話の中で、先生がライフワークとして、『新能古島物語』を構想されていることを知り、

「先生、僕もお手伝いしますから、何でも言って下さい」

「ウン、そのうちにね」

と約束したのだった。けれども、退院された後先生のお宅に何度かお邪魔して口述筆記を迫ると、先生は、

「今日は気力が出ないから」と断られ、ついに実現することはなかったのであり、筆者にとって大切な心残り

の一つである。

結びにあたり、もう一言付け加えておきたい。先生が大変なヘビースモーカーでコーヒー好きであり、お酒は一滴もお飲みにならないということは衆目の一致するところであろう。けれども、歴史資料館在職時代、実は、筆者は一度だけ先生と一緒にお酒を飲んだことがある。もちろん、近くの居酒屋で二人きりの時である。確かに先生は中ジョッキ一杯のビールを飲まれたのである。一滴もお酒を飲まれない先生が何故ビールを飲まれたのか、今でもその理由は分からない。

合掌

二〇一一（平成二十三）年九月

付記・「道なお遠く」を読んで

福岡市立歴史資料館時代、最初に私が読んだ高田茂廣先生の著作は、『能古島物語』、『筑前五ケ浦廻船』、『浜辺の子供たち』の三冊だった。先生と仕事をご一緒する内に、福岡市立歴史資料館調査研究報告の各論文、『見聞略記』、そうして『部落解放史・ふくおか』所収「日吉神社の奉納発句」などの学術的著書を新たに読むことになったのである。

ところがこの度、「遺稿・追悼文集」の編集に携わることになり、初めて高田先生の小説「道なお遠く」を知ったのだった。その校正作業で、最初から最後まで読み終え、私が感じたことは、高田先生は「徹底的なナルシスト」だったということである。この小説の内容は、明治四年八月二十八日（一八七一年十月十二日）、「穢多非人ノ称ヲ廃シ身分職業共平民同様トス」という太政官布告（いわゆる解放令）が発布された直後の、旧福岡藩内のある部落の生活と生業を描いたものである。私は、この小説の執筆動機については、第一に作者高田茂廣が小学校の教師であったこと、近世史研究者として、嘉永三（一八五三）年のペリー来航から明治時代中期までの動乱期を、信州地方を舞台にして描いた島崎藤村の小説『夜明け前』に触発されたものではないかと秘かに想像している。

登場人物は、主人公の先生、部落の子供たちや青年たち、その家族、庄屋などの長老、隣村の庄屋や若者、そうして先生の両親など多岐にわたっている。物語は、部落の寺子屋に教師として赴任した先生と部落の人々との交流を中心にして展開する。主人公の先生は、元々福岡藩の下級藩士の倅で、藩命により長崎に遊学したほどの秀才でもあった。ところが明治新政府になっても身分制度ゆえに出世することもできず、若い身空を悶々と過ごしていた。そうするうちに、部落の庄屋の真剣な勧誘に少しばかり心が動き、応分の報酬を得るという条件で部落の教師を引き受けたのである。この根本的理由は、あくまで両親に仕送りをするという家計上のことで、先生はいわば雇われ人として赴任したのだった。そうして、先生は部落の中に身を置きながら、色々な人たちと交流を深める過程で、自分自身も次第に人間としての資質に目覚め、部落の人たちも「実学」を中心に学びながら、お互いを高め合っていくのである。

読み終えての私の直感的な感想は、主人公の先生は、まさに作者高田茂廣という人物の投影であるということである。つまり作者は、けっしてロマンチストという側面だけではなく、鏡の前に裸身を晒し、その姿にうっとりとしているナルシズムの側面も併せ持つ人物で、コーヒーを啜りながらタバコをくゆらす、「格好付け」でもあったと私には思えるのである。

小説の中で、部落の人々の生業については、「下駄産業」や「皮革産業」が具体的に描かれているが、何故、先生が赴任する以前から培われてきた人々の教養や文化について具体的に描かれていないのか、そうして、何故、『農業全書』や『農具便利論』などの貴重な蔵書を青年にタダで与える先生がいるのか。

私はこのような小説の内容から、上記のような作者の人物像を想像したのである。

高田茂廣先生の思い出

首藤卓茂（すどうたくも）

晩年よりもずっと古く、高田先生がいちばん仕事をされていた時代の思い出が頭を占める。僕は先生の専門の近世海事史にほど遠いところにいて、一緒に仕事もしたことはないのですが、お師匠さん、とひそかに思っておりました。それは何よりも、先生のお人柄や高田史観といってもいい、教育や歴史を見る時の人間へのまなざしへの共感でしょうか。

著書『浜辺の子供たち――学校が遊び場だったころ』にみる先生の目はあくまで澄んで、登場する子どもたちも生き生きとしています。中心部の小学校に勤めながらも、僻地や島、遠隔地などのいわゆる困難校をもとめることが「しょうにおうとった」わけで、自由な実践の余地がそれだけ残っていたことが大きな要素でしょう。先生は管理の空気が学校に漂い始めた頃、実践を貫けない状況への決別であろうか教師を辞めた。その後の著作『浜辺の子供たち』はその時代への挽歌となっています。

先生には遊んでいただいた記憶が多い。門外漢であるためのある種の気楽さがあったことは否めません。早良区南部の歴史を調べようと「早良の歴史と自然を探る会」を黒松定心、横山邦繼さんたちと一九八三年に始めたころから、先生も時折、例会に花見にと能古島から来ています。内野小学校の勤務もあり、旧早良町の地域を隈なく歩かれていたので、「あそこにあれがあっとば知っとるね」とか、なつかしさ半分の話もよく聞きました。

1993年３月，バンジャルマシンにて。左から新森良子さん，首藤，高田先生，首藤洋

能古島にもよくうかがいました。檀一雄邸の管理をされていたころの訪問では邸内で憩ったり、玄関前のヤマモモの木の伐採もしました。檀との短期間でありながらも濃密な交友の中で聞いたことは、書くこと、出版すること、（恥をかくこと、もあったか）、という檀の言葉でした。これを後押しに、先生は意識的に著作をものにし、ひろい歴史の海に漕ぎ出していきます。

インドネシアのカリマンタン島（ボルネオ）バンジャルマシン旅行（一九九三年三月）のことも思い出されます。いまの西区唐泊出身の孫太郎が明和元（一七六四）年水夫として乗っていた「伊勢丸」が鹿島灘沖で遭難。ミンダナオに漂着、ついでバンジャルマシンの華僑に奴隷として売られ六年を過ごします。帰国後、その地の地理風俗を語ったものをまとめたものが青木定遠の『南海紀聞』です。この本をガイドに、孫太郎の足跡をたどりました。先生、新森良子、首藤洋と僕の四人のパーティで、新森さんのプラン、先生も浦研究を一歩すすめたいとの希望でした。言葉もできないまま無謀にも現地入りし、『南海紀聞』の記載地を車に舟にとかけめぐり、記述の正確さに舌を巻きました。

バンジャルマシンは大都市でも人情あふれる人びとの町でしたが、ここにはオランダ総督府があり、太平洋戦争中は日本軍の拠点で、現地の王侯一族の虐殺もした地でした。先生はストアで出会った笑顔のオランダ人に、少年期に学校で習わされた「見よ東海の」で始まる歌をたどたどしい日本語で慫慂（しょうよう）され、直立して歌っていました。彼の兄は三菱長崎に連行され亡くなっていました。「戦後はじめて歌ったよ」と苦笑いの先生のことば。楽しさと苦味交々の赤道直下の八日間の旅で、写真では真っ黒に日焼けした先生が笑っています。

酒の席でも歌うところは見たことはありませんが、バンジャルマシンでの歌のように、音楽の才に恵まれた方で、思い出の中でもすっと出てくる事柄です。天神で同道のおり、突然ショーウインドウに置いてあったチェンバロに向かって弾きはじめたり、『見聞略記』出版記念会で贈った沖縄夫婦旅行で購めた蛇皮線をすぐ弾き鳴らし琉歌をはじめたり、黒田はるかさんの出版記念会（月隈）では即興のピアノで二部合唱を指示したりとか、小学校の先生の音楽を超えた根っからの音楽家か、と思わされたことがしばしばありました。青年期にはバンドを組んで、内野脇山の青年団の催しに行ったということを聞いても、さもありなんと納得します。

小学校では国語が専門で、作文指導や短詩形文学も若いころには相当勉強されたようだ。作品にいまに拝していないが、『浜辺の子供たち』などの文章の素地となる仕事を営々と積んできていた、と考えるとシャープなものがあるに違いない、と出合えることをひそかに望んでいます（注：本書に「詩篇」を収録）。

先生との出会いを調べていると、教師退職後、福岡市立歴史資料館に嘱託として勤務された一九八一年、先生が五十二歳の時のようだ。当時、僕は月隈公民館の主事をしていて、歴史や古文書講座の講師をしてもらっていた。その後、八四年に塩屋勝利さんが歴史資料館に異動で来ると、地下の書庫はすぐ組合や研究会などの溜まり場となり、やがて梁山泊のようになり、近くの市民図書館に八三年に異動していた僕も出入りすることとなる。先生も梁山泊の半住人となった感がありました。古くなつかしい記憶です。

月日は流れ、僕が脱サラで古本屋を始める時、「ぼくよりも若く辞めたね」とか「かぼちゃ堂」と名づけたと聞いて、タバコをくゆらせ「平民的でよかねー」という言葉は先生一流の励ましでした。店の看板への揮毫も頼んでいたが、板が見つからずそのままになったことをいま悔んでいます。

（かぼちゃ堂・銀山書房／『福岡地方史研究』第48号より転載、加筆）

高田先生との出会いなど

塚原 博

平成元（一九八九）年の初夏から、私は小値賀町歴史民俗資料館（以後本館と記述）の開館準備として、収蔵資料の調査・整理に関わっていた。この施設は、初期西海捕鯨の一翼を担った小田家の屋敷地内に、管理・展示棟を新築付設したものであるが、小田家からは家屋敷のほかに、什器類や美術工芸品など祖先伝来の多数の資料が寄贈され、その中には近世・近代文書も多く含まれていた。

『西海鯨鯢記』（享保五・一七二〇年）などによると、寛永元（一六二四）年、紀州藤代の住人藤松半右衛門は平戸島北方の度島を拠点として捕鯨に従事したが、後にその弟は小値賀諸島の六島（むしま）に移動したといい、これが小値賀諸島における組織捕鯨の始まりだと考えられている。このことに関連する資料として六島観音堂の棟札や藤松氏子孫の家に伝わる起請文があり、承応三（一六五四）年に藤松鯨組をひきいた藤松右衛門尉正俊なる人物が荒廃していた六島観音堂の修復を行ったことを記している。

小値賀諸島は五島列島の北部に位置し、小値賀島を主島に北松浦郡小値賀町を形成している。小田氏は壱岐から小値賀島に移住してきたが、それは万治二（一六六〇）年前後頃のことと推測され、『重利一世年代記』（成立年代不詳、小値賀小田家二世の一代記）によると貞享二（一六八五）年から捕鯨業に携わっている。小田氏が捕鯨業を営むに至った経緯については不明だが、小田鯨組に藤松氏が加わっていることなどから、小値賀諸島海域での両氏の接触があり、何らかの理由で小田氏が藤松氏から捕鯨業を継承するにいたったのではないか

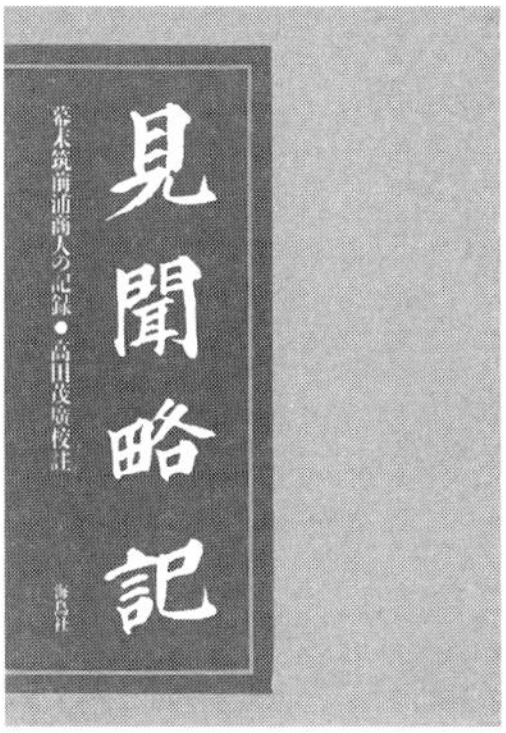

『見聞略記』（海鳥社，1989年）

と想像しているところである。

現存する小田家伝来の古文書は、管見では小値賀町が小田家から寄贈を受けたもの、古書店を経由して東京の個人に所有されたもの、高田茂廣氏が収集されたもの、の三組がある。本館では所有者の名前を冠してそれぞれを小田家文書、北原文書、高田文書と呼んでいるが、その内、北原文書は所有者から寄贈を受けて現在は本館に所蔵している。

高田文書の存在を知ったのは、奇しくも冒頭の資料調査中にたまたま読んだ高田先生の論文に、未知の小田家文書が記されていたことによる。少々興奮気味に高田先生に電話したことを覚えているが、文書を見せて欲しいという一面識もなかった私の厚顔な要請に、快く承知していただいた。

古文書が読めない私は、当時古文書の整理を託していた佐世保市在住の山口正人氏と共に能古島の先生のご自宅をお訪ねしたが、これが高田先生との最初の出会いであった。先生の飄々とした話し方もさることながら、それ以上に印象に残っているのは欠けた歯の目立つ人なつっこい笑い顔である。

高田文書はかなりの数量だが、大半は未整理の状態で箱詰めされていたため、この文書群の内容を把握することを目的に小値賀町で整理することの承諾を得、本館で分類整理と目録作成並びに裏打ち作業を行った。その後はそのまま寄託資料として本館に収蔵していたが、後に「高田文庫」の一部として寄贈することになったということで、平成十三年の冬に福岡市立図書館に郵送し、現在にいたっている。

以後、何かと親しくしていただいたが、正直なところ先生の学識とご研究の深さを知ったのはしばらくしてから、『見聞略記——幕末筑前浦商人の記録』を拝見したときであった。そして、その解題の「はじめに」に記された文章は、先生のお人柄を余すことなく伝えるものだと感じ入ったものである。

先生との出逢いは今から二十三年前、私が四十歳のときであった。今や還暦もとうに過ぎ、この四月からは妻と二人で営む飲食店でラーメンをつくりながら、一九七五年以来五島列島を基点として積み上げてきた考古学の調査成果を、島世界に視座を置いて取りまとめたいと思っている。海を舞台とする点では高田先生と一脈を通じるものもあろうが、いかんせん先生の学識には程遠い。

博多の津とは古くから海路での往来があった、小値賀の島から高田先生のご冥福をお祈りいたします。

合掌

（長崎県小値賀町歴史民俗資料館）

グルメとたばことコーヒーと

林光則（はやしみつのり）

いいだこ、アサリの蒸し焼き、オクラ、岩ノリ、サトイモを花形にくり抜いた煮物、焼いたシイタケ……海の幸、山の幸が次々と出てくる。次から次、次から次、山海の珍味といったくらいでは言い表せない本物のごちそうだった。

当時『最後の晩餐』という、超高級な美味の数々を食べ過ぎる映画があったが、その中に出てくる豪華な料理にも負けない、新鮮さと自然の恵みあふれるメニューだった。

天気のとても悪い日曜日。渡船のこともあるし、中止と独り極めしていたら先生から電話。「許斐先生が来るとおっしゃっているから」というので、姪浜の渡船場へ。そこで、茶山にお住まいだった許斐三郎先生御夫妻と一緒になって能古島へ渡った。

高田家に着くと、早速、冒頭に書いた季節の素材。亭主の先生は「ボクは飲みきらんっちゃん」とおっしゃって、アルコールをたしなまれないのに、あまりの肴に、許斐先生と私は、絶え間なく盃を口へ運んだ。

昭和五十一（一九七六）年二月二十九日。三十五年前のことである。

「これを担当してくれんか」と上司から渡されたのは、高田先生の『筑前五ケ浦廻船』の原稿だった。当時、西日本新聞社の出版部員だった私は、早速、先生とお会いした。一番最初は西新の喫茶店だったか。二度目か三度目に藤崎の「シャローム」へ行った。以後打ち合わせのため、頻繁に先生と連絡をとり、お会いすることになる。

あまり人付き合いのよくなかった私が、何の抵抗もなく、打ち解けてお付き合いさせていただき、しばらくすると、他の仕事の時とは異なり、高田先生との打ち合わせとなると、まるで彼女とのデートに向かうようにいそいそと出掛けて行った。

『筑前五ケ浦廻船』（西日本新聞社，1976年）

打ち合わせの間中、先生がたばこを途切らせられることは、まずなかった。コーヒーも本当にお好きだった。先生はたばことコーヒーの申し子と言ってもいいくらいだった。と言いながら、先生が何をお喫いになっていたのかとなると、チェリーやハイライトのパッケージは浮かんでくるような気がするが、本当に好まれた銘柄は？となると答えられない。

コーヒーにしても、苦味の強いのがお好きだったのか、酸味のあるのをよく飲まれたのか、当然そんな話もさせていただいたはずだが、明確には思い出せない。観察や記憶が不十分だったことを悔いている。

『筑前五ケ浦廻船』は、先生が初めて本格的にまとめられた成果だった。私も編集者として初めて最初から最後まで任されて、一緒に本にさせていただいた。昭和五十年の暮れにでき上がり、五十一年二月十五日、西新の「チェリー」で出版を祝う会が開かれた。

次の年には、先生の原稿に、許斐三郎先生の切り絵による装画の『能古島から』をつくった。このころが出版部時代で最も楽しい時期だった。

先生が学校を辞されて後も、調べものをなさっている福岡市歴史資料館（現・福岡市赤煉瓦文化館）にお邪

1977（昭和52）年７月31日（日），能古島の高田先生宅を訪れた折。左から，先生，教え子の方，先生の奥様，筆者の妻（当時，結婚前）

魔したり、能古島へ渡って、カギを預かって管理なさっていた檀一雄の家を見せていただいたりした。私も出版部から異動となり、仕事の上での直接の往き来がなくなった後も、何かにつけ連絡を取らせていただいた。結婚問題をかかえていたころ、親と話していただいたこともある。

先生と私の縁は学校関係によるものではない。ちょうど教え子といっていい年ぐらいの差なのだが、教え子ではない。にもかかわらず、三十余年、公私にわたってお付き合いさせていただけたのは、ひとえに、先生のお人柄の故だったと深く感じている。

ところで、あらためて、高田茂廣先生はグルメだったのか。もちろんイエス。身近にある旬の素材を、その食材が持つおいしさを最高に引き立てる料理法で味わう〝高田流クッキング〟がグルメでないはずがない。昨今氾濫する安手のグルメ族とは一味も二味も違う、本当の意味での〝グルメ先生〟であった。今ごろは、隣人の檀さんと、アルコール抜きでの料理談義に花が咲いていることだろう。

たばこ、コーヒーにしてもそうである。たとえ私が先生の一番のお気に入りの銘柄を知らなくても、先生が〝たばことコーヒーの申し子〟だったことは間違いない。

先生が亡くなられた朝、ご子息から電話をいただいた。私は新聞社を定年となっていたが、文化部の後輩記者に連絡。訃報は夕刊に掲載され、これが〝高田番〟最後の仕事となった。

（元西日本新聞社出版部）

高田茂廣先生と海・浦・史・詩

秀村選三（ひでむらせんぞう）

もう何十年か前、木村秀明さんの紹介で福岡地方史談話会（現・福岡地方史研究会の前身）で高田先生が初めて能古島（残島）の報告をされた時、引用された古文書の読めないところは悪びれずに幾つも、ここは読めないと言われ、他方自分が島や浦で見聞きしたことは堂々と自信をもって話されるので、この方は信頼のおける方だなと、いうのが私の第一印象であった。

先生は私の娘が西新小学校五、六年生の時の担任で、家内が授業参観に行き、帰ってきて、「今度の先生は私たちの小学校の頃の先生のようよ」と言うので「それはよかった」と二人で大いに喜んだことであった。

随分後のことだが、私の研究室で市民の研究者近藤典二・高田茂廣・能見安男・松崎武俊・安川巌・由比章祐氏、学界の研究者藤本隆士・武野要子・松下志朗・江藤彰彦氏と私で福岡藩の研究会を続けたことがあり、方言丸出しでダベりあう楽しい研究会であったが、誰かが私に「なぜ高田さんだけ高田先生と言わっしゃるとですか」と尋ねられたので、「そりゃ娘の先生ですもん」と答えたことがあった。あとで聞いたことだが、私の言葉を先生は喜んでおられたそうである。

もっとも、娘の受け持ちの最初の頃は私が九大経済学部の者なので、当時九大経済学部はマルクス主義の牙城だったので、「赤い先生だろう、用心しなければと思っていた」と後に言われたこともあった。

家庭訪問で我が家に来られた時に、下人の売買文書の額を珍しそうに見られるので、家内が「主人は古文書ばかり読んでいます」と言ったそうで、後日先生は「古文書を学ぶのには良い人がいると思った」と言われたこともあった。

その後、先生から誘われて私たち夫婦で能古島に行ったことがある。島の各地を案内されたが、島をわが掌を指すようにご存じで、こちらの頭には一度には入りきれないほど豊富な内容であった。島の家々にも我が家同然ツカツカ入っていかれるので、私たちは入っていいのかしらんと途惑うほどであった。その後家内は高田先生のことを話す時はその日の驚きを言うのが常であった。

最初の『能古島物語』の出版祝いに出席した時、その日赤坂小学校にお勤めの時の校長の貝原種夫先生が来られていた。私の小学校の頃の受け持ちの先生で、私を物陰に呼んで「高田君に校長になれと言うても、言うこと聞かん。君からも言うてくれ」と言われたのに、「ハァ」と気のない返事をし、「今のままの方が幸福じゃないでしょうか」と危うく言いそうであった。小学生の頃、貝原先生は日曜、休日に希望者を日拝塚や都府楼、宝満山に連れて行って下さり、歴史への夢をかき立てて下さった先生なので、先生のお頼みは是非聴かねばと思いながらも、「高田先生には向かないな」と思い、どうしても言えなかった。

果たせるかな、その後先生は能古・唐泊・宮浦・今津・浜崎の五カ浦を丹念に廻って廻船の古文書を発掘、研究され、とかく「浦イクォール漁村」という先入主を改めて、海上交通の要地としての浦の重要性を説かれた。廻船の行く先々の全国の港を訪ねて、山陰・北陸・東北・北海道・太平洋沿岸・瀬戸内海などで新史料を発見され、その間に小学校も退職されて福岡市立歴史資料館の嘱託をしながら研究に打ち込み、やがて『筑前五ケ浦廻船』を刊行された。海事史の専門家が全く気づいていなかった筑前の五ケ浦廻船を海上交通史、商品流通史の重要課題として位置づけられたのであった。おびただしい数の遭難船、遭難者の表を掲げて、その悲惨事を弔い、遭難、漂流、苦難の末、八年後帰国した唐泊の孫七を偲んで新森良子さんたちとともにボルネオまでも行かれたのも高田先生でなければ、と全く敬服したのである。

宮浦では廃棄寸前の「見聞略記」を発見し、間一髪で散逸して不揃いになるところを喰いとめ、十一冊の完全揃いで残され、十年近い歳月をかけて校註し、史料集として『見聞略記』を刊行されたが、新森さんというすぐれた校正者がいたことはまことに幸いであった。しかも「宮浦あたりにこれほどのものを書く人がいるはずがない」と言った或る歴史家に反発して、多くの検証を重ねて著者を宮浦の津上悦五郎と確定されたことは、まことに高田先生の反骨心と民衆の底力を信じる心が躍如としている。

多くの文書にあたり、多くの人々に会い、遠い場所を訪ねて、熱心というか執拗というか、その態度は大変教えられる。激動の幕末・明治初期に宮浦にもたらされた全国のおびただしい情報の豊富さ、虚実まじえての面白さは全く驚くべきものであり、浦の重要性を大いに認識させられたのであった。

歴史資料館の学芸員としては塩屋勝利氏と名コンビで展示に工夫され、企画展をされたが、中でも「近世・筑前の海運展」は、一人の人が一生或る一つのことに執念し探求すると、単なる一つでなく、いかに多彩な成果が稔るかを如実に感じさせる企画展であった。あの時に展示されたドンザの美しさは忘れられない。しかも著書としては『近世筑前海事史の研究』という大きな実をも結んだ。先生は「私の海事史研究は郷土史的立場からで、今後もこの立場を変えようとは思わない。むしろ誇りに似た気持ちで堅持しようと思う」と、地域に固執して豊富な史料と見聞で実証する今後の「新地域史研究」を開拓され、何十年もの研究を蓄積した重厚な内容の本になっている。「多少論旨が薄れてもかまわない」と意識的に原文を資料として多用されたことには「五ケ浦廻船史料集」を出したいという悲願さえも感じ、大いに共感を覚えるのである。

『福岡県史』編纂にも参加されて、実に多くの寄与をされた。私に『福岡県史』編纂の依頼があった時、全く自信がなかったが、仲間の研究者に呼びかけて県史編纂に乗り出したが、同時に頼みの綱にしたのは初めに記した市民の研究者たちのほか、廣渡正利、民俗学の佐々木哲哉、小倉の米津三郎、田川の永松十四雄、久留米の古賀幸雄の諸氏であった。

中でも高田先生は、林家から林遠里の文書を多数発見され、整理されたが、それらは『福岡農法』や『林遠里』編纂の基礎史料になったもので、編纂担当の飯沼二郎先生（京大名誉教授）が大変感謝されていた。また、浦方は今まで手薄だった筑前東部の調査をされ、さらに筑前浦方の文書の校註と解題など、今後も全面的に編纂して頂くつもりであった。『福岡県史 近世史料編 福岡藩浦方㈠』には浦方の法令と箱崎浦の文書の半分を入れて一緒に作業をしたが、先生の浦に関する知識は真に年季の入ったもので、とくに浦々で聞かれた言葉（文言）にはまったく敬服した。これから先生に最も活躍してもらわねばならない時に県史編纂が県の都合で一方的に急に中絶され、しかも先生も亡くなられたのは痛恨の極みであり、今後浦方の研究は誰が継承するのかと憂うるのみである。

以前皇太子が福岡に来られた時に、殿下は海運史を研究されているので、市の方々が博多湾の説明をしたそうだが、その場に呼ばれていなかった高田先生は後にそのことを聞かれて、「私を呼んで下されば、色々お話申し上げたのに」と残念がられていたことがあった。市が海運史で西日本文化賞を受けられた高田先生を忘れていたのは些か残念なことであった。

先生は多くの市民に語りかけ、古文書の読みを多数指導され、ことに「朝鮮通信使を読む会」を主宰して多くの市民同志とともに『朝鮮通信使記録』十三巻を刊行されたことは全く敬服に値することであった。しかも決して高ぶらず、いたずらっぽく、人をひきつける魅力をもつ方であった。無邪気に自慢して舌をちょっぴり出されるのは可愛くもあり、「これやけん、この人、好きだな」と思うものであった。檀一雄さんを能古島に

『浜辺の子供たち』（海鳥社，1987年）

引きつけて親しく交わられたのも天衣無縫の先生だったからこそと思う。

先生が子供たちのことを語られる時は大変楽しい雰囲気であった。子供たちの実習に先生がバナナを買ってきて実習後、子供たちに食べさせるため等分に切るのが大変だった（子供たちが真剣に見ているので）とか、修学旅行の時、筑後川の鉄橋で子供たちが「先生、長い海があります」と言うので（能古島には川がないので）、「これが川というのだよ」と教えたら乗客たちが楽しく笑ったとか、大変明るい雰囲気であった。

先生の『浜辺の子供たち』は私の好きな本で、私が京都で学生の頃憂鬱な日々を過ごしていた時に、中京区の小学校の先生が『子供記』という本で商家の子供たちを書かれていて、その本の子供たちの言葉と姿に救われたことがあり、『浜辺の子供たち』と『子供記』とは私の大切な本である。高田先生の本は無心に浦を愛し、子供たちを愛した人でなければ書けない本で、多くの人々にお奨めしていたら、或る方から「教育委員会ではよくない本になっていますから、奨められないがいいですよ」と注意され、愕然として改めて「現代とは」と考えさせられている。

以前、私の次男と娘が「高田先生は変わってござぁよ。煙草を呑みながら長い時間ボーッとしちゃー時があるよ」と言った時に家内が「先生は詩人だから詩を考えてござぁとよ」と言ったことがあった。先生が論文が書けないと悩まれていた時に、私が「先生は詩から出発されたのでしょう。歴史の史は詩ですよ」と言ったのを大変喜ばれたことがあった。幾つもの小学校の校歌を作詞されており、娘の卒業の時には子供たちに「先生は待っている」という詩を配られた。

先生の告別式の日、最後に先生のお棺を載せた霊柩車を能古小学校の卒業生たちが校歌を合唱して見送った。ほんとうに素晴らしい御生涯だったと思った。

（九州大学名誉教授／『福岡地方史研究』第48号より転載、加筆）

最後の郷土史家

別府（べっぷ）大悟（だいご）

初めてお会いしたのは三十数年前、当時赴任されていた北崎小学校（福岡市西区）の創立百周年記念誌の制作を担当した時だった。写真撮影のため一緒に校区内を回り、懇意にしている寺ではお茶請けとして出た「大徳寺納豆」を持ち帰りたいと追加所望するなどそのざっくばらんな性格と、渋い風貌に似合わずアルコールが駄目（けれどご存じのように煙草、それにコーヒーは手放すことがなかった）などということをすぐに知った。先生には既に『能古島物語』、『筑前五ケ浦廻船』、『能古島から』の著書があり、郷土史研究においても知られていた。

記念誌制作の合間、宮浦（同西区）の旧家が解体されトラックで運び出される寸前だった古文書類の中から、間一髪、個人の筆になる大部な記録を発見されその原稿化を進めている旨伺った。それは、「見聞略記」と題され、当地で荒物屋をしていた津上悦五郎が、一八四〇（天保十一）年から七一（明治四）年までの三十年間、政治・外交・軍事・経済・気象・天文・民俗など多種多様な見聞を記した和綴じ全十一冊であった。

情報の洪水の中で溺れ漂うしかない我々と違って、この悦五郎という人は、「黒船」のことから全国各藩の動静、その時々の米相場、ええじゃないか騒ぎ、自家に闖入（ちんにゅう）した泥棒との問答まで、的確に情報を選択し自己の言葉で冷静に記録した。

四百字詰換算で千五百枚近くあっただろうその書き起こし原稿の出版を引き受け、校正を重ね、本の形にな

1989年頃，『見聞略記』校正期間中，能古渡船の甲板で新森良子さんと

るまで、結果として八年かかった。その間私は、史料を校正するための前提として古文書解読を習い始め、さらに、別な出版社を立ち上げることになり、手放すわけにいかないことからその仕事自体を持って出た。

校正期間中、先生一人では捗らないということで、週二回、私が能古島のお宅に出掛けて読み合わせ校正を行うことになった。数カ月通っただろうか、時間的に無理になってきたこともあって、新森良子さんに助勢をお願いすることにした。この助っ人は強力で、新森さんの〝馬力〟がなければ、『見聞略記――幕末筑前浦商人の記録』刊行までにはさらに歳月を要したことだろう。

船出したばかりの出版社において一冊の史料本にそこまで傾注することができたのは、宮浦という一地方の商人の記録が日本史レベルにおいても価値のある貴重な内容を持っていたこともさりながら、高田先生の人柄が大きく作用し、私は、ともかくこの人に付いて行こうと思った。どんな編集者にも〝初めての著者〟が現れるとすれば、私にとってそれは高田茂廣氏であった。

*

先生は、「縄跳びで小学生に勝てなくなったから」と（ご本人の言葉通りに受け取っておきたい）、五十二歳で教職を辞し、福岡市立歴史資料館の嘱託となった。二足の草鞋から解放され、おそらく先生にとっては「人生最良」であっただろうその時期、資料館を訪ねる度に私は、近くの店で昼食をご馳走になりつつ様々なお話を伺った。まずは、先生にとって身近な人々との対話や論議、或いはその顛末であり、そのお蔭で私には「見知らぬ〝旧知〟の人」が随分とできた。きっと誰しもが互いにそうだったろうという形で、先生は人と人とを繫いだ。

とりわけ先生が熱を込めて語られたのは、郷土筑前の浦とそこで暮らした人々についてであり、単に「浦＝漁村」ではなく、その仕事には漁業のみならず廻船や石炭の運搬、渡海船業などもあり、さらに福岡藩の浦の場合は玄界灘の防備と監視、長崎警備、朝鮮通信使の受け入れに関わるものなど、全国的に見ても重要な役割を抱えていたという内容であった。

先生がなされたお仕事の中心は海運史、とりわけ「五ケ浦廻船」の発見だろう。博多周辺は中世から対外貿易で栄え、十七世紀の半ば頃には今津・浜崎・宮浦・唐泊・残島（能古島）という「筑前五ケ浦」が、藩米を江戸・大坂へと輸送する廻船業で活躍した。そしてそれが、度重なる遭難事故を第一の理由として没落してゆき、明治期の初めには海運世界から完全に姿を消すことになる。

人の世の栄華盛衰、そしてその残照――。「五ケ浦廻船」の根拠地の幾つかは、小学校教師として進んで「僻地校」を志願してきたと自ら言われる先生がまさに赴任されてきた地域であった。そのあたりに高田先生の、後半生におけるロマンティシズムの在処（ありか）が窺える。教師時代、子供たちから「泣き虫先生」と呼ばれたらしいが、その熱情とセンチメンタリズムに外連味（けれん）はなく、周りの人間を巻き込んでしまう茶目っ気に溢れた哄笑には、単に年月や経験では追いつけないものがあった。

誰に対しても遠慮も分け隔てもされなかったが、かつての教え子に対する想いだけは特別で、度々話に出てくる面識のない人々に私は嫉妬した。「我田引水ではいけないが、郷土史家と言われることに誇りを持ちたい」と言われ続けてきた先生にとって、一番の読者は教え子たちだったろう。教壇を去り海事史を中心とする歴史研究者となった後も、先生の視線の先にはいつも、「歴史」と「誇り」を語り伝える対象として教え子たち、そしてその地に根付いて暮らす人々がいた。そうした意味において、高田茂廣氏は最後の〝郷土史家〟ではな

『玄界灘に生きた人々』（海鳥社，1998年）

かったか。

＊

振り返れば、監修・共著を含めて、高田先生には『北崎小学校百年誌』（一九八〇年）を皮切りに、『能古小学校百年誌』（八五年）、『七隈郷土誌』（八六年）、『浜辺の子供たち――学校が遊び場だったころ』（八七年）、『見聞略記』（八九年）、『福岡歴史探検①・②』（九一・九五年）、『玄界灘に生きた人々――廻船・遭難・浦の暮らし』（九八年）、『福岡歴史散策』（二〇〇五年）など十数冊の出版――そして勿論、潮干狩りその他遊びが目的の能古島行――を通し、とても愉しい時間を過ごさせていただいた。

人は皆、二度死を迎える。一度目は自己の死、二度目はその人を知っている人の死。先生の最後の〝旅立ち〟は、私自身の新たなる船出をも促してくれた。逝かれたのは二〇〇九年九月十一日。その八年前の同日、あの米国における事件は「〝何かの終わり〟の始まり」を告げるものだった。そして私たちは未だ果ての見えない〝終わりの始まり〟の只中にあるが、それでもなお、日々――「黒の舟歌」のように――舟を漕ぎ出すしかない。今でも次々と新しい命が育っているのであり、そうした子供たちの未来のためにも、大人こそが「遊びの達人」でなければならない――と、『浜辺の子供たち』に込められたメッセージはそういうことだったように思う。

（花乱社／『福岡地方史研究』第48号より転載、加筆）

高田先生との思い出

横山邦継（よこやまくにつぐ）

私と高田先生との出会いは、旧福岡市立歴史資料館（通称・赤煉瓦）に嘱託職員（文化財専門委員）として勤務されていた昭和五十八年度企画展「近世・筑前の海運」開催の頃にあったと記憶しています。

その頃の、またその後も先生の印象は、静かに飲まれるコーヒーと延々と吸われる煙草の煙の中で目を細めながら談笑している姿です。

その後、昭和六十一年度特設展「早良王墓とその時代―墳墓が語る激動の弥生社会―」開催以後、弥生時代「早良国」説に賛成される先生とはお会いする機会がますます増えたものです。

また、「早良の歴史と自然を探る会」には創会早々に参加していただき、昭和六十一年十二月七日に谷教育集会所で開かれた例会で、「谷俳句碑文を中心として」と題し、「日吉神社」にある奉納発句絵馬について解説をされたのを皮切りに、昭和六十三年二月以降、「早良漫談」として「古代感愛」、「亡びしものに」、「ふるさとは緑なりき」、「脇山村の産物」、「早良の山の資料館」、「内野の宿」、「福岡藩御用帳の中から早良郡の記載について」などのシリーズや「姪浜の製塩について」、「老松神社の夏越祭」、「早良の神々」、「早良の神社」、「牛の牧場」などを会報に寄稿いただきました。さらに、平成五年一月十日の「筑前の浦」、同年五月九日の「カリマンタンに孫太郎の足跡を尋ねて」などの筑前五ケ浦廻船に関わるレポートなど多くの価値あるご教示をいただきました。

上：早良の歴史と自然を探る会，七山村樫原湿原にて（1990年６月17日）
下：同会総会・西日本文化賞受賞記念（1993年12月19日，能古島にて）

「早良の歴史と自然を探る会」の活動は、会員による荒平城測量や神社旧跡を巡るフィールドワーク、座学レポートにとどまらず、他に毎年の西油山の徳栄寺などでの花見会、忘年会などがあり、ある年の総会は高田先生のご紹介で能古島の「北の庄」で催され、お酒をほとんど飲まれなかった先生ですが、会は盛会のうちに終了し渡船場へ。そこで先生のかつての教え子の方のご厚意があり漁船で姪浜へ。港に近づくにつれやや目立つ数の制服の人たちが見え、一瞬、歓迎されているのかと上陸すると、歓迎相手はなんと海上保安庁職員。代表の横尾会長が散々に油を搾られるというエピソードもありました。

先生は会の取り組みである荒平城への登山を切に望んでおられましたが、決して口に出さず、ある文章でさらりとうらみごとを語っておられます。

また、先生には平成四年度に行われた「能古島遺跡発掘事前総合調査」では島内のゼネラルサーヴェイや一部発掘調査実行のため、地元の方々に様々な交渉をしていただき、その成果報告書の中に「能古の歴史」の一文を寄せられました。七章からなるこの文には「能古の地名」、「古代の能古島」（能古島牛牧、北浦城など）、「中世の能古島」（元寇など）、「近世の能古島」（五ケ浦廻船、能古焼、鹿垣など）が簡潔に書かれていますが、最後に当時の島を覆いつつあった観光化の波を感じつつ、「能古に住む人々はこれ以上の歴史と自然の破壊を望んでいない」と結んでいます。先生の能古島についての明らかな心情が感じられます。

さらに、晩年にご自宅の床に横臥されていた頃のある日、塩屋勝利さんと一緒に「石釜豆腐」などを持って訪問した際に、奥様の手料理をいただきながら、尽きることなく内野時代の思い出を聞かせていただいたことが忘れられません。

先生との思い出は尽きませんが、最後に、先生どうぞごゆっくりお休みください。本当にお疲れ様でした。

（早良の歴史と自然を探る会）

高田さんのうしろすがた

吉積久年（よしづみ ひさとし）

縁があって、今、山頭火の葉書八枚がわが手の届くところにある。

そう、あの行乞の僧侶にして放浪の自由律俳人、種田山頭火（山口県出身）である。これまでの全集などには紹介されていない新出の葉書である。

「うしろすがたのしぐれてゆくか」

大好きな一句である。男の凄まじい生きざまが深く投影されていると感じ入る。

〝高田茂廣さん〟（こう呼ぶ方が相応しい）と口にしたとき、ふと、この山頭火のことが頭をよぎった。どことなく、重なるものを感じるのである。

「待ちない！」

「そんなことはなか！」

という高田さんの声が返って来るのが、よく想像されもするのだが……。

歯の抜けた、白髭の皺くちゃな赤ら顔が目に浮かぶ。

高田さんとは、およそ三十五年前、私が『宮田町誌 上巻』（昭和五十三年、鞍手郡宮田町発行）編纂の仕事に携わっていたとき、天神の福岡市立歴史資料館（現・福岡市赤煉瓦文化館）でお会いしたのが最初である。能古島の話をたっぷり聞かせられたことをよく覚えている。学者然としない人間味溢れた構えが忘れられない。誘われるがままに、いつか、ひとりで能古島のお住まいを訪ねたりした。

その後、私は山口県へ転じ、同県の文化財保護行政に携わることになって、次第に福岡、九州との縁は薄くなっていった。

そんなある日、二十年余り前のこと、全く前触れもなく、高田さんが私の目前に出現したのだった。唐突な訪問は、高田さんのトレードマークで、何回も体験させられたが、この頃はまだ馴らされていなかった。

用向きは、寛延元（一七四八）年、能古島の廻船が瀬戸内海の大津島で遭難し死者を多数出すという事件があり、遭難先でその後手厚く墓まで建てられ供養され続けており、それを知って感謝したときの福岡市長が現地に赴いて親睦を深め合うということになったのだが、その遭難の史実をしたためた文献史料があるはずだが、心当たりはないかというものだった。

大津島は、現在、山口県周南市に属し、徳山から渡航船が出ているが、人間魚雷訓練の回天基地跡のあるところとしてよく知られる。近世においては、萩（長州）藩の支藩、徳山藩領であった。

折から、私は山口県文書館に架蔵される徳山藩藩政史料（徳山毛利家文庫と称す）の「御蔵本日記」全一一六六冊の読破を目指していた。当日記は、藩政務をつかさどる御蔵本で書き続け綴られたもので、全巻が遺るわけではないが、元禄元（一六八八）年から明治元（一八六八）年まで遺り、藩内で発生した日々の出来事がよく記述されていて無類の面白さを持っている。

記憶定かではないが、すぐその足で文書館へ一緒に赴いたのではなかったか。案の定、日記は記述していた。事件は、九月二日夜に発生したようだが、遅れて四日の条に遭難の第一報がしたためられていた。

船頭太郎兵衛、舸子十九人の計二十人乗り一六〇〇石積み廻船、積荷は材木三三五〇挺。六日の条には、舸子十人の遺骸を収容し、島で葬儀を執行した記事が載っていた。

墓が現地に建てられ、「十人墓」と呼ばれるようになり、島では毎年、今も慰霊祭が催され続けている。この供養以来、島の漁は賑わったという。

その後、この成果を地元主催の講座で高田さんに話してもらう機会を作った。また、私は十人墓のある現地へ赴く機会を作った。

結局、高田さんの来山は何回あったろう？　湯田温泉の旅館から電話を頂いたこともあった。

今、高田さんのうしろすがたが、大いに気になり出している。

合掌

（山口県文書館）

わが忘れえぬ　高田茂廣先生

力武豊隆（りきたけとよたか）

私は学校教師が嫌いだ。人を類型化し、したがって言うことは型どおりで、通りいっぺんだからだ。むろん自分の体験からきている。この私の教師観からかけ離れた人、それが高田先生だった。

初めて先生に会ったのは、平成元年の秋だった。当時私は博多市民センターで図書室（蔵書約五万冊）を担当していた。読書週間が近づいた頃、文学好きの同僚が地元作家のミニ作品展をやろうと持ちかけてきた。故檀一雄さんの色紙を高田茂廣という人が持っているので拝借しようと言う。彼に同行して福岡市立歴史資料館（現・福岡市赤煉瓦文化館）に行った。先生は小学校教師を早期退職後、ここで嘱託をされていた。

事前に連絡していたにもかかわらず、あわてた様子で雑多な書類の詰まっていそうな事務机の引き出しをひっくり返して捜され始めた。しばらくして、「あった、あった！」と言って、こともなげにその色紙を渡された。案外無頓着な人だなあというのが第一印象だった。この人が、あのすごい本を出した人かと思った。すごい本とは『見聞略記』（海鳥社刊）のことだ。先生が翻刻・校註された筑前幕末史料である。私はこの本に注目していた。

出会いはこれだけのことだった。その二年後、私はひょんなことから古文書入門講座の講師を先生に依頼することになる。平成三年二月、センターの同僚らは新年度の事業企画に頭をひねっていた。しかし図書室は市民図書館の分館的存在で、半ば独立している。図書室担当の私は素知らぬ顔でいた。しころがある日突然、図書室でも何か企画してくれと要請された。困った私はとっさに「古文書入門講座をやる」と答えた。後で聞けば、館長以下同僚らは反対はしないまでも消極的だったらしい。そんな難しいものより、史跡めぐりのようなものが良いのではないかというような意見だったようだ。ある同僚は「そんなムツカシイ講座に人は集まらんバイ」と冷淡だった。

先生以外に講師の当てのない私は、四月四日電話で打診した。二つ返事でＯＫだった。「ただし初心者ばかり集めてくれんかネェ～」と言われた。古文書に初級とか上級とかあるのか？と不思議に思ったものだ。ちっとも飾らないザックバランさだった。まるで昔からの友達に対するような親しみがあった。先生六十三歳、私三十九歳。いっぺんで先生が好きになった。

私は意地でもこの講座を成功させなければならなかった。でないと、「そら見たことか」と陰口をたたかれるにきまっている。せめて二十人位は集めないと面目が立たないと思っていた。

ところが、そんな心配はどこへやら、受講応募者はあれよあれよという間に百人を突破した！私はびっくりした。私以上に驚いたのは、むろん館長以下同僚たちだ。そんな多人数を容れる会場がない。先生に連絡すると、曰く「午前と午後に分けようや」。なるほど！そこで急いで会場を午前・午後とも確保し、応募者には片っ端から電話をかけまくり、事情を告げて、午前の部と午後の部に分かれてもらった。

こうして、平成三年十月から博多市民センター図書室主催の古文書入門講座（月二回、全十二回）が始まった。私も初めて古文書を学んだ。予想通り先生の講義は大好評だった。ちっとも偉ぶるところがなく、ザックバランだった。私が何の抵抗感もなく、スーッと古文書に馴染んでいったのは、まったく先生のおかげだと思っている。これが小難しい大先生（！）だったなら、そうはいかなかったかもしれない。

講座も中盤に入った年末、「こんど仕事するけん、アンタもかたらんネ」と誘われた。「仕事」とは福岡地方史研究会の付帯事業として、有志の会員に呼びかけ、県立図書館蔵黒田家文書の内、「朝鮮通信使文書」の翻刻作業に着手するということだった。かなりの分量で、一年や二年では到底終わらない大事業だ。

明けて平成四年正月十三日、県立図書館三階の会議室で、初顔合わせがあった。博多市民センターの入門講座からも十人近い参加があった。自動的に福岡地方史研究会の会員となった。この史料は逐次翻刻され、八年余をかけて全十三巻が完成。国内の大学はむろん、ハーバード大学も購入したという。東洋史の貴重な新史料として注目されたのだ。その功績に対し、平成十三年二月、第八回福岡県文化賞が授与された。

私は筑前藩幕末維新史に専念するため、一年ほどで後任に土生博文さんを推薦して、中退させてもらった。ある時、先生が「平野国臣は、おっちょこちょいやったっちゃろ？」と言われた。その表現がいかにも先生らしく、思わず笑ってしまったことを覚えている。

平成六年春、私は福岡市民図書館（福岡市総合図書館の前身）に転任した。ある日の昼休み、二階の福岡部落史研究会の事務室で、先生と竹森健二郎さんらとテーブルを囲んで談笑していた時のことだ。タバコに火を付けようとした先生が、急に「あれ？　ライターが無い」と言い出した。テーブルの上に散らばる史料や本などを動かすとスグに出てきた。「このライターはなくすわけにはいかんちゃ！」と言われた。聞けば、教師時代、卒業するある男の子からプレゼントされたものだという。小学生にしては高価なものだったので、不審を抱かれ、「お前、お金はどげんしたとか？」と詰問したという。

最後に先生はこう付け加えられた。「誰からも誉められたことがなかったたっちゃろネェ……」。その瞬間！先生への私の好意は、尊敬へと変わった。

この話を思い出すと、いまも感涙を禁じ得ない。おそらくは劣等生であったであろうその教え子を、先生は折にふれて激励されていたにちがいないのだ。

このような人こそが、教師の名に価する。吉田松陰がまさにそうであったように、教育者たる者の本領はかくこそあらねばならない。それは研修なんかで獲得されはしない。天性のものだと思う。

平成十二年春、私は市総合図書館の早良分館に転任した。ある日、ひょっこり館に訪ねて来られた。百道浜の総合図書館からの帰りだったようで、「昼飯、食おうや」と誘われ、美味で知られる藤崎のうどん屋に入った。その店とは馴染みのようだった。帰り際、店主に「まずいけん、残すっちゃないけんネ！」と声をかけられた。胃の手術をされた後であった。ドンブリには半分近い麵が残されていた。

それから数年後のある夜、自宅に電話があった。あいにく気持が沈んでいた時で、生気のない私の応対ぶりに気づかれてか、「元気しとるとネ？」と言われた。私は「うーん、あんまりですね」とか何とか答えた。すると一言、「フーン、おれは死にかけよるバイ」と言われた。（元気がないくらいなんか！　しっかりせい！）と激励されたように感じた。すでに病気の進行を自覚されていたのだ。

○

先生との出会いによって、私の生活は一変した。歴史書を漫然と読み流すそれまでの生活は、史料にもとづき自分の頭で考える生活へと変わった。

もし高田先生と出会わなかったならば、人生を手中にすることはできなかったように思われてならない。

（明治維新史学会会員／『福岡地方史研究』第48号より転載）

早良つれづれ話

高田茂廣

ここに収録したのは、旧早良郡（いまの西区東半部、早良区、城南区の区域）の歴史について高田先生が書かれたものの一部である。能古島や七隈については まとまった著作があり、また短文の福岡市政だよりのコラム「福岡歴史散歩」にもかなりの数があるが、まとまった分量の文章をここに取り上げた。

高田先生は一九七六年から二年間、早良平野南部にある内野小学校に勤務されていた。能古島の自宅から遠いために、内野の古賀に下宿して、独身生活さながらに海事史の研究を続けながら、早良の山間の遺跡を訪ね歩いたり、史料の渉猟、話を聴き歩く日々を送られた。また一九八三年に創られた「早良の歴史と自然を探る会」（黒松定心会長）の会員として会報に筆をとられ、当時の経験もベースになり、ここに収録したいくつかの文章となっている。

冒頭の「日吉神社の奉納発句」は『部落解放史・ふくおか』に掲載のもので、黒松定心さんとの交遊ぬきには書かれなかったであろう。部落史に新しい問題提起をした文章である。以降はすべて「早良の歴史と自然を探る会」会報掲載のものであり、仲間うちの気安さで筆が進んだ好文章である。原稿末尾には会報名を略し、号数・発行年月日のみ記した。明白な誤記を訂正したほか、編集上の最低限の加筆修正及び用字用語の整理を行った。

日吉神社の奉納発句

福岡市早良区を流れる室見川の上流の脊振山麓に近い辺りに谷という集落がある。バス停でバスを降りると、澄みきった川のせせらぎの音が聞こえ、その時々の季節の田園風景が訪れた者の心を和ませる。ここにお住まいの黒松定心さんと初めてお会いしたのはもう十年程も前、亡くなられた松崎武俊さんと一緒に古文書調査に行ったときであった。以後、何回となく訪れてはご迷惑をおかけするのだが、ある日、谷の集落を登った小高い丘の上にある日吉神社に古い奉納額があることを教えていただいた。早速、見に行ったのだが、拝殿に掲げられた大きな木の額には発句か連歌のようなものがびっしりと書かれている。しかし高い所に掲げられているのと古びているのと達筆であるという理由でよく読めない。仕方がないから写真を撮って帰った。

額には百十首の発句が書かれていた。

写真の文字をルーペを使いながら読みはじめたのだが、「千句集」と題して奉納された発句の一つ一つを読みながら多少とも興奮した。この山あいの村々を文学とは無関係だと認識していた私にとっては驚きでもあった。ここに登場する多くの人々はおそらく貧しい農民であっただろう。厳しい身分差別に拳を握りしめた人々であっただろう。そういった人々が大らかな日常生活を詠んだ発句の数々なのである。発句あるいは俳諧のことは勉強不足でよく分からないが、それを一般の文学として読んでも現代人の心を捉える作品が数多くある。

はなはだ不完全な読み方ではあったが、原稿用紙に書き写して黒松さんをはじめ地域の何人かの人にお見せし、多少の意見を述べたら皆さんが喜んでくださった。これだけのものを自分たちだけのものにしておくのは惜しい、ぜひ公表しろと勧められてはみたものの、俳句に関する知識もなく解読できない箇所も多々あるのであれば多少の逡巡もあった。しかし、この奉納額が私たちにとって誇り得るものであるのかどうか世に問うべきであろう、という気持ちもある。あえて、史料紹介という意味を多分に含めて紹介させてもらう。

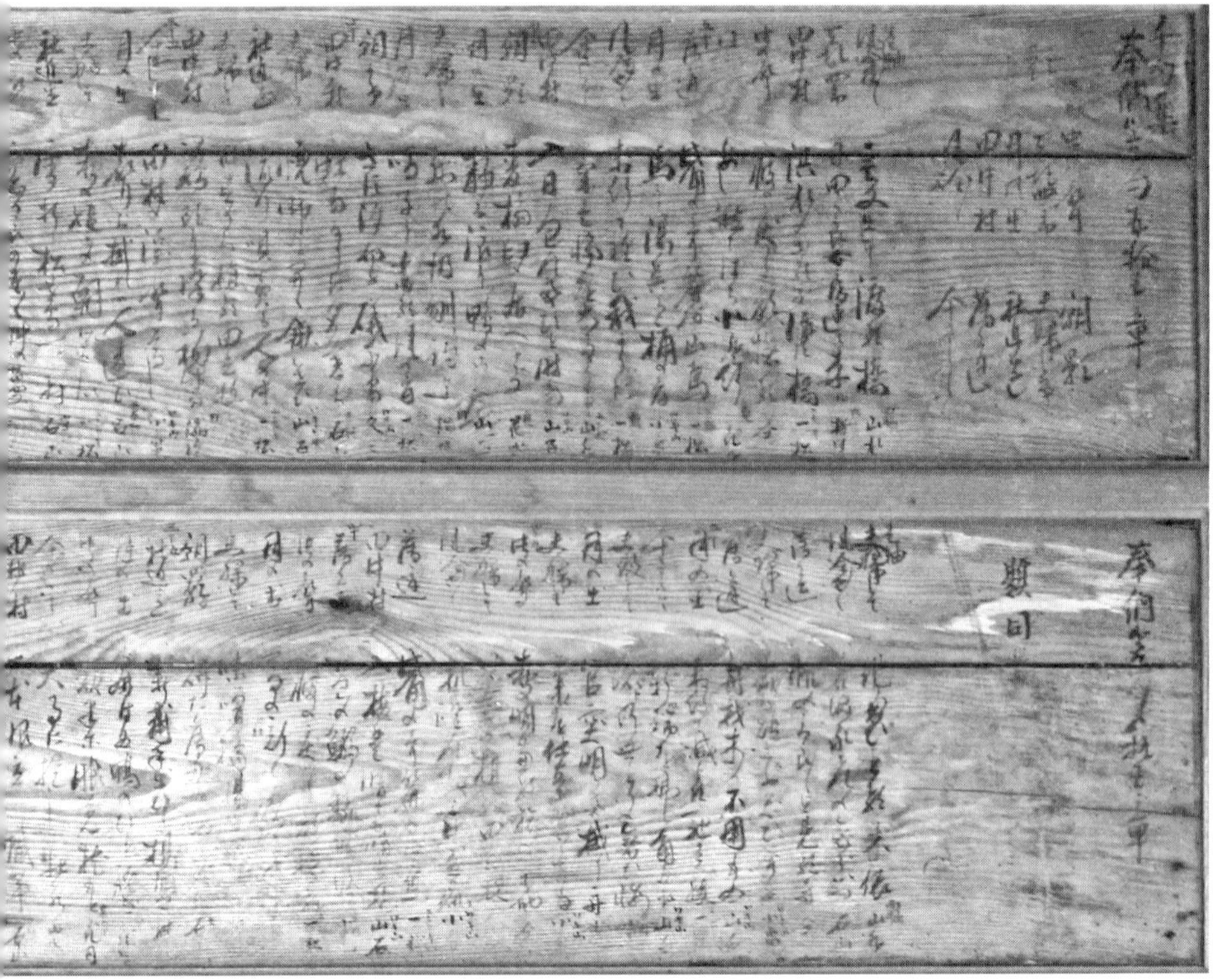

この額が日吉神社に奉納されたのは元治元（一八六四）年の秋であった。明治に先立つこと四年、幕藩体制崩壊の寸前のことである。日本国内は長州戦争で騒然としていたが、早良郡一帯の農民にとっては豊作の年であり、額が奉納されたのも豊作を祝ってのことかもしれない。

額は上下二段に分かれており、それぞれに「千句集　奉納発句五拾五章」、「奉納発句五拾五章」という表題が書かれている。つまり、集められた千の発句の中から二人の選者がそれぞれに五十五句ずつを選んで奉納したということである。選ばれた人々は次の通りであった。

当村　石山　小徳　小亀　久々
脇山　小亀　山石　久々
西脇　山水　一松
内野　柳風　端□　白水

日吉神社（福岡市早良区）奉納額

免　　花水
東入部　調古　花月

このうち、当村というのは谷を指すのではないかと思うのだが、他の西脇、内野、免、東入部が当時の村名で書かれていることからすると、谷は脇山のうちであり、脇山が脇山と書かれたり当村と書かれたりした可能性が全くないわけではない。この当村と脇山の関係を混用と考えるか区別して書かれていると考えるかで、この奉納額の持つ意味は随分と違ったものになってくる。もし区別して書かれているのであれば、被差別部落の人と本村の人とが同席して文学を語り合ったということになり、混用であれば、ここに登場する全ての人が被差別部落の人である可能性が強く、当時の苛酷な身分差別の中でこれだけの教養を身につけるだけの力があったという証明になる。ちなみに、明治初年における谷の戸数は三十二戸であった。

発句は、少なくともこの奉納額で見る限り単なることば遊びではない。テーマとして与えられた題は次の通りであった。

虫の声・朝影・□□四郎・夫婦して・月の出
社近辺・田中村・薄道・風冷〳〵・傘さして

この限られたテーマの中で、山村の慎ましやかな生活の匂いをぷんぷんとさせながらの豊かな写生句の数々である。相当の教養がなければこれだけの句を詠むことはできまい。しかも、ここは登場する人々の全てが生活に余裕のあった人であったとは考えられないのである。

夫婦して焼野を開く鍬遣ひ　ワキ山　山石
夫婦して三畝はかりの初田植　当村　久々

前の句の「焼野を開く」とは、焼き畑農業を意味するのか、あるいは新しい土地の開拓を意味するかのどちらかであろう。また、後の句は、新婚の夫婦が初めて行う田植え、あるいは夫婦が初めて手に入れた田の田植えを意味するのであろうが、いずれにせよ百坪に満たない広さである。当時、谷の人々の職業の大半は農業であったと考えられている。なお、久々という人の句に、

□□の四郎笑ふて見仕る母の前　ワキ山　久々

という句があるが、まだ若い人であったのであろうか。
次の西脇の人の橋の句も当時の川や橋の実態を示す。

風冷え〳〵壱文出して渡る橋　西脇　山水
田中村洪水の出る度流す橋　ニシワキ　一松

おそらく西脇に近い橋の話であろうが、木の橋であったのだろう。この近年、早良平野一帯においては大洪水はなかったようだから、少しの大水でも橋が流されていたのかもしれない。橋の通行料を取るということは各地で行われていたようである。
雨を詠んだ句も多い。私に句の優劣を論ずるほどの力はないが、好きな句の多いのもこの雨の句である。

田中村入日包んてひと時雨　ワキ山　山石
傘さして菊壱輪を大事かる　ニシワキ　山水
田中村虹雨なりに夕暮る　当村　石山
田中村鶏頭に降る初時雨　内ノ　端□
傘さして御客馳走に伐る菖蒲　当村　石山
田中村眼のさめ安ひ雨の降ル　脇山　小亀
田中村入日の千の壱ト時雨　ワキ山　山石

当村および脇山の小亀という人を同一人物として考え、その句の幾つかを並べてみると、この人が旅の生活をしていた人であろうということが浮かび上がってくる。

月の出馬に湯呉るる桶の音
社近辺右と左の道印
薄道苞の鰯のこほれ塩
虫の声夜の明なる旅の宿

しかも、この人の句は、二人の選者が共に巻首の句として選んでおり、奉納額を清書した人のひとりもこの人である。その各地を見聞したであろう広い視野、句に示された確かで美しい表現力、額に書かれた達者な文字。このように見てくると、この小亀という人は単に発句だけではなく、また、その住居していたであろう谷だけではなく、あらゆる面で早良郡一帯の被差別部落のリーダーであったのではないかと思えてくるのである。

残念ながら一条、洗耳という二人の選者についての解明はできなかった。多少の調査をしなかったわけではないが、力量不足といったところである。また、数箇所読めない所があるが、物理的に読めない所は仕方がないとしても「□□の四郎」の□□が読めないのは、これもまた勉強の足りなさの故である。

以上、私なりの不確かな眼でこの奉納額を読んで考えたことは、この奉納額は後に起きてくる水平社運動の素地が幕末期にあったことを示す重要な資料であるのではないか、ということである。

風冷や〳〵歩行（あるい）て軽ひ我骸（からだ）　ニシワキ　一松

この句をせめてもの抵抗の句として考えることは無理であろうか。ここには自分自身をじっと見つめている人の姿がある。自分自身を深く見つめるということは文学の大きなテーマであり、思考や思想の出発点であるとも考える。

この額が奉納されてから九年後の明治六年、当時の脇山村では門戸口小学校と谷小学校の二校が開設されるが、同年の内に門戸口小学校の方は隣村の小笠木小学校と合併して脇山小学校となり、谷小学校は距離的には近いにも拘らず独立の状態を続けるのである。谷小学校が完全に脇山小学校に併合されるのは明治十九年のことであった（『早良郡志』による）。このようなことは現代では許し難いことではあるが、立場を変えれば、当時三十数戸しかなかった谷には一校を存続させるだけの児童数とそれをバックアップするだけの精神と力があったとも考えられるのである。

以上、この奉納額を読んでの私の感想なり考えなりを述べたが、ともあれ、額に書かれた全文を読んでいただきたく、次に資料としてそれを載せる。

（上段）

千句集

奉納発句五拾五章

虫の声　朝影（あしたかげ）

□□四郎　夫婦して

題

月の出　社近辺

田中村　薄道（すすきみち）

風冷〳〵　傘さして

巻軸

風冷え〳〵壱文出して渡る橋　西脇　山水

□□の四郎日田から女房連て来ル　内ノ　柳風

田中村洪水の出る度流す橋　ニシワキ　一松

虫の声疲の戻つた顔搶（つく）る　仝

同　めし粒てはる小燈行（行燈）　免　花水

五十

薄道觜の奇麗な山鳥　ニシ脇　一松

月の出馬に湯呉るる桶の音　ワキ山　小亀

風冷や〳〵歩行（あるい）て軽ひ我からた　西脇　一松

傘さして菊壱輪を大事かる　ニシワキ　山水

田中村入日包んてひと時雨　ワキ山　山石
四十五　朝影麦搗臼の居(す)へ処　免　花水
月の出静かな浪に鴨のこへ　山石
夫婦して孫の水汲匆釣べ　内ノ　端□
月の出鳴子に当る風の音　西ワキ　一松
朝かけさす汐向ふ磯千鳥　ワキ山　久々
四十　田中村虹雨なりに夕暮る　当村　石山
夫婦して焼野を開く鍬遣ひ　ワキ山　山石
社近辺流行唄売る人の中　ニシワキ　一松
夫婦して日(ママ)すから植る田壱枚　当村　小徳
田中村鶏頭に降る初時雨　内ノ　端□
三十五　傘さして田村の湟(蝗カ)声高し　ワキ山　小亀
月の出声お(を)掛れハ人違ひ　当村　石山
夫婦して夜の短さの朝笑ひ　ニシワキ　一松
社近辺雪折レ松に鳶一ト羽　当村　石山
虫の声窓からのそく草の蔓　東入部　調古
三十　風冷〳〵硯の水に移る月　ニシ脇　山水
田中村桃の日蔭の杵の音　内ノ　端□
社近辺右と左の道印　ワキ山　小亀
傘さして粽笹折るおよひこし　内ノ　白水

□□の四郎御台所から出入仕(す)る　当村　石山
廿五　月の出汐におさる丶江の薄　内ノ　白水
傘さして鳰(にお)の巣見出す水のはし　ニシワキ　一松
薄道苞の鰯のこほれ塩　当邑　小亀
田中村二日の烟り初露(霜カ)　内ノ　柳風
社近辺鷺ひと群れの夏木立　免　花水
廿　虫の声燈の見ゆる木の間こし　ニシワキ　一松
傘さして京店の銭借に来ル　仝
□□□(月の出か)八百両と云ふ役者　内ノ　柳風
朝影萩おし分けて汲流　当村　石山
社近辺石切音に水の音　仝
十五　月の出歩(あるい)行てへらす馳走腹　ニシワキ　一松
夫婦して逃ひ子に声からひとる　ニシワキ　山水
後　朝かけ御客馳走に切るあやめ　当邑　石山
前　傘さして梅に長閑(のどか)な鳥の声　内ノ　白水
風ひや〳〵揚枝遣ふて歩行(あるく)川　ワキ山　山石
十　傘さして元日の梅詠め□とる　東入部　調古
□□の四郎長崎に行て医者仕る　ニシワキ　一松
社近辺ミな短夜の掛ともし　ワキ山　山石
朝かけ眼のよふなッた人の来ル　ニシワキ　一松

田中村寝比覚（頃）ゆる肌の冷へ　ワキ山　小亀
五　□□四郎鰤壱本の遣り処　内ノ　柳風
傘さして土龍（もぐら）の穴に腹立ル　西ワキ　一松
田中村日和になりて濁る水　ワキ山　山石
□□の四郎笑ふて見仕る母の前　ワキ山　久々
巻首　田中村眼のさめ安ひ雨の降ル　脇山　小亀
于時　元治元年　一条選
子　季秋

（下段）

奉納発句五拾五章

題　同

巻軸　夫婦して作り出ひとる米俵　西脇　山水
風冷や〳〵若後家さんの無分別　□□　石山
薄道帆のから〳〵と見る舟　仝
夫婦して夜の短さお（を）笑ひ合ふ　ワキ山　小亀
薄道舟材木の不用もの　ワキ山　山石
五十　月の出歩行て減らす馳走腹　一松
傘さして軒端を払ふ角力取　ワキ山　山石
夫婦して跡トの世とりの無ひ桜　当村　小亀

月の出苦突明ケて掛り舟　小徳
夫婦して菊を仕立て□□□かる　ワキ山　小亀
四十五　虫の声夜の明なる旅の宿　仝
夫婦して日すから植る田壱枚　当村　小徳
風冷や〳〵机踏んはへて仕る昼寝　ワキ山　小亀
薄道鶺の奇麗な山鳥　ニキワキ　一松
田中村入梅是（カ）晴ても晴ぬ入梅　ワキ山　山石
四十　薄道苞の鰯の黐れ塩　当村　小亀
虫の声疲の戻ッた顔揃る　ニシワキ　一松
月の出馬の嘶く厩の□　□□
夫婦して味噌搗揚□□□　柳風
朝影研た薄刃の切□□　石山
三十五　社近辺新舗手出ひた揚酒や　柳風
月の出□はぬ鴨のひと騒き　免　花水
虫の声夜半に眼覚枕もと　東入部　花月
傘さして大事に抱し杜若（かきつばた）　山水
田中村一本眼立幟竿　石山
三十　朝影ケ峠越仕る姑ト入　当村　小徳
薄道入日のうつる人の皃（かお）　ワキ山　山石
虫の声破れ雨戸に崩れ塀　当村　小徳

月冷や〳〵水の動かす今日の月　東入部　調古
朝影梅に長閑な鳥の来ル　当村　小亀
廿五　月の出汲は暫くうこく水　ワキ山　山石
傘さして連(つれ)ぶし唄ふ娘の子　当村　石山
風冷や〳〵卸て踏し庭草履　ワキ山　小亀
夫婦して徳利壱ツ可愛かる　石山
田中村鶏頭に降る初時雨　内ノ　端□
廿　風冷や〳〵草に這(つくカ)はへ草の虫　当村　小徳
朝影色美しき草の花　当村　小亀
風冷や〳〵歩(あるい)行て軽ひ我骸(からだ)　ニシワキ　一松
夫婦して三畝はかりの初田植　当村　久々
傘さして御客馳走に伐る菖蒲　当村　石山
十五　風冷〳〵摺生黐して登る坂　当村　小亀
□□の四郎商売知ぬ暮し振　当村　小徳
風冷や〳〵鰒ふくるゝ魚の棚　当村　小亀
月の出咄し声仕る表□(てカ)辻　当村　石山
虫の声庭も不用の大竈戸　仝
十　風冷や〳〵穂薄活ケし床の前　仝
夫婦して毎晩かけぬ一ト銚子　東入部　調古
社近辺桜山吹咲黐れ　内ノ　白水
田中村入日の千の壱ト時雨　ワキ山　山石
朝影鉢にさんふりひたる萩　内ノ　柳風
五　虫の声窓からのそく草の蔓　東入部　調古
□□の四郎水の出端の河渡る　ワキ山　小亀
社近辺梅の匂ひの仕る月夜　東入部　調古
月の出汐に押るる江の薄　内ノ　白水
巻首　虫の声森より古ひ石燈籠　脇山　小亀

洗耳選
当邑　小亀
清書　西脇　一松
同　山水

（『部落解放史・ふくおか』第46号、一九八七年六月）

古代感愛

「さわら」。こころよい響きを持つこの地名は、私の生まれ育った故郷の誇るべき地名であり、私は今もかつて「早良郡」と呼ばれていた地方の一部である能古島に住んでいる。

むかし、といっても四百年程前までの早良郡は広大な郡であった。それが黒田長政の福岡築城と城下町の形成によって平和台や西公園（伊崎を除く）から今川橋付近までの一帯を削り取られ、大正から昭和の初めにかけては鳥飼、西新、姪浜、原、長尾、能古、壱岐、田隈、金武と福岡市へ合併していき、最後に残った早良町も昭和五十年に合併して、早良の地名はすべての地図の上から姿を消した。

昭和五十七年に再び「早良区」として早良の地名が復活したとき、私は多少の喜びを隠し得なかった。私の祖先たちが数百年にわたって受け継いで来て現代に伝えた地名が、私たちの意識とは無関係に、行政や政治の都合だけで変えられてしまったという不満から幾分なりとも解放されたという気分だったのである。

もう十数年も前になるが、早良という所は古代王城の地ではなかったかと考えたことがあった。

脊振山を頂点として北へ連なる二つの山稜。一つは西側の飯盛山から長垂へと続く山系、いま一つは東側の油山から平和台へと続く台地。この二つの自然の城壁にも似た山々に囲まれた早良平野。中央を室見川が流れ、北は博多湾に面している。しかも、そこに残された弥生時代から古墳時代にかけての膨大な遺跡の数々。古代史や考古学にはまったく無縁の素人の私が、我田引水的思考の結果として「早良王城説」を唱えたくなるのも当然のことであろう。

日本の、特に北部九州の各地には、かつて「邪馬台国」の地であったと信じられている場所が幾つもある。各地の「邪馬台国」の人々は、わが故郷こそ真の邪馬台国であると信じて疑わないのである。どの説を拝見しても多少の無理があるような気がするのだが、その無理を無理と思わないところに強烈な郷土愛やロマンも感じるのである。であるならば、わが早良だって邪馬台国は多少無理としても、『古事記』や『日本書紀』に登場する天孫降臨の地「高千穂の峰」ならば、有力な候補地として充分に立候補できる。

天孫降臨などという話は神話の世界である。したがって、それが事実であるということはありえないし、いつの時代であったかなどということを確定することもまず無理である。しかし、どういう事実にもとづいてこのような神話が生まれたのか、ということを考えることは無意味ではなかろう。

『魏志倭人伝』には、早良の東と西に隣接する奴の国と怡土(いと)国が強力な古代国家として登場する。しかしながら、残念なことにわが早良の文字は一字だって登場しない。同じことは『古事記』や『日本書紀』にも言える。まったくの無視である。でも、『古事記』などを読み進めていくと、早良との関連を感じさせる文言が随所に現れるのである。

まず、アマテラスやスサノヲなどの神々が生まれたという「筑紫(つくし)の日向(ひむか)の橘(たちばな)の小門(おど)の阿波岐原(あはきはら)」。筑紫が北部九州を指すことには異論はないだろうが、次からが問題である。日向、ひむかと読むのだが、朝日のさす所のことであるという。早良から糸島へと抜ける日向峠を当ててはどうだろう。橘は後で考えるとして、小戸は姪浜の小戸がいい。神功皇后の伝説にも彩られた美しい海岸である。いや、あったといった方が正確かもしれない。今はヨットハーバーなのだから。阿波岐原は長垂に近い青木がいい。ここら一帯も古墳をはじめとする遺跡の宝庫みたいな所なのである。さて、橘だが、多少発想を変えて「立つ鼻」とすると面白い。玄界灘一帯では岬や出張った所を長崎鼻などと呼ぶことが多い。江戸時代の航海書などを読んでいると「鼻もちのけて」という言葉が度々登場するが、岬などを遠回りするという意味で使われている。

このように考えてくると、「日向の橘の小門の阿波岐原」は、「日向峠から北に延びた所にある小戸や青木」であってもおかしくない。青木は生活の場所であっただろうし、小戸は禊や海水浴の場所である。そうなると、小戸から海を隔てて一キロ程沖に浮かぶ能古島は「オノコロ島」であり、日本発祥の地ということにもなるのである。

さて、ニニギノミコトが天降った場所であるが、『古事記』では「筑紫の日向の高千穂のくじふる嶺(たけ)」となっているが、「此の地は韓国に向かい」ともある。また『日本書紀』では、ある書に曰くとして「日向の襲の高千穂の添山峯」とあり、添山は「ソホリノヤマ」と読むともある。韓国に向かっていて山の名はソホリノヤマであれば、何といっても第一候補は脊振山である。それにしても脊振の山頂付近では生活もできなかっただろうから、実際の生活は早良の谷のどこかで行われていたということになる。長垂あたりの海の民が早良の谷の農耕民へと変身していったということであろうか。

朝鮮語ではソホルは京城である。セフリ、サワラ、ソワラ、早良に古くから存在したこれらの地名が京城を意味すると考えてもおかしくはないだろう。

次に、神武天皇の父親であるウガヤフキアエズノミコトのことにも触れておきたい。ウガヤフキアエズノミコトが死んだのは西のくにの宮であって、その御陵は「日向の吾平山」にあるという。吾平はアヒラと読む。吾平山は油山であろうか、荒平山であろうか。わが荒平山の山麓には西だって現存しており、吾平山早良説も充分に可能性がある。

では、何故に早良の名が史書に登場しないのか。それは、日本統一の過程で抹殺されなければならない何らかの政治的理由があったからだろうと考える。たとえば、中央政権と相反して滅ぼされたとか、南九州を重要視しなければならないとかいったことである。そのときどきの政権にとって都合の悪いことは、そのときの政権が編纂する史書に載せられないことが多いのである。

十数年来、多少我田引水に過ぎるかなとは思いながら、こんな説を考えていたのだが、最近になって「早良王墓」なる遺跡も発掘され、「やった」と喜んでいる私である。同時に、今時こんな夢物語みたいなことを、と非難されることを危惧している私でもある。

歴史は正確であらねばならない。歴史は曲げられてはならない。しかし、それ以上に大切なことは、何をもって正とし、何をもって非とするかという私自体の立場を確立することであろう。私のように日頃は海の民のことばかり考えている者にとって、たとえば殿様が生きたとか死んだとかいったことはどうでもいいようなことなのだが、それも一つの間違いであろうか。

硬直した姿勢で語られた歴史は面白くないものである。「史は詩である」という言葉が好きなのだが、ときには心を広くして、ときには思い切り遊んで、ときには空想に浸ることも必要なことであろう。ただし、それは個人の心の中に秘められていなければならないという条件があろう。

今回、つい喋りたくなって。すまんことです。

（21号、一九八八・二・二五）

亡びしものに

少年のころ、西新町育ちの私が描く風景画には必ず油山か能古島が登場した。

脊振山を薄く青で描き、その前面に緑色の油山を富士山のように描く。その油山の右の肩の突起を上手に描くのが得意であった。

五十年後の今になっても、すぐに頭に浮かぶこの風景は、海は北にあるという反射的な思想である。

このような油山の、右の肩の部分が荒平山という山であり、そこに中世の興亡の歴史があると知ったのは青年になってからであったが、初老のころになって内野小学校に勤めるようになると、毎日あこがれの荒平山のふもとを通うようになった。

一度は登ってみたい。そう想い続けてはいたものの、あの深い緑は初めての者を寄せつけてはくれない。仕方がないから、月に一、二度程は若い先生たちに四、五キロの道を自動車で送ってもらい、そこからひとりトボトボと帰り道を下るのを楽しみとした。

いろいろな歴史を見た。野田の辺りの古い墓、主基斎田、比丘尼の墓、十二社神社、鏡神社、曲淵の石塔等々。そんな中で、まず気になったのが志々岐神社と鏡神社である。

志々岐とは長崎県平戸島南端にある地名であり、そこに鎮座する志々岐神社は漁民の信仰が厚く、玄界灘一帯の漁村に同名の神社が現存する。鏡神社は佐賀県浜玉町の鏡神社を勧請したものである。共に松浦党と呼ばれた人たちの神々であるのだが、早良郡の場合、何で山深い脊振山麓に松浦党か、という疑問が頭を離れない。

やはり動乱の中世を考えなくてはなるまい。糸島地方には松浦党の子孫と考えられている人々が多いが、自らの力で自らを守ったという松浦党の人々の生き方が早良一帯にもあったのだとすれば、すばらしいことの一つであろう。

中世、内野を中心とするあたりは小笠木、三瀬、日向、飯場などの峠を越えて人々が往来する交通の拠点であった。そこには権力を争う人々がいても当然であり、そのシンボルが荒平城ということになる。

先日から、「早良の歴史と自然を探る会」の人々は何回も荒平山に登り、城跡を踏査したという。私を連れて行かなかったのは非常にけしからんのだが、来いと言われたら登れたかどうか？　不満と安心が交錯していたある日、『筑前早鑑（はやかがみ）』と題する本の「荒平城」と「曲淵城」に関する部分のコピーを頂いた。文中に「元禄の今は……」とあるから、そのころ書かれたのであろうと、心をときめかせながら『筑前国続風土記』を見たら、ほぼ同文であった。無念。世の中にうまい話がごろごろしているはずもあるまい。

荒平城をめぐる話の多くは血なまぐさい話である。これが、もし最近のことであれば美しい話とは無縁のはずであろう。しかし、四百年という歳月は禍根を残しているであろうにもかかわらず、過去形で話をさせてくれる。しかも亡びているから美しい。今後、荒平山の調査に同行させてもらう機会があったら遺物の一つ一つに血を通わそう。

（22号、一九八八・四・一）

ふるさとは緑なりき

今、日本はかつてないほどの繁栄の中にあるといわれ、ほとんどの日本人もそれを信じて疑わない。しかし、ときに財布の中が空になったときなど「本当にそうなのか」と、想いを巡らすこともある。

あるお婆さんが言った。

「むかしゃぁですなあ、お金の一文もなかったっちゃあ、三カ月くらいのことなら暮らせよりましたばってん、今ごらぁ三日も暮らされまっせんばい。水ば使うても火ば使うても、ただじゃぁすみまっせんもんな。世も末ですたい」

ゲートボールを楽しみながらの現代批判である。現在の自分を豊かともそうでないとも計り兼ねておられるのであろう。

古代から近世まで、かつて早良郡と呼ばれていた私たちのふるさとは緑豊かな所であった。地勢上からも他の郡が持たない一つの特色を持っていた。『筑前国続風土記』の表現を借りれば次の通りである。

「此郡は福岡城下の西にありて近し。福岡の城も町も、西の方三分が一は早良郡に属せり。此の郡北に海ありて、三方に高山あり。広平の地に、村里多く、水田多し。中に早良川流るゝ故に、山林河海そなはりて、薪材ともしからす。魚塩多し。河水多けれ共、滞なくして、水旱の患稀也。されとも平田は肥饒ならすして、種植豊ならす。凡此国の内、那珂・席田・表粕屋・御笠・夜須・下座・上座の七郡は、南北に長く地つらなりて、其間に山へたゝらす。嘉摩・穂波・鞍手・遠賀四郡も亦しかり。宗像・裏粕屋は東西ならひつゝけり。怡土・志摩両郡も南北に地つらなれり。只此郡は東那珂郡にさかひ、南肥前に隣り、西には怡土郡ありといへとも、皆高山を隔てゝ地つらならす。北は海なり。是他郡に同しからす」

地勢の上からも一国をなしているのであり、「平田は肥饒ならずして」のところが多少気に食わないとしても、これくらいのことならどの郡も書かれているかち、わが早良郡は上の部にランクされる。今でも「早良気質」があるとすれば、それは地理学的な条件に依るところが大きいと考えていいだろう。

『筑前国続風土記』による人口、産物などの実勢は表（次ページ）の通りである。

お隣の怡土郡や那珂郡と比べても悪い数字ではない。この表には出てこない海産物や皮革製品、林産物などを含めればもっと良くなるはずである。さらにいいことは福岡に近いということであった。早良郡の場合、年貢を納める場所は西公園の東側にあった永蔵と呼ばれる所であった。当時、年貢の大部分は米であったが、その米を運ぶ手段は馬の背だけであった。一頭で二俵しか運べないのだから大変である。その大変な中で早良郡の近さはせめてもの救いであっただろう。このようなふるさと早良の豊かさで、だれが最もそれを享受したかが歴史的には問題となろう。

豊かさとは、人の心、自然、経済などをまとめていうのだろうが、今、経済だけが突出している中で、だんだんと貧しくなっていく人の心や自然の豊かさをいかに守るかが私たちの大事な仕事であろう。

（23号、一九八八・五・一）

『筑前国続風土記』による早良郡の人口・産物など

	田畑高　石	牛数	馬数	船　大	／小	家数	人口
那珂郡	34,367.24	683	1,236	1	87	3,315	19,233
早良郡	38,698.26	270	1,802	83	34	3,519	23,926
志摩郡	36,096.19	1,315	284	91	190	3,607	24,045
怡土郡	43,674.19	315	493			1,016	7,089
粕屋郡	52,897.89	1,824	1,877		128	5,008	32,145
席田郡	8,719.91	51	284			412	2,441
御笠郡	32,535.20	1,000	1,364			2,150	15,750
夜須郡	37,481.48	416	1,875			3,515	7,658
下座郡	18,933.75	102	912			1,243	4,931
上座郡	21,205.72	388	1,530			2,694	16,505
嘉摩郡	40,914.96	1,715	1,455			2,695	10,611
穂波郡	32,635.98	1,152	1,331			2,714	15,987
鞍手郡	59,025.63	1,974	2,042			5,228	17,323
遠賀郡	49,283.49	2,470	975	3	101	5,382	31,107
宗像郡	50,511.55	2,224	1,426	39	254	4,498	29,863

脇山村の産物

先月の号で早良の豊かさについて述べたが、実際にはどのような特産物があったのかについて『福岡県地理全誌』を中心に考えてみる。

『福岡県地理全誌』には明治初期における各村の物産が克明に書かれているが、その全部をここに載せることは無理だから、例として脇山村を挙げる。ただし、ここで言う脇山村は当時の脇山村であり、小笠木村や椎原村、板屋村を含まない。

物産

（生出）〔編注：村内消費〕

米・一二九八石　麦・四八〇石　大豆・六石三斗

小豆・三石一斗　豌豆・六石　唐豆・一石二斗

粟・三石五斗　蕎麦・一石八斗　栗・一石

楊梅（やまもも）・一〇一石　梅・五石　椎・一石

梨子・五〇〇　枇杷・一〇〇斤　蜜柑・一四〇〇〇

柿・三〇〇〇　煙草・五〇斤　茶・二〇石

鶏・一〇〇羽　鶏卵・二〇〇〇　家鴨・三〇羽
家鴨卵・六〇〇　琉球芋・二四〇〇斤
山芋・八〇〇本　筍（たけのこ）・二〇〇斤　楮・二〇〇斤
（輸出）〔編注：村外移出〕
楊梅・一〇〇石　代金二〇〇円
蜜柑・一〇〇〇〇　代金五円
渋柿・五〇石　代金五五円
半紙・一四〇束　代金一五円四〇銭　平瀬梓製
櫨実・八〇〇〇斤　代金九六円
菜種・六石　代金三七円五〇銭
酒・六四石五斗七升　代金五一六円五六銭
脇山諸八郎製
堅炭・三〇〇〇俵　代金三七五円
薪・一三〇〇〇把　代金三九〇円
杉丸太・一二〇〇本　代金六〇円
杉板・五〇〇坪　代金一二五円
総計　一八七五円四六銭

ここに載せられた数字や金額は明治五年のものとされているが、各村から報告された数字であってみれば税金対策などもあったであろうし、必ずしも正確な数字であったとは考えられない。しかし、当時の脇山村の実態を示す資料であることも確かである。

面白いことに、最大の産物である米が「輸出」の対象になっていない。これは当時の経済が米を中心としたものであり、税金も米で支払われていたことによる。脇山村の場合は、正税が米と大豆を合わせて七六六石二斗四升八合であり、雑税の一二石九斗八升八合と合わせた七八九石二斗三升六合を税として支払わなければならず、村民一〇五九人が口にすることのできた米や大豆は五〇〇石余りであったということになる。

人が一年間に食らう穀類の量は約一石であったから、脇山村の平均的な飯は米四割に対して麦その他が六割であったと言うことができよう。小作の人々の食事ともなると楢山節考的なものであったかも知れない。

しかし、脇山村の産物をもう一度確かめていただきたい。その一つ一つの情景を心に想い浮かべてみるとき、豊かさを感じませんか、牧歌を感じませんか。ここには書かれていない物も数多くあるはずである。たとえば、わらび、土筆、山葵、沢蟹、どじょう、栗、銀杏など、現在でもわずかに残っている物もその数はもっと多かったはずである。さらに水車小屋も四カ所はあった。村の鍛冶屋もあった。蛍が飛びかい、こどもたちは童歌を口ずさみながら自作の玩具を楽しんだ。大人たちも日が沈めばもう布団の中だろう。

産物の中で一つだけ驚いたものがある。やまもも（楊梅）である。現在でも脇山一帯の山中には多くのやまももが自生しているが、飽食に慣れた現代人は子供でさえ深紅に熟れて甘いその実を採ろうとはしない。百年前の人たちはやまももをどのように利用したのであろうか、その樹皮は下痢や打撲傷の薬として利用されるのだそうだが、産額の「一〇〇石」という表現はやはり実を差す言葉であろう。砂糖などの少なかった時代の糖分の補給源？　草木染の染料？　何であれ脇山村の現金収入の約一〇%を占めていたやまももの実が、今わたしの頭の中でキラキラと耀いて仕方がないのである。再利用を考えてみてはどうだろう。

このような生活を貧しさと考えるか、豊かさと考えるかはそれぞれ人の勝手だが、一生を給料生活者として過ごし、コンクリートに囲まれて生活した者にとっては羨ましい限りである。現在、日本人の大半は自分を中流だと考えているということだが、中流とはどういう生活をいうのかを規定した中で、「朝起きて今日一日の自分の行動を自分で決めることができる」というのがある。どうも私自身の一生は過去・現在共に中流ではなかったようである。

明治の初め、脇山村の人々の平均寿命は五十歳に満たなかったであろう。地主と小作人といった厳しい現実もあったであろう。子どもたちの大半は寺子屋で二、三年も学べば、いわゆる勉強は終わりであった。明治維新という変動の時代でもある。明治六年には「竹槍一揆」などという過去の差別をさらに助長させるような事件もあった。一般的に言えばいい時代ではないはずである。にもかかわらず『福岡県地理全誌』が書かれた時代を憧憬（しょうけい）の目で見ようとするのは、「自分たちの手で世の中を変えることができる」というような、将来に対して夢が持てた時代であったからだろうか。

（24号、一九八八・七・四）

早良の山の資料館

まだ海のものとも山のものとも分かりませんが、私は今、能古島に海の資料館の計画を持っています。順調にいけば来年オープンの予定ですが、並大抵のことではないようです。

　能古島という小さな島の小さな歴史、名もない人々の生きざまを誇らしげに語りたいのです。荒れ狂う北の海に散った人と残された家族の悲しみ、元寇や刀伊（とい）の乱で苦しめられた民衆の姿も描きたい。そんなもののすべても、そういう歴史を持っていること自体を誇りたいのです。

　そこで提案と言いますか、もう一つの夢と言いますか、早良の山の姿を映しだした資料館もあったらいいなと思うのですが、いかがでしょう。

　早良王墓の出土があります。重留辺りの製鉄なども含めた生活跡があるようです。脊振山の山岳信仰の跡もあるでしょう。荒平城は会員の皆さんで調べておられる最中です。江戸時代ともなれば資料はもっと多いはずです。百姓さんを中心とした民衆の生活を知る資料ともなれば、探せばまだ無尽蔵と言うことができましょう。

　日本の博物館は帝国博物館以来、一般的に言う「いい物」を飾ることから出発し、その伝統が人々の常識になってしまったという経過を辿りました。ですから、仕事着や鍬、鎌を飾るなどということは論外であるという意識がお互いの心の中にあるのも事実です。しかし今、発想の転換が各地の博物館や資料館で行われているのも事実です。佐渡の小木（おぎ）で見た数万点に及ぶ漁労具や生活用具の山には心を打たれました。福山市にある、下駄や草履ばかりの「日本はきもの博物館」は感激でした。

　こんな資料館ならば、携わる者の強固な意志さえあれば、そして土地と家さえあれば、簡単とは言わないができるはずです。陳列した物が人の心を打つかどうかは、携わる者がどのような態度で対応するかで決まるのです。たとえば、昔の人が実際に使った藁草履などを深紅の絹の上にそっと置いて、それがどのような過程を経てでき、どのような経過を辿って残されたかをきちんと説明することができれば、こんなに素晴らしいことはないと思うのです。

石釜の十六羅漢は、中世の早良の民の信仰を形として残しました。谷の神社で見た江戸時代末期の俳句の奉納額は、早良の民衆の豊かな心情と文学性を書き残しました。今、私たちは何を残しますか。資料館に固執するわけではありませんが、昭和の動乱の時代に生きた早良の民の心意気を後世に伝えたい。たったそれだけのことです。

（25号、一九八八・八・一）

内野の宿

あれから既に十三年が過ぎた。

小学校の教師として約三十年、島、炭坑、漁村、都会の住宅地などと転々と勤務地も変わったが、そのいずれもが海辺に近い小学校であった。ようやくにして憧れの山村とも言える内野小学校に転勤できたのである。もっとも前任校の校長さんとの小さないざこざがなければもっとよかったのだが、それでも山の空気の甘さを満喫しながら校門をくぐった。

校長室には若い先生が七、八人、いずれも転勤してきた先生たちである。みんなかしこまった中で、私一人がやや横着なポーズで校長さんの出現を待った。

「よう、いらっしゃい。不便な学校ですまんな」

かねて顔見知りの校長さんは機嫌よくそう言いながらどっかと椅子に座り、早速だが、と切りだした。

「赴任式の挨拶は高田君にしてもらうとして、担任の希望を聞いておこうか」

私はここ数年間、一年生ばかり担任していたことを申し述べて、一年生以外であれば何年生でもいいです、と答えた。

講堂では興味深げな顔の子供たちが待っていた。

「山の美しい緑と、小川の水の清らかさ、そして甘い空気、校庭の桜も満開です。そんな中で勉強し、生活している皆さんの顔が、いま輝いて私の目に映っています。そんな皆さんと一緒に勉強できる私は幸福です」

そんなふうなことを話して校長室に戻ると、校長さんが有無を言わせずに言った。

「やっぱりあんたが一年生ばい」

　このようにして、私の内野小学校生活が始まった。


　能古島から内野までの通勤はいかにも不便である。毎日というわけではないが、週に二、三回は泊まれるようにと家を一軒借りることにしたのだが、最初に話があったのが生徒の家。ここは立派すぎた。それに家賃も要らないという。必死で断って次に見つけたのが百姓さんの家の馬小屋の二階。これは気に入った。寝台と冷蔵庫ほか若干の家財道具を買い込み、自炊を始めてみたが炊事場もない。茶碗を洗うのも顔を洗うのも小川である。さすがに口に入れる水だけは水道の水を使ったが、そんな生活が気に入らなかったわけではない。むしろ気に入っていたと言う方が正確であろう。

　時折、若い先生が遊びに来る。一人で食う飯は美味しくないから無理遣りに連れてくるのである。大勢のときには大家の親父さんが泥鰌をバケツいっぱい持ってきてくれたり、鯉のあらいをしてくれたりする。夏から秋のころまでは人気が良かったのだが、冬になるとさっぱり来手（きて）がない。問いつめると、食器を洗うのが辛いのだそうである。

　子供たちも遊びに来た。春、土筆取りが楽しかった。勉強に飽きてどうしようもない日の午後もそうだった。

　何人かの土筆取り名人がいて、自信ありげに言う。

「あのね先生、土筆はね二種類あるとよ。毒のあるとと毒のないとと」

「ほう、毒土筆なんて初めて聞く土筆やね」

「うふっ、毒土筆はね、道ばたの土筆。ばってん、おしっこのかかっとろうが」

　土曜日の午後の楽しみの一つに散歩があった。若い先生の車に乗せてもらって、たとえば椎原まで行く。そこでさよならをして、あとはお宮さんなどを巡るのである。鏡神社の静寂の中で、なぜ松浦党の神様がこなのかを考え、藤原広嗣の反逆の心を想う。

　子供連れの日は校区内の史跡や神社、寺院を訪ねる。中世の匂いの濃い佇まいの中で、おそらくこの子たちに話しても理解はしてくれないだろうと思いながらの説明であってみれば、すぐに話題が変わって狐に化かされた話など。そして歌。

「まいにち　まいにち　ぼくらは鉄板の」

教師が楽しければ生徒も楽しい。生徒が楽しければ教師も楽しい。理屈など糞食らえだ。

山間の秋は平地よりも早く訪れる。稲刈も済んで大家さんの家の新米の味を楽しませてもらうころともなると、下の小屋で夜なべの藁仕事が始まる。正月用の七五三（しめ）飾り作りである。おばあちゃんが次から次へと作られる作品の仕上がりが見事である。そう難しそうでもないしゃもじ型くらいなら私にもできそうであり、「僕にも手伝わせてください。こんなの、わりっと得意なんです」と挑戦を試みるのだが、左綯（な）いと右綯いの違いも区別できないのであってみれば、所詮　売り物とは程遠い物を作りあげ、おばあちゃんの六十年にも及ぶという作品歴にあらためて驚嘆するのである。従って私の作業区分は出来上がった物の髭切りだけということになる。

師走も近くなると親父さんや奥さんも作業に加わり、端から見る限り楽しい団欒のひとときでもある。

冬休みに入ったころから親父さんと奥さんは町での七五三飾り売りである。「百姓のボーナスですたい」。そう言って町へ出かけたこのご夫婦の顔を再び拝見したのは、正月になってからのことであった。

正月前、島に帰る私に、おばあちゃんは「手伝ってもらったから」と、大きな七五三飾りと餅米、それに自家製の椎茸なども持たせてくれた。

島へのお土産はそれだけではない。仲良くなった近所の人と一緒に山に入り、沢の清冽な流れの側に隠れている蟹を、小石をめくりながら捕ったものもその一つである。ついでに何本かの山葵も採った。

「採ってよかとね」

「心配しなんな、俺の友達んがたの土地やけん、よかと」

このごつごつの手の新しい友人は、美しい藁つとに自分で捕ってきたというわかさぎを燻製にして刺した物も持たせてくれた。

それにしてもこの山間の村の冬の寒さは厳しい。一生を海洋性気候の中で過ごした者にとってはなおさらのことである。紙障子だけで外界と境しているわが部屋であってみれば、小さなストーブなどまったく威力を示さない。仕方がないから大家さんの家の掘り炬燵をめざす。

（26号、一九八八・九・九）

早良の炭坑

姪浜の小戸の海岸にただ一つわずかに残っていたボタ山が、数年前に博多湾埋立ての土として利用され、その姿を消したことによって、旧早良郡にあったすべての炭鉱の足跡が消えた。

昭和十六年ごろ、私が通学していた城西高等小学校（現在の城西中学）の前には大きなボタ山があり、草もほとんど生えていない急斜面を登ると、頂上はおそらく三百坪程もあったであろう広い平地であり、そこから二階建ての校舎や西の数百メートル程先にある塵焼き場までの広大な荒地を気持ちよく眼下に見下ろしながら、模型の飛行機やグライダーを飛ばしたものだった。

塵焼き場の横を流れている小川の畔には炭住街があり、今は韓国へ帰っている宋君の家などでよく遊んだ記憶がある。さらに、現在の祖原の辺りには坑口も幾つか残っており、子供たちの肝試しの場でもあった。

『早良郡志』は早良の炭鉱について、次のように述べている。

本郡に於ては明治二十四、五年の頃、地下に石炭層の存在するを認め、西新町地内に於て採掘を試みたるものがあつたが、甚だ振はず明治四十二年に至り、福岡鉱業株式会社が西新町の麁原に採掘を初めてより盛大となり、大正年代に入りて益大規模となり、同三年には同会社及姪浜鉱業株式会社が姪浜地内に起業し、同八年には樋井川村地内に於ても豊国鉱業株式会社が業を起し、本郡の北部は煤煙天を覆ひ（略）現今尚盛に採掘せるものは姪浜地内にある姪浜鉱業株式会社の経営に属するものと、福岡鉱業株式会社の第二坑及び第三坑とである。

また、採掘地については、西新町、姪浜、樋井川の他に原村、壱岐村、福岡市（大正十二年当時）を挙げており、試掘地としては、残島村、金武村、田隈村、入部村なども挙げている。

ここに、「鉱夫雇用及労役規則」と「鉱夫扶助規則」という二つの資料がある。共に明治三十八年に愛宕炭鉱の梶川光という人物が書いた文書であるが、先に述べた『早良郡志』の記述にある姪浜の炭鉱の開始が大正三年とあるのに対し、それよりも約十年以前に姪浜に炭鉱が存在したことを示す資料である。

福岡県下の炭鉱に関する資料は数多くあるのであろうが、そういった資料を初めて手にした私には、この資料の内容が面白い。その全部を述べることはできないが、幾つかを挙げる。

鉱夫の種類　職工　機関夫　火夫　運搬夫　支柱夫　撰炭夫　坑内外雑夫　採炭夫

但し　婦女は採炭夫の後山、撰炭夫及び坑外の雑夫に限る。

賃金は採炭夫が一等で一日八十銭以上と最も高く、雑夫の一等四十五銭以上が最も安い。なお、各職種とも三等は四十五銭か四十銭以下である。

鉱夫の就業時間は昼夜に拘らず一日十二時間を限りとする。

十二歳以下の幼年者は雇用せず、十四歳以下の幼年者は軽き業務に服せしむ。

鉱夫は疾病又は止むを得ざる事故あるにあらざれば、一カ月中三日以上休業すること得ず。

（33号、一九八九・三・二九）

早良の街道と宿場

近世における旅とは歩くことである（もちろん海は船です）。一〇キロとか二〇キロ歩いた所に宿場町があり、旅の疲れをとる。当時の人々にとっては大変なことであったに違いないのであるが、一度は経験してみたいという憧れの心もはたらく。私は休みなどを利用して旅をするとき、できる限り商人宿とか民宿とかに泊まることにしていたが、昔の旅の宿の人情に触れてみたいという感情があったからである。
その旅人の道と宿場町は福岡藩内に次のようにあった。

1　六宿街道（長崎街道）
小倉より黒崎・木屋瀬・飯塚・内野・山家・原田

2　唐津街道
小倉より若松・芦屋・赤間・畦町・青柳・箱崎・博多・福岡・姪浜・今宿・前原

3　秋月街道
猪膝より大隈

4　日田街道
福岡・博多より二日市・宰府・甘木・志波・久喜宮・小石原

5　篠栗街道
福岡・博多より金出・飯塚

6　三瀬街道
福岡より金武・飯場

この内、早良に関係のある街道は唐津街道と三瀬街道である。この街道が現在のどの道であったのか、西新や姪浜の旧道がそうであっただろうということは分かるのだが、その他が分からない。室見のバス停の北に残っている松並木が昔の街道であると聞かされていたが、それが唐津街道に属するのか三瀬街道に属するのか或いは共通の道であったのか、わずか百年前のことが判然としないのが残念である。

これらの街道は、日本という立場からすると主要な街道ではない。したがって歴史の表舞台からは遠いのであるが、それだけに庶民の道としては重要であったのであろう。

福岡藩の街道に詳しい近藤典二氏の話によると、福岡藩内における他の街道の資料と比べて、この二つの街道の資料は非常に少ないのだそうである。ところが、最近、姪浜の宿場の資料を大量に発見することができ、姪浜は一躍最も資料の多い宿場町にのしあがった。資料は総数五百点を超え、宿場に直接関係のある資料だけでも百点を超える。金武や飯場の資料も発見できないかなあ、と会員の皆様のご助力をひそかに期待するのである。

姪浜の宿場の資料によれば、元来、長崎街道以外を通ることのなかったはずの長崎奉行一行が、姪浜を通過している。また、唐津藩の重役たちの往来も度々であったようである。こんなとき、茶屋と呼ばれた本陣の他に一般の民家も動員され、近辺の村の人々や馬までもが公役に動員されたようである。『見聞略記』にも、小倉落城のとき、敗残の唐津藩士が槍を杖にここを通ったとか、大浦の囚われたキリシタンたちが或いは菰（こも）に入れられ、或いは繋がれてここを通ったとかいった記事がある。

　おそらく三瀬街道についても福岡の乱や佐賀の乱に関する、或いは庶民の塩の道とか物資流通に関する話などが残っているに違いない。いつかはそんな話を集大成してみたいと、また自らの身辺を忙しくしてみたくなるのである。

（34号、一九八九・四・三〇）

『福岡藩御用帳』の中から早良郡の記載について

新しい資料が出てくるということは嬉しいことである。この『福岡藩御用帳』もその一つである。福岡県立図書館に保存されているこの資料について、その存在は十数年前から知っており、何回となく利用もさせてもらっていたのだが、何しろ膨大な資料であり、私の場合は海のことだけに目が向いて他のことは見過ごしていたというのが実情である。

　今回、『福岡県史』の一冊として活字化されたのだが、読み安くなった本を開いてみると、今まで気づかなかった色々な記載がある。早良郡についての部分を拾いあげると次の通りである。

宝永1・6・26　早良郡鳥飼村百姓助右衛門旅人逗留願

同　1・8・22　早良郡御猟山の内杉植立・畠開仕立に付仰出申渡

同　1・9・7　早良郡鳥飼村新道付に付田畠費

同　1・11・5　早良郡片江村権六檜原村野地作出家作願

同　2・2・17　早良郡姪浜西網屋火災により水夫高六十人の内半分御免願

同　2・3・2　早良郡上長尾村百姓七郎左衛門より倅・甥御国居住願
同　2・4・6　早良郡姪浜庄屋・組頭より出家蓮真帰参願
同　2・4・28　早良郡麁原村百姓中宮床引直願
同　3・6・3　早良郡伊崎浦弁指・頭百姓より同浦伊八帰参願
同　4・1・21　早良郡残島北浦火災に付粮米拝借幷水夫役御免願
同　4・2・26　早良郡上長尾村七郎左衛門より妻子御国居住願
同　6・9・3　早良郡重留村藤平明キ野鉄砲札御免許願
同　7・5・10　早良郡東入部村紙漉甚蔵より妹御国居住願
安永10・3・15　早良郡姪浜村塩浜の内開浜一町と川筋振替に付郡奉行伺
同　10・3・25　早良郡荒戸村利作姪浜郡蔵へ入置処病死の段郡奉行所申出
天明1・4・22　早良郡板屋村救として他村野山空地へ櫨植立に付郡奉行所伺
同　2・2・1　早良・志摩・怡土壱作損毛村々当仕向拝借の儀郡奉行申出
同　2・2・6　早良郡谷村抱六本松六郎次女房行灯にて軒口焼失の段申出
同　2・2・21　早良郡野方村組頭善右衛門当作仕向のため証拠山の内拝領願
同　2・3・22　早良郡吉武村山ノ口御山仕立立茂に付預山証文拝領願
同　2・3・27　早良郡下長尾村庄屋徳七居家修復のため預山にて松木拝借願
同　2・5・28　早良郡田島村八幡宮にて年々六月朔日耕作成就の神楽執行願
同　2・7・24　早良郡西村茂作橋本村抱大川筋にて溺死に付死骸取納申出
同　2・8・26　早良郡上長尾村百姓中村中明野山証文御渡願
同　2・8・27　早良郡残島浦後手磯へ男死骸一人流寄の段申出
同　2・9・22　早良郡残島居船頭船上総国にて破

船、浜書物取罷帰段申出
同　2・11・2　早良郡鳥飼村触八カ村住宅諸士内作年貢米指紙立用願
同　2・12・1　早良郡残島喜十郎糀室御免札拝領願
同　同　早良郡残島浦孫五郎草履草鞋店御免札拝領願
同　2・12・10　早良郡西新町釜屋市郎兵衛女子の捨子取上養育に付御称美
同　3・7・30　早良郡鳥飼村大庄屋畝作死去、跡役倅弥惣へ申付伺
同　5・5・14　早良郡谷村抱馬場頭喜平次鳥飼村抱にて品々掘出の段申出
同　6・1・17　早良郡姪浜浦火災類焼の者へ寸志差出に付御称美
（同火災についての関連記載が他に四カ所ある）
同　6・2・16　早良郡片江村枝郷神松寺甚七居宅焼失に付家作銀拝領願
同　6・2・24　早良郡西新町武六宝暦十一年御渡御書附の趣により御救被下
同　6・2・30　早良郡片江村百姓五郎次より伯父伝蔵帰参願
同　6・3・28　早良郡西油山庄屋源吉下女縊死の段郡奉行申出
同　6・5・3　早良郡柏原村百姓弥吉薪付出の筋道証拠失念に付科料申付伺
同　6・5・17　早良郡姪浜魚町善九郎溺死に付死骸片付の儀伺
同　6・5・22　早良郡脇山村百姓伊助女房他絹袖口肌着着用に付咎申付伺
同　6・8・1　早良郡姪浜浦鉄屋徳蔵虫付に付鯨油買上の節は差出の旨願
同　6・8（不明）　早良郡片江村百姓甚助当年御年貢米永倉初払に付御称美
同　6・9・22　早良郡姪浜浦団七溺死に付一族中より結縁願
同　6・閏10・30　早良郡金武村抱にて比丘尼行倒相果の段申出
同　7・3・14　中尾甚六姪浜沖にて勢美鯨掛留の段申出

同　7・9・10　早良郡西新町抱にて男一人相果に
　付死骸片付の儀申出
同　7・12・12　早良郡姪浜村新町百姓新蔵鎌を投
　雁殞に付雁差出

以上であるが、『御用帳』そのものはこの他にもまだ在るのであって、その中に早良に関する記述が多く含まれていることは確かである。

上記の記述の中身を詳しく述べる誌面はないが、宝永元年の御猟山の記述の中には、北谷、湯ノ頭谷、犬坊谷、地こく谷、彦九郎谷、ひちく谷、御手水、女男谷、川原、山ノ神原などと金武、吉武、飯盛などの地名が多く登場するし、天明六年、脇山村の女性が絹の肌着を着ていたという理由で父親と主人が牢屋に入れられた上罰金として銀一枚を取られ、彼女たちと同道した人は叱られ、庄屋や組頭は銀一両などの罰金を取られ、大庄屋は叱られるのである。

また、ここには載せなかったが、瑞梅寺の人が曲淵で猪を捕った記録もある。

とにかく『御用帳』は今後の早良郡研究の大事な資料となることは間違いのないところであり、読んでも多少の難しさを辛抱すれば当時の人々の生きざまがよく分かって面白い本である。

単なる資料紹介に終わったが、こういう資料も在るのだと記憶に留めていただければ幸いです。

（37号、一九八九・七・二五）

早良郡の火災

『福岡県災異誌』という本がある。福岡測候所が昭和十一年にまとめたものだが、有史以来福岡県内で起きた火災、地震、水害などを記録に基づいて整理したものである。しかし、必ずしも完全ではない。たとえば能古の宝永年間の火災（三十軒焼失）や寛政四年の火事（一〇六軒焼失）などの記録もないが、他の火災についても同じことが言えるであろう。もちろん、小さな火災について記載がないのは当然であるが、重要な参考資料であることは確かである。

以下、同誌の早良郡の火災に関する記事だけを載せる（明治十年まで）。

元禄12（1699）年4月13日　姪浜　五〇軒焼失
安永8（1779）年3月19日　内野　一四〇軒焼失
同　9（1780）年8月4日　姪浜浦　一六四軒焼失
天明5（1785）年11月20日　姪浜　五〇〇軒余焼失
文化2（1805）年12月9日　姪浜　（不明）
同　8（1812）年1月28日　姪浜　（不明）
同　11（1814）年11月　内野　（不明）
文政4（1821）年1月　内野　六〇軒余焼失
同　5（1822）年11月14日　姪浜　（不明）
慶応2（1866）年11月　内野村　二〇軒余焼失
明治10（1877）年　田隈村　二〇軒全焼

姪浜と内野の火災がほとんどであり、両村の戸数の多さと家の密集の度合いを感じさせる。当時の家のほとんどは藁屋根であり、灯りは行灯（あんどん）である。かまどや風呂の火も引火しやすかったであろう。

一旦火事になれば、人々は、自分の家を守ること、消火に参加することの両方をしなければならなかった。一〇〇メートルも離れているから大丈夫という考え方は、飛び火の前には成り立たなかったのである。

私も島の藁屋根の家の火事に遭遇したことがある。正月の晴れ着の人々が大勢、もみくちゃになりながら消火に参加した。消防が期待できない時期であり、長いバケツの列と水びたしの人々が感動的であった。

（40号、一九八九・一〇・二四）

牛の牧場

『魏志倭人伝』によれば、邪馬台国の昔、わが国には牛がいなかったらしいのである。

「その地には牛・馬・虎・豹・羊・鵲（じゃく（さく））無し」とあるのがそれである。少なくとも、二千年の昔、わが国を訪れた中国人は、その目で牛やその他の動物を見ることがなかったのであろう。

しかし、弥生時代の遺跡、たとえば佐賀県神埼郡三田川町の南里ケ里貝塚、長崎県壱岐芦辺町深江の原の辻貝塚など約三十の遺跡から、断片的ではあるが、牛の骨が出土しているから、わが国に牛が全くいなかったということは言えない。ただ、その数が非常に少なかったことだけは確かであるようだ。

ところで、能古島にも牛がいた。古い時代である。約千年前に書かれた『延喜式』は、当時の官営の牛の牧場として次の牧場をあげている。

相模国　高野馬牛牧
下総国　浮島牛牧
武蔵国　神埼牛牧
上野国　占市牛牧
上総国　負野牛牧
備前国　長嶋馬牛牧
周防国　垣嶋牛牧
筑前国　能巨嶋牛牧
長門国　角嶋牛牧
肥前国　相嶋牛牧　宇野牛牧　早埼
伊予国　匆那嶋牛牧
日向国　野波野牛牧　長野牛牧　三野原牛牧

ここに記された「筑前国　能巨嶋牛牧」がその証拠となるものであるが、牛に関する文献として、これが最古のものではない。

『日本書紀』巻十五「弘計天皇　顕宗天皇」の項に次のことが載せられている。

顕宗天皇がまだ弘計王といっていたころ、その父の市辺押磐皇子が雄略天皇のために殺されるという事件があった。弘計王は兄の億計王と共に播磨へと逃げるのであるが、そのときの顕宗天皇のことばに、

> 吾は是れ去来(いざ)穂別天皇（履中天皇）の孫なり、而るを人に困事(をえつか)へて牛馬を飼(か)牧ふ。豈名を顕して害されむに若かむや。

とあり、同じ事件について、『古事記』では安康天皇の条で次のように述べている。

> 針間(はりま)国に至り、その国人(くにびと)、名は志自牟(しじむ)が家に入り、

身を隠したまひて、馬甘牛甘に役はえたまひき。

この事件で二つの書に書かれた「牛」ということばが、歴史として信じられる日本最古のものであろう。この時代、牛はまだ貴重品であったらしく、兵器としての性格を多分に帯びている。先の播磨の牛も、屯倉に飼われていたものであり、例えば、児島の屯倉と長嶋馬牛牧は一連のものとして考えられている。だとすると、能古の牛牧も筑紫の屯倉と同時に置かれたと考えることも可能となり、筑紫の穂波、鎌に屯倉が置かれた安閑天皇の二（五三五）年までさかのぼることができる。

この安閑天皇二年という年は、『日本書紀』に

別に大連に勅して云く、宜しく牛を難波の大隅嶋と媛嶋の松原に放つべし。冀はくは名を後世に垂れむ。

と書かれた年であり、能古の牛牧も大隅嶋や媛嶋と同時に置かれたのではないかと考える。即ち、能古の牛牧は日本最古の牛牧場の一つであったと言うことができるのである。

さらに、牛が朝鮮渡来の動物であるという考え方に立つと、朝鮮から那の国への途中の島である能古は、日本最古の牛牧場としての条件を整えてくるのである。当時、牛の牧場としての条件の一つに、島でなければならない、ということが掲げられた。しかも、その島は、大きすぎてはいけないし、重要地点、例えば屯倉などから遠すぎてもいけないのである。能古は最適の場所であった。

先に、「牛牧は屯倉と一連のものであった」とも書き、また、「貴重品であった」とも書いたが、『万葉集』には牛を歌った歌が三首しか載せられていない。しかも、三宅（屯倉）の枕詞として「牡牛」ということばが使われているのである。このことは、牛が屯倉と深い関係を持っていたことと、まだ一般的普遍的な動物でなかったことを証明する。

牡牛の　三宅の坂に　さし向ふ　鹿島の崎に　さ
丹塗の　小船を設け　玉まきの　小梶繁貫き　夕潮
の　満のとどみに　御船子を　率ひ立てて　呼び立

てて　御船出でなば　浜も狭に　後れ並みゐて　こいまろび　恋ひかもをらむ　足ずりし　ねのみや泣かむ　海上の　その津を指して　君がこぎ行かば

（巻九・一七八〇）

反歌

海つ路の和ぎなむ時も渡らなむかく立つ波に船出すべしや

（巻九・一七八一）

吾妹子が額に生ひたる双六の牡牛のくらの上の瘡

（巻十六・三八三八）

押照るや　難波の小江に　廬作り　隠りてをる　葦蟹を　大君召すと　何せむに　吾を召すらめや　明けく　わが知ることを　歌人と　吾を召すらめや　笛吹と　吾を召すらめや　琴弾と　吾を召すらめや　かもかくも　命受けむと　今日今日と　飛鳥に到り　立てども　置勿に到り　策かねども　桃花鳥野に到り　東の　中の門ゆ　参納り来て　命受くれば　馬にこそ　ふもだし掛くもの　牛にこそ　鼻縄著くれ　あしひきの　この片山の　もむ楡を　五百枝剝ぎ垂り　天光るや　日の気に干し　さひづるや　柄碓に舂き　庭に立つ　碓子に舂き　押照るや　難波の小江の　初垂塩を　辛く垂れ来て　陶人の　作れる瓶を　今日往きて　明日取り持ち来　わが目らに　塩漆り給ひ　もち賞すも　もち賞すも

（巻十六・三八八六）

以上の歌の中で、生活の実感として歌われているのは最初の長歌及び反歌のみであり、後の二首は「わけのわからない歌」、「かにのために苦痛を述べた歌」といった類の歌である。当時の人たちは牛をどういう目で見ていたのであろうか。

ところで、能古島には中央を東西に横切った古い土手が残っている。古土手という。おそらくこの古土手から北側に牧場があったのではないかと思うのだが、現在、アイランドパークの中に「牛の水」という小さな池があり、この辺りが牧場の中心であったと考えてよいだろう。

そこは、防人のいた也良崎と隣しているのだが、防人にしろ牧場で働いていた人々にしろ、その生活の場所として考えられるのは、アイランドパークの入り口から約二〇〇メートルくらい南の、大きくカーブする辺りである。そこには小川が流れ、古い井戸もある。この辺りは明治初期以前に人の住んでいた記録などがなく、この井戸だけが古くからあったというので、千年くらいはさかのぼってもいいのではないかと思う。

東国の防人と、筑紫の牧人が、お互いの訛りの強い方言で語り合っていたのであろうか。とにかく、つい最近まで使われていたこの古く苔むした井戸は、雑木と雑草の中に埋もれていて、それを知る何人かの者にのみ歴史を語りかけるのである。

いまひとつ面白いのは、牛の水を中心とした辺りから出土する石器の類である。石斧を中心として、私には説明のつかない物も含めると数十点出土しているが、この辺りが、近世以前においては人の住む所に適さなかったことを考えると、それを使用した人たちと考えられるのは、防人か牧人ということに限定されてくる。

民衆あるいは下層階級における石器時代というのは、いつごろ終わったのであろうか。考古学をよく知らない私には難しい問題である。石器と牧人を結びつけるには、能古の牛牧の時代、あるいは防人の時代をよりさかのぼらせるか、石器時代の完全な終焉の時を奈良時代くらいまで引き下げるかの、どちらかをしなければならないのである。

もしかして、卑弥呼の時代に、牛牧や防人に類似したものが能古にあったのではなかろうか。今、私は楽しい空想をめぐらしている。

蘇の話も面白い。

蘇――それは、バターとかチーズ、あるいはコンデンスミルクの類の物であったとされている。

かつて仏教伝来以前の日本においては、肉食も当然の行為であった。したがって、牛乳あるいは乳製品を食したとしても、それはきわめて当然のことである。牛乳はやや高級な飲み物であったと考えてよい。だが、蘇は全く高級な食品であり、よほどの貴族か分限者でない限り食べることができないものであったようである。

蘇は、一斗の牛乳を煎じることによって一升を得ることができた。このようにしてできた蘇は、各地方から朝廷への重要な貢物として都へ送られたのである。『延喜式』によると、大宰府からは巳年と亥年、即ち六年に一度、七十壺が送られている。

筑前における唯一の官営牛牧場であった能古は、この蘇の生産においても重要な役割を果たしたと思わなければならない。蘇を貢ぐことを怠った国司は厳罰に処せられた。もっとも牛の管理そのものも大変な厳しさであったのであるが、国司たるもの、自分の地位を守るために、能古にも度々来島したに違いない。

万葉歌人として最も有名な一人であり、筑前守であった山上憶良は、天平年間に生きた人であり、中将でもあったが、能古に中将水とか中将浜といった地名が残されているのも、単なる山上憶良来島伝説ではなく、防人や牧場と関連させて考えると、彼の仕事の重要な所として能古は浮かび上がってくる。彼が作ったとも伝えられる北浦城――それは石垣もなく、とてつもなく小さな城跡であり、わずかに浅い掘割だけがそれと気付かせるほどのものであるが――は、山上憶良だけでなく、筑前守を頂点とする国司たちの何百年かにわたる宿泊の設備であったのであろう。

以上、『延喜式』に載せられた「能巨嶋牛牧」という一行の中心を想像たくましくしてきたが、『延喜式』の書かれた時とほとんど時を同じくする刀伊の乱において、北部九州が受けた被害の中で、能古の被害がきわめて特徴的であり、『延喜式』の「能巨嶋牛牧」の重要性を立証すると共に、『延喜式』に「牛牧」と書かれたその時代には、能古の牧場には牛と共に馬も多数飼われていたことも証明する。

ちなみに、筑紫豊氏の『古代の福岡』の中から、刀伊の乱の被害の項をお借りすると、次の通りである。

「小右記」の伝えるところを読みやすくして掲げてみると、
○志麻郡人　五百四十七人
殺害された者百十二人　追取られた者四百三十五人　牛馬七十四匹頭
○早良郡人　六十四人
男廿四人　女四十人　牛十頭　馬九疋　殺害された者十九人　追取られた者四十四人　切食いされた牛馬六疋（注：人数が一名合わないところがあるが原文のまま）
○怡土郡人　二百六十五人

殺害されたもの四十九人男童併せて四十三人　女六人
追取られた者二百十六人男卅八人女童併せて百七十八人

○能古島　九人
女六人　童三人　駄（馬）四十四疋　牛廿四頭

○壱岐島人　三百八十八人
島守藤原理忠は殺害　殺害された人民百四十八人　男四十四人　法師十六人　童廿九人　女五十九人　追取られた女等二百卅九人　遺留した人民卅五人諸役人九人　郡司七人　百姓十九人

○対馬銀山人　百三十四人
銀山は焼かれた　殺害された人十八人　追取られた人百十六人男三十三人　童女合八十三人　童女八人　女五十六人　已上百三十四人（注：人数がかなり合わないが原文のまま）

○上県郡人　百四十一人
殺害された者九人　追取られた男・女・童併せて百三十二人男三十人　女童六十八人

○下県郡人　百七人
殺害された男・女併せて百七人　追取られた男・女・童九十六人男三十人　女童併六十八人

対馬の合計は三百八十二人男百二人　女童二百八十人
焼かれた住宅四十五宇　切喰いされた牛馬百九十九頭馬八十二疋　牛百十七頭

当時、牛馬がいかに大切なものであったかが、被害の記述に人と牛馬のみが載せられていることからも推察できるが、能古の場合、怡土・志摩・早良の三郡と比べて、その面積が何十分の一にしか過ぎないのに、牛馬の被害は同数に近いほどの多さである。

能古の牛牧は、能古の古代から中世にかけての歴史の中において、最も注目すべき事項なのであろう。

しかし、この牛牧も、刀伊の乱の被害数が示すように、以後馬牧が中心となり、江戸時代に至るまで牛牧に関する文献などを見ることができない。おそらく牛を飼うことが一般化し、兵器としての存在価値もなくなり、牧場の必要性がなくなったのであろう。

（44号、一九九〇・二・二二／『能古島から』より）

早良の神社

「早良王墓」と騒がれた飯盛吉武遺跡の発見は早良の古代史の素晴らしさを夢想していた私を喜ばせた。この地にも旧早良郡内には有田、野方、七隈などをはじめ多くの遺跡があり、弥生以来の歴史を物語るのだが、それらが現代にどう連なるのかということになると、一つの証明として神社があるだろうと考える。勿論、新しい神社も多いだろう。しかし、神社が集落の発生と大きく関わっていることも事実であり、神社の歴史を調べるということは、早良の歴史を調べようとする者にとって欠かすことのできないことであろうと思うのである。

　いったい早良にはどういう神社があるのだろう。『早良郡志』に載せられた神社を一覧表（次ページ）にまとめてみた。県社、郷社、村社、無格社などといった社格があり、それが戦前の皇国史観や国家神道に結びついたものであることは事実であるが、それはそれなりに歴史的事実として知っておく必要もあるだろうと、そのまま載せることにした。なお、『早良郡志』は大正十（一九二一）年と十一年の二年間の事業として編纂されたものである。

　この『早良郡志』の記述が早良郡内における過去の神社のすべてを載せているわけではない。『筑前国続風土記附録』や『福岡県地理全誌』、『福岡県神社誌』などの記述と相違することも多いので、次号以降で個々の問題について述べたいと考えている。

（45号、一九九〇・三・一五）

志々岐神社

早良の神々の中で、その存在理由がはっきりしない神社の最たるものが内野の志々岐神社である。

　志々岐神社はそもそも平戸を中心とした松浦党の神様である。中世、玄界灘から東シナ海にかけて活躍し、東アジアの人々を震撼させた海の民の神様が、どうして早良の山に囲まれた内野に祭られているのかという疑問なのである。

　志々岐神社そのものは筑前西部の各地に点在する。

『早良郡志』に掲載された早良の神社

	県社	郷社	村社	無格社
西新町	紅葉八幡宮			猿田彦神社
樋井川村			田島八幡神社 下長尾八幡神社 阿蘇神社 五社神社 堤八幡神社 御子神社 埴安神社 海神社	羽黒神社 猿田彦神社 天神社（柏原・片江・檜原） 貴船神社 若国神社 老松神社 保食神社
原　村			櫛田神社 飯倉神社 諏訪神社 菊池神社 宝満神社 宝満宮 小童神社	宇賀神社 埴安神社
田隈村			八幡宮 櫛田神社 海神社 地禄天神社 加茂神社 埴安神社	須賀神社 五穀神社
入部村			老松天神社 宝満神社	天神社（東入部・重留） 大山祇神社 淡島神社
脇山村			横山神社 小笠木大山積神社 山神社 椎原大山積神社	十二社神社 天満宮 日吉神社 宇賀神社 市杵島神社（大門・椎原） 鏡神社 高良神社 八幡神社 秋葉神社
内野村			石谷熊野神社 西熊野神社 山神社 志々岐神社 大山祇神社	龍神社 日吉神社 大山積神社（石釜・西古賀） 大山祇神社 天神社 須賀神社（石釜・西原田） 熊野神社 埴安神社
金武村		飯盛神社	警固神社	老松神社 埴安神社 天神社（四箇・金武） 田天神社 須賀神社 大山積神社 五十猛神社 天満宮
壱岐村			八幡宮 若八幡宮 御手洗神社 熊野神社 壱岐神社	天満神社 宇賀神社 少童神社 二ノ宮神社 須賀神社
姪浜町		住吉神社	鷲尾愛宕神社	真根子神社 小戸神社 貴船神社 大久保神社 彦神社 厳島神社 天満神社（水町・西網屋２社） 大山祇神社 住吉神社 事代神社（三箇町・正津浜・西網屋） 天神社
残島村			白髭神社	

糸島郡志摩町御床の志々岐神社、同二丈町福井の志自岐神社、福岡市東区奈多の志式神社などが有名であるが、この他に末社や小さな堂の形で姪浜、能古、唐泊などにも存在し、その多くが近世の段階ですでに「ひじき」と訛っていて、姪浜の場合は地名も「ひじき山」である。

これらの言葉の訛りは神社の創立の古さを物語るのであろうが、そのいずれもが中世から連綿と続いてきた湊に存在するのであれば、当然のことであろうと納得がいくのである。内野の志々岐神社の場合、『福岡県神社誌』によれば次の通りであり、他の資料もほぼ同じ内容である。

「村社　志々岐神社　早良郡内野村大字内野字本村
祭神　息長足姫命　十城別王命　稚武王命　菅原神
由緒　創立天慶三（九四〇）年九月也、息長足姫命三韓帰陣の節旧字荒熊山へ滞座に付其謂を以て志々岐神社と称し勧請ありし由云伝ふ。
明治五年十一月三日、村社に定めらる。祭神菅原神は天文二（一五三三）年九月創立にして同大字本村無格社天満神社として祭祀ありしを明治四十四年十月二十六日合併許可。祭神紅梅天神、老松天神は菅原神と同一祭神に付合霊せり」

この文章の中で創立の年を「天慶三年」としているが、もし、これが事実であれば藤原純友の乱と一致しており、何らかの関係があるのかもしれない。藤原純友は瀬戸内海を中心とした水軍の大将であるが、天下を転覆させるような反乱を起こすにはそれなりの準備が必要であり、おそらく同じ利害の立場にあったであろう松浦党と綿密な連絡をとっていたとしても不思議ではなく、むしろ当然のことであった。内野は三瀬峠を越えて肥前に通じる道、あるいは怡土郡に通じる道の要衝の地である。松浦党がこの地をおさえたとしてもこれもまた当然のことであろう。

いまひとつ内野の志々岐神社の存在を納得させる神社が近くにある。

椎原の山中にある鏡神社がそれである。『福岡県地理全誌』によれば、

「（前略）藤原廣嗣霊ヲ祭ル。（中略）伝説ニ、昔肥前松浦郡唐津ヨリ鶴田土佐守ト云者、此村ニ落来リ住シケルガ、或時土佐カ庭中ノ樹梢ニ忽然トシテ鏡一面掛

レリ。土佐驚キ如何サマ産神ノ来格シ玉フニヤト、其鏡ヲ神体トシテ祭レリ。（後略）」

とこれもまた、松浦党との関連を述べている。

この二つの神社は何らかの関係を持つのであろうが、中世に関する早良の歴史がはっきりとしないかぎり何とも言えないのが実状である。それにしても脊振山麓の内陸部だと考えていた内野が、急に海と近くなって、海の歴史を調べている私にとっては嬉しいかぎりである。

（50号、一九九〇・六・二五）

老松神社の夏越祭

七月二十九日の夜に行われる老松神社の夏越祭を見に行きませんか、と神田さんから誘われた。夏越祭を見るのは何十年振りのことであろうかと、遠い記憶を懐かしみながら同行させてもらうことにしていたのだが、急用ができて行くことができなくなった。ところが神田さんは、不参加の代わりにせめて夏越について書けという。困ったが、仕方がなかろう。

神田さんによれば、老松神社の夏越は、茅を紅白の布で巻いて作った直径二メートル程の輪を境内に立て、それを参詣の氏子の人たちがくぐり夏の無事を祈るのだそうである。

私の遠い記憶とほぼ同じものであるが、その私の記憶がどこの神社の夏越であったかという記憶がない。姪浜の住吉神社？　北崎の三所神社？　それとも北陸辺りのふと行きずりに出合った神社での夏越祭？　もしかしたらその全部かもしれない。

夏越祭はそれほど全国的なのである。従ってかどうかは分からないが、老松神社の夏越祭についても、その他の福岡県下の夏越祭についても、『福岡県神社誌』をはじめ各郡誌などにも記載が無く、江戸期の「早良郡神社書上帳」にも記載が無い。

小学館の『日本国語大辞典』によれば、「なごし」は夏越・名越であり、和(なごし)の意で、邪神を払いなごむ意、あるいは名越で夏の名を越して相克の災いをはらう意であり、夏越の祓の略である、とあるが、行事の内容などについては塩田勝編の『日本の年中行事』が詳しい。

夏越　水無月祓ともいう。旧暦六月の日に行う大祓いのことである。中古は六月と十二月の晦日に親王以下百官、大内裏の朱雀門において、中臣が祝詞を読んで祭事を行った。民間でもこの二回祓の行事を行っていたが後世では六月の祓だけとなり、夏越・名越祓などといわれるようになった。

夏越は神慮を和らげるという意味の「和し」であるといわれている。神社の夏越神事には、茅の輪をくぐることが一般的である。

柳田国男編の『祭事習俗語彙』によれば、六月晦日を「なごし」という語は山口県から北九州にまで分布しており、住吉神社の信仰に伴うものであろう、としており、牛馬を海川に牽いて行って一日遊ばせるというのが多くの土地の風であった。

としている。

水原秋桜子編の『歳時記』によれば、夏越は「御祓」であり、「六月祓」、「形代」、「茅の輪」とも。

広前の空白に立つ茅の輪かな　たかし

あおあおと菰の座のある御祓かな　瓜公

形代や水の近江に住みつきて　碧城

以上のようなことで、福岡市内の多くの神社でも夏越祭を行っているようだが、その期日はまちまちであり、元々の旧暦六月晦日に相当するであろう七月二十九日から八月朔日あたりに行われているようである。

祭りの呼び名を夏越とは言わず、行事の内容も輪をくぐることではない祭りも幾つか見られるようだが、この時期に行われる祭りの多くは夏越との関連を考えてみる必要があろう。また、「わごし」と呼ばれる場合も多いが、これは輪をくぐるという行事の内容と、「和し」という文字から来たのであろう。

それにしても、老松神社の夏越祭が盛大であるのは、老松神社がかつて飯盛神社や姪浜の住吉神社、鳥飼神社などと共に中世以来の早良郡を代表する神社であり、氏子なども多かったことによるようである。また、行事の細かい内容についても各神社ごとに違うのではないかと思うのだが、元々は同じであったはずの行事が数百年の年月を経ることによって変化する、そのことを民俗学的な立場から比較研究するのも面白いことであろう。

（52号、一九九〇・八・三一）

姪浜の製塩について

博多湾一帯は日本で最も古い製塩地帯の一つである。『万葉集』には「塩」や「藻塩焼く」といった語を含む歌が六首あるが、その内の四首が

志賀の海士（あま）の煙焼き立て焼く塩の
　辛（から）き恋をも我れはするかも

などと「志賀の海士の焼く塩」の歌であり、「志賀の浦」が製塩地帯であったことを証明する。この「志賀の浦」とは単に現在の志賀の島を指すのではなく、博多湾各地の製塩遺跡などから考えて博多湾を意味するとした方がよいようである。

中世では『延喜式』に筑前から朝貢としての塩が載せられており、『福岡県地理全誌』の早良郡庄村（現早良区）の項に

「昔は太宰府天満宮領にて塩浜庄と云り」（原文は片仮名、以下同）

「土人の伝説に、菅公左遷の時、先此所に着き玉ひ、法浄寺と云真言宗の寺に一宿し玉ふ。是によりて、後世御社を建たりと云。其時村民佐座氏の者、塩を献せしとて、故昔より此村の潟にて焼たる塩を大宰府の神厨に捧ぐ。今は塩浜絶て已に久けれとも（中略）此社の事宗祇法師か筑紫紀行にも見えたり。

明れば二十九日生松原へと皆同行さそひて立出侍るに、大なる川を打わたし見れは、右に一群の林あり、則聖廟御社なり、法施まいらせ、夫より銘浜（姪浜）とて塩屋多く、処のさまもさひしけなるを過て云々とかけり」

「塩田　小童神社の西南十町にあり、広三段許、昔は此村の辺には潮水の来れる潟ありて塩浜あり。今は田となれども、塩吹出て稲を害す。安楽寺御領目録に塩浜庄あり。又御供屋蔵書太宰府神社日別御供料の内に、早良郡庄御塩浜十二町なとあるは即此地なり」

などとある。この文面からすると中世のある段階で、

庄村は太宰府の荘園であり、そこには最大十二町程の塩田があったことと、宗祇が『筑紫紀行』を書いた室町時代末期にはその塩田がなくなり、塩浜で製塩が行われていたことが分かる。

近世になると、筑前の製塩の記録として、慶長八（一六〇三）年に宗像郡勝浦浜が年貢としての塩を納めた記録がある（貝原家文書）が、『筑前国続風土記』（伊東尾四郎校訂本）に塩に関する次のような記述もある。

「塩　長政公入国後、姪浜其外所々海浜にて塩を多く焼せらる。凡塩は民食に切なる事、五穀につげばなるへし。姪浜塩尤も美なり。長政公の時は江戸に取寄せ、桜田の館に蔵を立て入置、他へも送り給へり。古風素朴なる事如〻此。其後は其事なしといへとも、塩蔵とて今に其名残れり。近国海に遠き所、此国より塩を遣す。至らさる所なし。甘木に毎月六度市有て海味をあきなふ。近国より来たりかふ塩の交易尤多し。国中に今塩焼く所八所あり」

「国中塩浜在所凡そ八所、姪浜二十三四町、今宿十七町、松崎十四町、和白二十五町新地、勝浦二十三四町、津屋崎町数不詳新地、渡村三町七反新地、芥屋少」

さらに『筑前国続風土記附録』では次の通りである。

「塩　本編に塩を焼く所八所とあり。今塩やく所早良郡姪浜、志摩郡今宿、伊都郡北原、宗像郡勝浦及び津屋崎、粕屋郡和白等也。就中、姪浜塩を好品とす。今宿、北原これにつけり。

案ずるに凡そ潮水北方の外海より来るものは、其味苦し。内海より来るは苦み少なし。故に姪浜、今宿、北原の塩は味淡く物を漬けて色変ぜず、勝浦、津屋崎、和白等の塩は、味苦き故に漬物の色変ず。漁肉を淹ては可なり。

又姪浜に苴塩といふあり。泉州湊の壺塩におとらず」

これらの塩田のうち、和白の塩田は『筑豊沿海志』によれば元禄十六（一七〇三）年に開発されたとあり、勝浦、津屋崎の塩田も『津屋崎町史 資料編 上巻』によれば勝浦の新田が本格的に開発されたのは寛文三（一六六三）年以降であり、塩田の作業が始まったのは同六年ころからであると考えられ、津屋崎の場合も新田開発が始まったのは宝永二（一七〇五）年からである。

『続風土記』にある「松崎」がどこであったかは、現在の私にとって不明であるが、中世から明治三十年代まで連綿として製塩が続いたことを資料から証明できるの場所は姪浜だけである。その生産量は『福岡県地理全誌』によれば二五〇〇石であり、津屋崎の三万石、勝浦の一万五〇〇〇石と比べると、塩田面積が大差がないにもかかわらず非常に少ない。よほど生産条件が悪化していたと思われる。

姪浜の塩田は名柄川と十郎川に挟まれた中にあり、明治三十六年に整理されて稲作農地となったが、その反別は三十八町余であった。福岡藩内における塩の生産総高は最大五万石であり、一万石余が他国へ販売されていた。してみると津屋崎の塩田が始まる前、勝浦の塩田が弱小であった近世初期において甘木で月に六度の市が開かれ、他国へも輸出していたということは、姪浜、今宿などの生産がもっと活発に行われ、五万石に及ばないとしても、それに近い生産があったと考えなければならない。

元禄のころの姪浜の人口は『続風土記』によれば五三〇〇人と、福岡・博多に次ぐものであったが、明治初期の人口は『福岡県地理全誌』によると三八四一人と、一五〇〇人の減少である。商船の数にしても『続風土記』では早良郡八十三艘の内、能古島が二十三艘として、約六十艘が姪浜の商船であると考えられるのに対して、『福岡県地理全誌』では姪浜の船数は小伝間船四艘と格段の差である。元禄のころの六十艘の船のすべてが塩を運んだとは考えないが、塩の生産の極端な減少が船の数を極端に減らしたのも事実であろう。

『佐賀県の歴史散歩』（山川出版社）の中の伊万里の項に「慶長末、佐賀藩が筑前国姪浜から柴藤・吉浦姓の者を招いて塩田を作らせたという」という文章がある。そこで『伊万里市史』ということになるのだが、その『続編』に数点の関連資料が載せられていた。全部を掲載すると十ページ分にもなるので要約すると次のようなものであった。

慶長十九（一六一四、資料によっては翌年の元和元）年、鍋島直茂が黒田長政に対して塩製造の者を乞はれしかば、長政承諾せられ、伊万里の長浜村へ武藤九郎兵衛、志田弥左衛門（長浜村資料では下村内蔵允も）、瀬戸村へ柴藤藤右衛門、吉浦利右衛門、その外数人を召し移され、有田、伊万里、山代三郷の者たちによって塩田を完成させたこと。

佐賀藩はそれまで五穀万物充満の国でありながら塩不足の国であったが、この度塩竈ができ、御国豊になり申したこと。

塩浜の守護神として志賀社を勧請し給い、祭祀料をも給う。

塩運送のため四十八艘の無判船を許したまう。

瀬戸・長浜の者は諸公役永代御指除のこと。

以上であるが、海上輸送をした船の平均石数が五十石であったとして、二五〇〇石くらいの塩を運んだということになる。

十数年以前、私が福岡市立歴史資料館に勤務していたころ、伊万里から福重さんという方が尋ねてこられ、「私の祖先は筑前姪浜から伊万里に移り住んで製塩を行っておりましたが、名字は昔住んでいた場所の地名に由来すると聞いております。福重という地名がありましょうか」という質問であった。福重が姪浜に隣接する場所であり、かつて塩浜にも近い場所でありますと教えると、喜んで帰っていかれた。

また、そのころ、姪浜の吉浦さんというお宅で明治のころまで使っていたという製塩道具のいくつかを歴史資料館に寄贈してもらったことがあったが、この吉浦家も伊万里に移住したという吉浦家と関係のあるお宅なのだろうか、あの当時の私の調査が不完全であったことを今改めてかみしめている。

それにしても慶長十九年以前、佐賀藩では塩が取れなかったのであれば、姪浜から金武宿を通り三瀬峠を越えて佐賀へ通じる道は塩の道であったのだろうか、子供のころ、姪浜から野方の従兄の家まで何十回となく歩んだ道が塩の道の一部であったのだろうと、ふと懐かしい気分になっている私である。

（137号、一九九八・六・二五）

追悼 Ⅲ

五ケ浦廻船寄港地の旅の思い出

大山(おおやま)和俊(かずとし)

平成二十三年三月の東北地方における津波災害では、牡鹿半島の小渕という所の様子が気がかりでした。小渕は、昭和四十九年八月、高田先生と二人で五ケ浦廻船の寄港地を訪ねて旅の途中立ち寄った所だったからです。

東日本大震災から約一カ月後の四月十八日「朝日新聞」に、石巻市小渕浜地区の様子が掲載されました。家や家族を失った住民の避難所での生活が報道されていましたが、びっくりしたことがありました。紙面に見覚えのある人の氏名を発見したのです。現在、地区の区長をされている石森政彦さんという人です。石森さんがまだ若い頃、私たちは、小渕の石森さんのお宅に泊めていただいたことを思い出しました。

すぐ、高田先生の著書『筑前五ケ浦廻船』

漁師町の絆 ありがてぇ

宮城、「避難所」は個人宅

生活・悲しみ 共に

各班の世帯主の氏名が貼られたコンビニ店の「災害対策本部」。毎朝、班長会議が開かれる=16日、宮城県石巻市小渕浜、久木写す

宮城県の牡鹿半島にある石巻市小渕浜地区は、学校もスーパーもない約150戸の漁師町だ。唯一の公民館は津波で流され、辛うじて残った18の個人宅が、家や家族を失った300人以上の住民を受け入れる。

「一緒に悲しんでくれる。ありがてぇ」。町には独自の「自治組織」が生まれ、絆は震災を機に深まった。

「それぞれの班で人数の増減はありますか」。午前9時、閉鎖したコンビニ店に置かれた「小渕災害対策本部」。区長の石森政彦さん(69)が声をかけると住宅ごとの班長が状況を報告した。16日の人口は371人。

被災証明書の発行手続きなど、市からの連絡事項を石森さんが伝える。定例の会議が終わると、回り持ちの担当班が救援物資の仕分けに取りかかり、町の一日が始まった。

小渕浜地区は牡鹿半島の中ほどにあり、石巻市の市街地から南東へ約20キロ離れる。狭い入り江に面して約570人が暮らしていたが、津波が集落を駆け上がり、約150戸のうち8割が全壊した。死者・行方不明者は16人にのぼる。

海辺の公民館は真っ先に流された。避難所に使えそうな場所はほかにない。住民たちが集まったのが高台の個人宅だった。石森さんの提案で、被災者を受け入れた住宅がそれぞれ「班」に。当初は20班。海を仕事場にしてきた住民が大半で、大きな被害に比べて集落を離れる人は少ない。今も18班態勢で共同生活を送る。

「2班」の木村光雄さん(76)宅には、車庫や納屋に6世帯22人が身を寄せ合う。震災時、木村さんは石巻の市街地にいた。4日後に戻ると、自宅が避難所になっていた。

ノリ養殖業の布川章義さん(66)は、妻の悦子さん(60)がまだ行方不明だ。立ちすくんでいた時、近くにいた人から「ここに入ってろ」と言われたのが、特別に親しい関係でもなかった木村さん宅だった。「同じ集落に住んでいれば思いは同じ。家も奥さんも流されと」と木村さんは言う。

2班は毎朝、山の水をくみに行く。ドラム缶に入れた廃材を燃やしてお湯を沸かし、ひしゃくですくって髪を洗う。ご飯は朝夜2食で、近くの食堂跡で作ってみなで一緒に食べる。

班員たちは、布川さんに水くみも廃材拾いもやらせない。「奥さんのこと考えてぼーっとして、けがしたら危ない」という気遣いだ。布川さんは頭を下げた。「ここはだいたい知ってる人。かかぁを亡くしたことを一緒に悲しんでくれる。それだけでどんだけ助かるか」

自動車整備会社「牡鹿モータース」を営む大沢俊雄さん(60)宅は「13班」だ。工場を中心に55人が暮らす。

大沢さん夫妻は「皆と同じ生活をする」と、自宅ではなく工場に寝泊まりしてきた。震災から1カ月以上が経ち、集落には電気も通うようになった。「もう班は解散するから工場を再開してください」。住民たちは何度もそう訴える。

だが、大沢さんはそのたびに伝える。「1家族でも行き先がなければ、最後まで

二〇一一年四月十八日の「朝日新聞」より

1974（昭和49）年８月，
小淵（上）と牡鹿半島

を持ってきて読み返してみました。一六三ページ、「石森さんのお宅は小淵であった。奥深い入江の物音ひとつしない夜を語り合ったが……」と述べている所です。

あの年の夏、高田先生は日本海側の石川県や秋田県の図書館などを調査され、青森へ向かわれました。一方私は、依頼された「残島船」について記録された古文書を求めて、三重県の尾鷲や須賀利を訪れました。そして再び青森で合流しました。その後、下北半島の大間や大畑を訪ね、先生の知り合いの村林さんのお宅に泊めていただきました。

牡鹿半島の小淵に行ったのはその帰りでした。その様子も、同じページに書かれています。もう三十七年も前のことであり、記憶も薄れていますが、今回のことで、またアルバムを開いて当時の写真を見て、五ケ浦廻船にかかわる各地の波静かな美しい入江や調査と研究に努めておられた高田先生の姿を思い出しました。

五ケ浦廻船および高田先生ゆかりの地のすみやかな復興を願って私の追悼文とします。

（元能古小学校）

高田先生へ

小川（おがわ）まゆみ

花の香に寄り添う者や命なり

私たち夫婦が結婚するときに、高田先生がお祝いに当時先生のお宅の隣に住んでいらっしゃった檀一雄さんに書いていただいた私たちへの色紙。結婚以来ずっと飾っている色紙を見上げる度に、今でもタバコを吸いながら、コーヒーを飲んで喋っていらっしゃる高田先生のお姿が目に浮かびます。

生まれ育った生の松原から海を隔てた能古島。小さい頃からずっと見続けてきた能古島。教員試験の面接で、「島に行く気がありますか?」と聞かれ、「どこにでも行きます」と答えていたので「能古島です」と言われ、「やっぱり」と思ったのを今でも思い出します。祖父が警察官として赴任していたときに母が生まれた島。何かの縁があった島でした。

一緒に赴任した久門隆さんと私を迎えに来て下さっていたのが、高田先生との初めての出会いでした。

教員になったものの、今のように初任者研修制度がなかった時代、右も左も、何をどうしてよいか分からなかった私に、その後の教員生活の基礎になる大切なことを教えて下さったのが、当時教務主任だった高田先生でした。

先輩の先生方に頼んで全学年の先生方の授業を見せて下さいました。高田先生の人徳がないとそんなことも

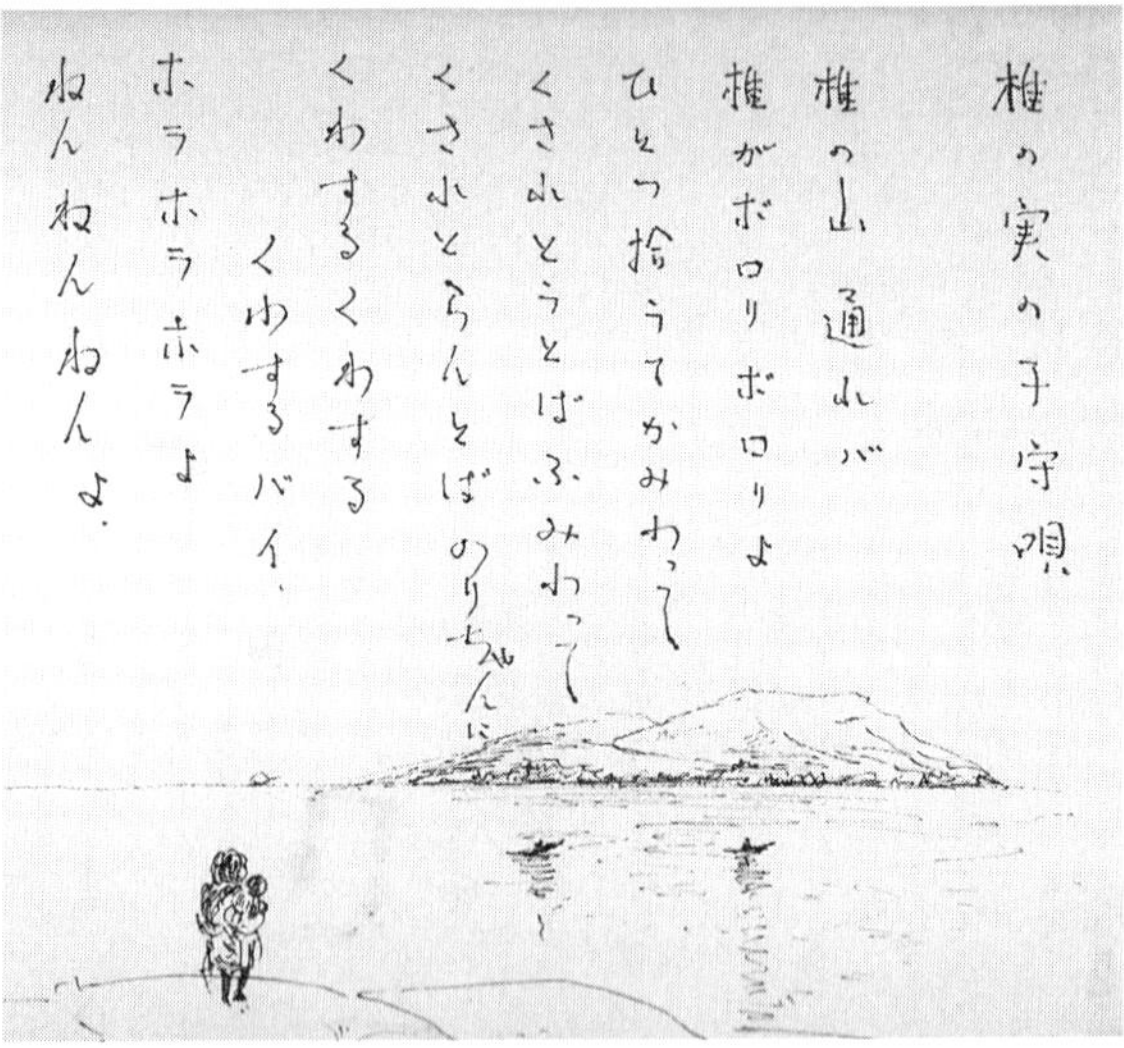
椎の実の子守唄
椎の山通れば
椎がポロリポロリよ
ひとつ拾うてかみわって
くされとうとばふみわって
くされとらんとばのりちゃんに
くわするくわする
くわするバイ
ホラホラホラよ
ねんねんねんよ

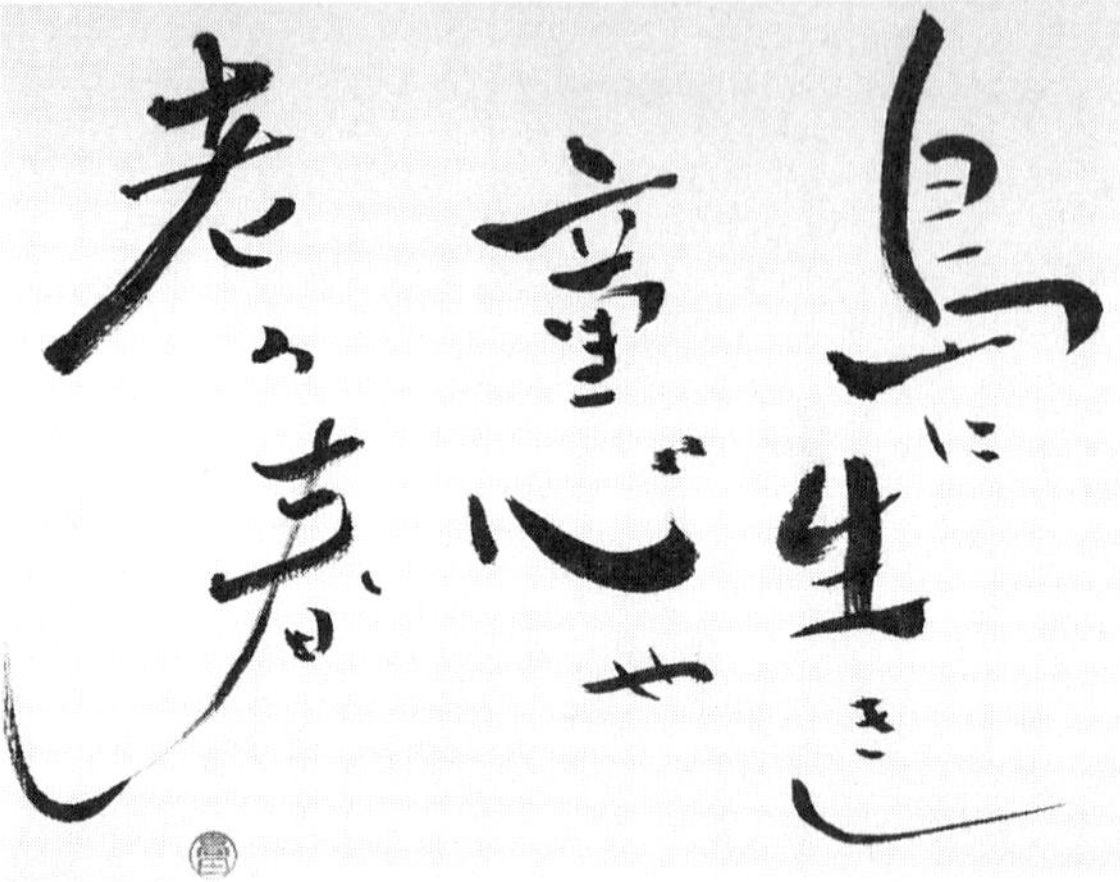
島に生きし
童心やさし
老の春

高田先生からいただいた色紙２枚（「のりちゃん」は娘の名）

できなかったのではと思います。また、授業をしているといつの間にか教室に入ってきて、

「貸してみんしゃい」

と言ってよく授業を横取りされたものでした。特に国語と音楽……。

高田先生と一緒に国語の研究をされていた許斐先生に島まで来ていただいて、「小さな神様」の授業を見ていただいたこと、四十年近くたった今でも覚えています。

教員を辞められてからは、ふらーっとよく豊前にお見えになり、私が作ったへたくそな料理を食べていただきました。

私の学級にも来ていただき、授業もしていただきました。どこまでも子どもたちが好きな高田先生でした。

先生の布団に潜り込んで「タバコくさーい」と言っていた娘も、もう三十歳を超え、一児の母になりました。

能古のお宅にもよく寄せていただきました。能古で生まれ育ち、能古の自然が大好きだった奥様とお話しするのも楽しみでした。能古の畑に植えてあったアスパラ。最近、私も畑で育てています。

いつも一人で豊前にお見えになっていたので、いつか奥さんも連れて来たいな、とおっしゃっていた高田先生。最後にお二人でお見えになり泊まっていただいて嬉しかったです。

高田先生がお亡くなりになるちょっと前に、私も教員生活にピリオドを打ちました。

『浜辺の子どもたち』の高田先生には足元にも及びませんが、先生のお陰で悔いのない充実した教員生活を送ることができました。

先生が教員を辞めてからの第二の人生を生き生きと送られたように、私もこれからの人生を充実したものにしたいと思っています。

温もりに安堵したひととき

城内彰秀（しろうち あきひで）

高田先生とお付き合いさせて頂くことになったのは三十年ほど前、能古島の高台にある、作家・檀一雄さん宅からのテレビ中継に出演して頂いたのが最初であった。中継は夕方に設定されていて、先生は当時、確か糸島の小学校にお勤めで、能古島のご自宅にお戻りになるのは放送開始直前の予定であった。われわれスタッフが時間を気にし始めた夕暮れ時、船着き場から続く細い小径を白いシャツ姿の先生が悠然と登って来られた。

ご挨拶・打ち合わせも早々に切り上げて、いきなりの本番となったが、檀さんとの飾らないお付き合いの様子を、時には笑顔を交えながら感慨深げにお話しになった。浮かび上がる情景は、目の前で繰り広げられるドラマの一シーンのように鮮やかであった。中継が終わり、博多湾の夕暮れをじっと見つめながら、旨そうに煙草を一服されたあと、ぽつりと「檀さんには小説を書くように勧められたこともあったんだよね」。何よりもあの温かいお人柄に檀さんも心を許されたのだろうな、と感じた最初の出会いであった。

これを契機に、番組制作に必要な情報を頂くため何度かご自宅までお訪ねすることになった。「用のあるときしか来んね」と笑われたが、何よりも先生と博多湾を眺めながら、日常とは違う風と時間が流れるのが心地よかった。

初めてお目にかかってから数年後、檀さんの足跡を俳優の高倉健さんが辿るテレビのドキュメンタリー番組『むかし男ありけり』（木村栄文演出）の能古島ロケにもご出演頂いている。制作スタッフとして参加していた

『むかし男ありけり』の能古島ロケ風景

私が目にしたのは、檀さんのお宅の縁側で、あの高倉健さんを相手にしながら、笑顔でお話しになる普段と何一つ変わらない先生の姿であった。

高倉健さんも興味を示された『筑前五ケ浦廻船』や『見聞略記』の世界、それは読み進むうちにいきなりタイム・スリップしてしまいそうな、刺激に満ちた魅力的な舞台だった。その痕跡が福岡の地に僅かでも残っていないものか、とりあえず訪ねてみたい。そんな思いから、無理を承知でロケハンそしてロケにもご同行頂いたことがある。

ともかく車中の先生との会話は楽しかった。歴史の表舞台には滅多なことでは姿を現すことのない人々に思いを馳せ、その暮らしぶりや関心事、困難に立ち向かいながら逞しく海を渡る船乗りたちの姿をまるで見聞きしたかのように楽しそうに語っておられた。

訪ねる浦々では地域の方々に親しげに声をかけ、誰にでも温かく迎えられた。その様子から、何度も現地に足を運んで築きあげた人間関係を基に、密度の濃いフィールド調査をされたことは容易に想像できた。研究者としての姿勢の一端を垣間見た気がした。

それにしても、海を見つめながら一服される先生はやはり「絵」になっていた。いつかは誇り高き筑前の船乗りたちが印した航跡をなぞって、ゆかりの地をご一緒に訪ねたいと願っていたが、果たされないままとなった。

しかし、幸いお二人の息子さんとも親しくお付き合いさせて頂き、今でも先生との縁は続いているように感じている。高田先生、どうか天国で存分にご研究と煙草をお楽しみください。そしてまた「用のあるときしか来んね」と笑ってください。

朝鮮通信使記録解読とその前後のこと

冨永昭男（とみながあきお）

私の古文書は六十からの手習いである。女子高で国語を教えたりしながら、近世の筆書きの記録すら読めぬのが恥ずかしかったからである。停年になるのを待ちかねて、ＮＨＫの通信教育や、朝日カルチャーセンター、次いで早良の市民センターで勉強を始めた。仲間、否先輩と言い直すべきだが、皆親切であった。「あなたの一年は我々の十年に当たる」などと激励されて喜んでいたが、内心一抹の不安があった。「古文書は私を救ってくれるだろうか。このままでは古文書学へ行くしかないが……」

そんなさ中、「朝鮮通信使の解読が始まるが、参加しないか」と誘われた。これが高田茂廣先生との出会いとなった。

通信使については殆ど知らなかったが、江戸期十二回来ており、殆ど江戸までである。従って福岡はその通り道だが、応接所は福岡城下ではなく、新宮沖に浮かぶ相島という周囲六キロの離島であった。その緻密な記録が五十冊、第七回の天和年度から、正徳、享保、延享（寛延）、宝暦（明和）の五回分、黒田家の寄贈を受けて、福岡県立図書館に収蔵されている。

この大冊の記録を読んでみよう、できたら活字化をと思い立たれたのが、海事史研究家として著名で福岡地方史研究会幹事の高田氏であった。氏はまた博多市民センター図書室などで「古文書を読む会」の指導に長年携わってこられてもいた。その教え子や、他のグループの古文書を読む力を活用できぬかと考え、当時県立図書館の郷土課長三池賢一氏に相談された。三池氏がそれに応じて通信使記録の解読を奨められたのだという。

高田氏は至極気さくで魅力のある話術家である。その人柄に誘われて集った二十五名が五班に分かれて読み進めることになった。月二回、筥崎八幡宮に近い図書館の分館の一室を使わせて貰った。平成四年二月のことであった。

「歴史に興味あり」とはいえそれは大局的な関心で、地方史を事細かく調べたいわけではなかった私など、こんな些末な研究などと多少の迷惑を感じていた。ところが諸学者の研究書を色々見ている内、意外に大きな背景を持つことに興味を覚えてきた。字や語句に多少判らぬ所があったが、祐筆が書いたものか、見事な筆跡で安心して読める。少しずつ引き込まれていった。

翌年の平成五年の六月に、われわれの班が真っ先に第一巻を出すことになった。ワープロは会長が打たれた。製本は最も安い業者を選んでB5判一七二ページ、三百部刷られた。その内五十部は売却用として図書館で買い上げて下さり、会員各自に二部ずつ与え、関係機関へ三十部の寄贈、他は千八百円で希望者に分けられた。京都大学、早稲田大学、九州大学、久留米大学、ハーバード大学、長崎県立図書館などは、継続購入して下さったと聞く。

出版に先立って各メンバーにも書く機会を与えようとの会長の意向で、第一巻の「解題」を「朝鮮通信使のこと、通信使と黒田藩のこと」という題で私が書いた（二ページ）。この方針は最後まで貫かれ、最後の十三巻までに全員が解題や後書（あとがき）、感想を書いた。それらは素人が書いたものとはいえ、それなりに面白く、学習の資料にも使われていると、第六巻の序文に会長が紹介しておられる。

何しろ五十冊もある大冊、その内の二冊分を出しただけだから、前途は遼遠である。完成はいつのことやらという感じであったが、やはり第一巻が出たということはよい刺戟となったし、反響も意外に大きかった。

その年の十月には対馬の雨森芳洲会から「一度来てみませんか」というお誘いで、二十四名が一泊の旅に出た。歓迎会の席上、芳洲会の副会長は「この本を持って、これから毎年少しずつ江戸までの旅を続けるつもりです」と頬を紅潮させておられたし、会長の永留久恵氏も「こんなに気持ちのよいグループを案内したのは初めてだ」と梅野初平氏に漏らされたと聞く。

第二巻が六年三月
第三巻が六年八月
第四巻が少し遅れて七年五月
第五巻　七年十二月
第六巻　八年十月

私が関係したのはこの段階までで、平成八年十二月末、宝塚市へ転居した。因みにこの時期までに、当初の二十五人の内十八人が残り、七人が退会、五人が新しく加わっておられる。退会には私のような転居者、病気入院、中には御他界という例もある。

――その後四年、時折気にはしつつも、私は新しい土地に馴れることに生甲斐と喜びを見出していた。阪神淡路大震災後に発足し、まだ機関誌を出していなかった「宝塚の古文書を読む会」と、さらに発足しようとしていた「岡本家大庄屋日記研究会」に入れて戴き、前からの在住者の方たちから、却って古くからの居住者かと思われたりしていた。

その私に平成十二年十二月、突然の朗報が来た。十三巻完成の通知と、県の文化賞が貰えるらしいという噂である。送られて来た第十三巻の巻末を見ると、当初からのメンバーは十四人で、他の八人は入れ替わっておられる。

会長の高田氏はこの間、白内障や狭心症に悩まされ、特に胃切除の時は、あわやを懸念される状態であったとか。

補佐役の横田武子さんが、ワープロはもちろん、もろもろの雑用を一手に引き受けて、支えてこられた。お二人の存在なくしては、今日の成功はない。

もちろん当初から一貫して動かなかった十四人の人たちと、その後に加わった人たちの努力なしには考えられぬことである。

受賞の方は第八回福岡県文化賞ということで平成十三年二月三日、元の県庁跡に新しく建った千七百人収容のアクロス福岡で、記念行事を交えて華やかに行われ、その案内は県知事名で私にも来た。大変名誉なことで、受賞など最初で最後と思ったが、わざわざ宝塚から駆けつけるのも面映ゆい気がして遠慮した。皆さんのご苦労が酬いられてよかったと芯から思った。

発会から約九年、学者ならぬアマチュアたちが、自分たちで読み、自分たちで解題やあとがきを書き、打てる人がワープロを打ち、他市町の古文書の解読料で出版費用の不足を補い、全くの手作りで十三巻の通信使記録を完成させたのである。――この方たちは、さらにまた新しい記録の解読と出版に向けて挑戦されていると聞くが、誠にすがすがしい話である。

× × ×

以上の文章は、頭と一部は変えているが、十年前に私が当地「宝塚の古文書を読む会」の機関誌『源右衛門蔵（げんよみぐら）』第三号に「福岡藩朝鮮通信使記録（全十三巻）の完成について」と題して書いたもののさわりの部分である。できてまだ新しい「宝塚の古文書を読む会」と「岡本家大庄屋日記研究会」のために、今後の指針になろうかと、細かいノウハウを伝えたものであった。

特に関係が深いと思った「岡本家大庄屋日記研究会」の方の資料は、尼崎藩瓦林組の大庄屋岡本市兵衛と後継者による文化五年三月から約百年の丹念な日記で、西宮市の郷土資料館に収蔵され、当地では有名な資料である。何人かの学者によって部分的には利用されてきたが今なお未翻刻である。これを解読し翻刻しようと思い立ったのが、当地の新進の歴史学者たちであった。「宝塚の古文書を読む会」などへも呼びかけて、三十人ばかり四班に分かれて賑やかに出発した。しかし通信使と同じく五十冊の大部である。それぞれ専門の仕事があり転勤もありで専念できないと見え、三年後には、大学院生の一人を残して、他はアマチュアの七人になった。そしてその院生にも新しい事情が生じ、結局残されたのはアマチュア組だけとなった。

しかし一人銀行を停年退職された方で、ひどく熱心な方があり、機械にも強いので資料や解読文の作成はもとより、他の一切を引き受けて下さるので、私なども月一回会場へ、これも何度か代わり、今は尼崎市の地域研究史料館の一室に出掛けている。

しかし出発してから十三年というのに、未だ五十冊の内三十六巻を読んでいるところである。時々出版の話は出るが、結局は全巻の解読がすんでということになりそうで、私もその完成を見ることはなさそうである。も一度「しかし」だが、その中心になる人、その人も高田というが、その人がいる限り、相談にのる専門家もおられるので、必ず上梓の日が来ると確信している。

もう一つの『源右衛門蔵』の方はその後着実に活動を進めて、今年は十三号を出した。力のある書き手も多いので前途は洋々であろうかと思っている。私も十三回の内十回、小論や小文を書かせて戴いた。年一本の小文を書くことに結構夢中になって当地と取り組んできた。

地方史を研究する者にとって「転居」は難題と思うが、特に兵庫県はそう言えるかと思う。日本海側の但馬から瀬戸内の淡路島まで五畿三道にわたるばらばらの土地であり、しかも福岡とは比較にならぬ細分化の激しい土地である。

一例を挙げる。四千二百点の資料と寄附した建家が宝塚市の文化財となっている歴代庄屋の和田家、その当主が「宝塚の古文書を読む会」の会長だが、その和田家のある米谷(まいたに)村は六百四十石の村であった。その内四百四十石が大和小泉の片桐藩（一万一千石）、二百石が上総の保科藩（二万石）の飛地という具合である。あまりの細分化の激しさに整理の必要を感じ、平成十七年「私の兵庫県」という題で兵庫県ができるまでを書いた。それで幾らか落ちついたようである。

最後の三回は尼崎に関係するものを書いた。それらの十本の内数本は、多少満足している。十五年という歳月と古文書は、この地に馴れるのを助けたように思う。

そして今、私も八十四歳、他の病もあるが、特に耳が聞こえぬのに困っている。会話ができぬので読書だけが楽しみとなった。これで終わるのかと思えば、茂廣先生のお仕事と比べて全く恥ずかしい。先生がある時、「会員もいろいろで、天下国家を考える人もいれば……」とおっしゃったが、あれは私への警告だったのか、「そんな大きなことをするには、地位とそれだけの能力が必要」とのご注意だったのかと思ったりしている。茫漠と日本人と日本史への関心を持ち、結局はテーマをしぼり得なかったのだから、現状は止むなしということであろう。

実を言えば、こちらへ来てからは近現代史に焦点を合わせ、なぜ太平洋戦争になったかを考えてきていたが、今年はＮＨＫの特別番組でそのテーマが放映され、多くの人々の関心事であることを知った。

続いて三月十一日の東日本大震災が起こった。原発事故があるので、今後の日本をどうするのか議論は益々大きくなろう。「戦後」を大戦後と震災後とに分けることにもなろうか。

私としては、人間が原発を手なずけうるとは思えぬから、脱原発を願わぬではないが、日本だけでというのでは、大船建造や銃砲改良の技術などを凍結し、鎖国の平和をむさぼった江戸時代の再現になるのではないか。江戸の文化は確かに心魅かれる一面の美しさを持ってはいるが、再び黒船に脅かされる時が来るのでは……という憂いをも禁じ得ない。――全くこんなことは、つい先刻まで考えもしなかったことである。

そして、このことを尋ぬべき茂廣先生はもう居られない。私の停年以後を多少賑わわせて下さった茂廣先生への感謝を、改めて捧げるものであります。

（合掌）

（元那珂川町立福岡女子商業高校長／兵庫県宝塚市在住）

おりおりの高田茂廣像

鳥巣京一（とりすきょういち）

高田茂廣先生というと、あの「浦」の研究者。博多湾上の能古島に住んでいる人。檀一雄の家居「月壺洞」の管理人。

一九八一年四月、福岡の捕鯨について、福岡市立歴史資料館に勤務されていた高田先生に相談に行ったことがある。その時のことを鮮明に記憶している。

「先生、かつて福岡地方で捕鯨は盛んだったんですか?」と言うと、

「福岡地方はあまり捕れとらんね。クジラはおるけどね」

そして、その理由についても、「福岡には島があるけど遠浅の浜がなかけん、クジラを捕りきらんやったったい」

ついで、捕鯨場所についても、「筑前大島、地島、筑前姫島、小呂島などがあるねー」と、話がはじまった。

先生の「ところで、どうしてクジラんこつを?」の問いに、「福岡地方の捕鯨についてまとめたいと思ったんです」、そうして、「福岡地方の捕鯨史料は確認できないのですが」と答えた。

すると先生は、同館の収蔵庫にたまたま置いていたエアーキャップに巻いた包みを持参された。先生は、「こりゃ、何と思う?」と、その物を手渡された。それは小型の銛であった。とっさに、「捕鯨用銛」と答えようとした時である。

「この話は、なにでん使う話やんね。鮫、鮪、クジラなどに使うとるね」

そうして「よかろうが！」、「よかろうが！」と、先生は白髪頭をかき、タバコを吸いながら話を続けられた。

先生には失礼ではあるが、先生に話を合わせていそいそとその場を立ち去った思い出がある。

次は、高田先生の豪邸を訪問した時のことである。一九九五年二月の話である。

先生が「これなんかわかんね？」と差し出したのは生海苔だった。「酢の物、味噌汁、なんでんおいしかとやもん」と言われ、酢の物をいただいた。

そうして「美味しかろ？　美味しかろ⁉」と先生は言われたが、初体験でピンとこなかった。

「先生、これはどこ産？」と聞くと、「姪浜産。こりゃ教え子がくれたったい」と答えられた。

正直言って、博多湾内で海苔が採れるとは驚きだった。

調べてみると、博多湾内の海苔は、明治時代、箱崎浜に繋留していたロープに偶然付いたことから始まったとされる。そして博多湾内一帯で海苔が養殖されていたということである。

後で聞いた話であるが、まわりの関係者はそのようなことは、一度もなかったということである。

わたしがこうしたことに対して無知すぎて、先生が特訓してくれたものと信じている。

いまも、「よかろうが！」、そして「美味しかろ！　美味しかろ⁉」と言っていた時の、キラリと光る眼が忘れられないのである。

（福岡市博物館学芸員）

高田先生と伊万里焼廻船の思い出

中田健吉（なかたけんきち）

平成十五年十一月三十日の「川邊（かわべり）里文化フォーラム」のことである。「（筑前下浦では）伊万里焼の海上輸送は志摩町の廻船が独占していた」。一瞬、ふれあいの会場がどよめいた。高田茂廣先生の「浦のくらし」の講演のまとめのことばである。テレビのお宝鑑定では必ずといっていいほど登場するあの伊万里焼である。その伊万里焼の海上輸送を独占していた郷土の浦の先人たちに拍手を贈りたい衝動に駆られた。後年、伊万里焼ゆかりの伊万里市をたびたび訪ねることになるが、先生のこのときの講演が大きな支えになっていた。

翌十六年の春のことである。趣味の詩吟教室でご一緒させて頂いている奥様に、先生に是非一度見ていただきたいものがあるのですが、と恐る恐るたずねた。「思い立ったらすぐどこにでも出かけて行くし、廻船の調査で船越には行っているので喜んで行きますよ」とのことである。早速ご都合を聞き、五月の天気の良い日にご夫妻で当地に来ていただいた。

伊万里焼廻船華やかりし頃の寛政元年、志摩郡御床触大庄屋を中心に各村各浦の庄屋、組頭など三十人の名前で綿積神社境内に石垣寄進の石碑がある。先生に一度見ていただいて文字判読の手掛かりを得たいと思っていたのである。先生は石垣・石碑をじっと見ておられたが、これほどまとまって庄屋名が出るのは珍しいとのことであった。廻船については、この地の船は江差まで行ってますよ、と、こともなげにおっしゃった。筑前海運の現地調査で全国を踏査された先生の面目躍如たる一面を垣間見る思いがした。

奥様の話によると、ご高齢からか研究された資料や書籍などは福岡市に寄贈することにしている、とのことであった。第一線から引退を決めておられたのであろうか、先生のいさぎよさも感じられた。石碑文字の判読には写真を撮っておくのが望ましいなどの助言もいただいた。

後日、姪浜のご自宅に伺い『くずし字用例辞典』普及版を頂くことになり恐縮していると、二冊あるからどうぞ、とのことである。こんな辞典は初めて見ると思いながら、以後、石碑文字の判読に町の学芸員の手助けを借りながら活用させていただいた。石碑文字全員の氏名を活字にできたのはよかった。活字化は、一般の人に見てもらい郷土の歴史に関心を持ってもらうためには不可欠であった。

船越の公民館には一対の常夜灯の写真があり、説明書きに「文化十一年伊万里戸渡島神社ニ船越久家浦船頭中ヨリ寄進シタ常夜燈」と書いてある。伝え聞くところによると、常夜灯は伊萬里神社にあるという。なぜ社名が異なるのか不思議であった。現地に行って確かめるしかないと思い、車で走った。

常夜灯は、伊萬里神社の参道に一きわ大きく凛と立っていた。社務所で、とわたり島神社はどこですか、と尋ねた。「とと島神社でしょう、今はありませんが、あった場所は上土井町の龍神宮の傍です」とのこと。教えられた通りに現地に行き、鎮座当時のことを聞く。元々は相生橋たもとの本下町（現・佐賀銀行伊万里支店敷地）に鎮座していたという。船頭中は、まさに伊万里焼積み出し港に鎮座する戸渡島神社に献納したのである。相生橋の改築工事で上土井町に遷座、その後、香橘神社に合祀された際に遷座し社名を伊萬里神社に改称し現在に至っていることを突き止めた。常夜灯は、郷土の船頭中が献納して二百年、戸渡島神社の遷座に伴い三度場所をかえ、今なお威容を誇っている。

先生の後ろ姿に、歴史は現地に立って見ることの大切さを教えてもらったように思う。無言の教えであると肝に銘じている。ご冥福をお祈りします。

（船越区長）

高田先生のこと

中野浩之（なかの ひろゆき）

高田先生との出会いは、市の広報誌で応募した西区古文書講座からです。全くの初心者で、一字一字がほとんど読めず、一行読むのにも四苦八苦でした。いつ辞めようかと思いながら、五ケ浦廻船や漂流・遭難者の話など先生の脱線話が面白くて、いつのまにか古文書の虜になってしまいました。

最初はただ文字を追うだけで精一杯でしたが、資料の「見聞略記」を読みすすめるうちに、人々の生きる姿やその息遣いを感じ、古文書とはこんなに面白いものかと思うようになりました。

先生のご案内で過ごした能古島の一日も忘れられない想い出です。〝古書店で買うと高いですよ。良かったらコピーしませんか〟と声をかけられ、貴重な蔵書をご自宅でコピーさせていただいたこともあります。幕末・維新の資料を読むときには、いつも先生の温顔を瞼に浮かべながら活用させていただいています。

西区の古文書講座で先生の薫陶を受けたメンバーが、自分たちだけの勉強会をいまも続けています。ああでもないこうでもないといいながら……、脱線話に花が咲くのは先生ゆずりです。暑気払いや忘年会も恒例となり、高田学級は健在です。

講師をお辞めになった後も何かとアドバイスをいただき、ほんとうにお世話になりました。〝久しぶりにみんなとお茶でも如何でしょう〟、〝それはいいねえ〟。……そんなことも、できなくなりました。

飾らぬお人柄にもっと接したかった。そして、もっともっといろんなことをお伺いしたかった、と心から思います。

さようなら、高田先生。ご冥福を心からお祈りします。

お土産はチョコレートね

中村順子（なかむらじゅんこ）

昭和五十年代も終わりに近い頃、西中島橋の傍にあった歴史資料館を訪れて、展示物を見ていると、一人の男性が私に近づき、展示品の説明をされた。

「曾祖父中村甚八〈福岡藩城代組〉宛の『可禁條々』、鉄砲の取り扱いについてであろう文書の巻物を持っています。この巻物は、我が家を訪れた男の子たちが、児雷也の真似事で口にくわえて遊んだためか、傷んでいます」と言った私にその男性は、「ここは福岡市の資料館です。巻物を寄贈していただければ修復をして、百年の後までも良い状態で保存でき、ご子孫方もご覧になれますよ」と。多分このような会話の弾んだ想い出がある。

平成四年夏の日、別府大悟氏（現・花乱社）に誘われて、当時福岡市民図書館で開かれていた古文書学習会（当時の福岡部落史研究会が主催）に入会、講師に紹介されて驚いた。なんと歴史資料館で「巻物を寄贈すれば」とアドバイスを下さったその人、高田茂廣先生であった。

暫く古文書の勉強を見学したいと言う私に、先生は間髪を入れず「はい、今日から読みましょう。古文書の勉強には『くずし字用例辞典』を購入しなさい。『くずし字解読辞典』は竹森君（先輩会員・竹森健二郎氏）に貰いなさい」と。

『福岡藩朝鮮通信使記録』(全13巻)福岡地方史研究会 古文書を読む会編, 1993年

千代紙の模様に見えた文字にも少し慣れたある日、先生は「今度、あんたは鶏小屋に入るよ」と。驚く私に、「県立図書館で朝鮮通信使記録を解読していて、その会は、男性一人・女性三人のグループ。つまり鶏小屋であり、皆さん優しいから安心しなさい」とのこと。

今、『福岡藩朝鮮通信使記録』第十三巻をパラパラと捲ってみると、会員五名の感想文中に恥書きの拙文があり、「平成五年一月入会」と書いている。

初回の勉強会終了後、「一寸お茶を」と先生に誘われて近くの喫茶店へ。雑談中、先生は半眼でにこにこと私の言葉を聴いて下さった。続けていけるのであろうかと、心中はご心配だったのであろう。

難解で何時も私を悩ませ続ける「古文書」との付き合いも、いつの間にか馴染んでしまい、気が付けば彼方此方の「古文書を読む会」へ修行に出かけている私である。

ある年、濃緑の葉陰で夏蜜柑が金色に輝く日、「古文書を読む会」の仲間たちと、青い波間に浮かぶ能古島の高田先生宅を訪問した。先生宅の花畑や野菜たちを眺めて説明を聞いた後、遙かに福岡の市街地を一望できるお座敷で、檀一雄が『火宅の人』は君には読ませたくない、と先生に言ったこと、高倉健など先生宅の訪問客たちとの楽しかった話など伺いながら、何時もの「古文書を読む会」とはひと味違った至福の時間を過ごした。

「檀一雄から習ったブイヤベースを、皆さんにご馳走しよう」と、先生は台所に立たれて腕を奮われた。良い香りが全員の鼻をくすぐり、浅蜊貝のブイヤベースがどかーんと完成。テーブルいっぱいに並んだご馳走を目で賞味しながら、ブイヤベースを待っていた私たちの口中に、浅蜊貝が踊り込んだ。本当に美味しかった。

先生、胃癌になる。心臓・胃癌の手術後、全快なさって会員へのご挨拶に驚いた。「皆さんの納められた健康保険料のおかげで、私は治療を受けて元気になりました、有難うございました」。このような病気快復のお礼の言葉を、私は未だ耳にした記憶がない。

鶏小屋仲間の故阿部道子さん発案で、女性会員たちは先生にバレンタインのチョコレートをプレゼントした。「世の中はバレンタインで賑やかだけど、僕は自分で買って帰ることにしようと思っていました」と先生は大喜びされた。

そのプレゼント仲間も年を追うごとに減り、この数年はバレンタイン・デーが近づくと、甘党先生の笑顔を想像しながら、一人きりでチョコレート選びを楽しんできた。

「逢いたい、皆さんに逢いたい」と受話器の向こうから先生の声。もうあの声は聴けない、三分間でもいい、お目にかかっておくべきであったと、今更ながら残念でならない。

「今年の二月は寂しいねえ」と言う家人の慰めに、平成四年夏のあの日から、古文書の糸口を優しく紐解いて下さった先生の想い出が、また私を包んだ。

卯の花の咲く頃になると毎年思い出す。先生宅（能古島）の玄関先には卯の花が咲く。

ある年、先生のお宅での話。「大隈言道の歌に卯の花があります」と私は言った。しとしとと霧雨の降り注ぐ日、勉強会終了後、女性会員たちと、県立図書館（福岡市東区箱崎）の一室のドアに手をかけて、先生の一言、「あっ忘れ物、一寸待って」と再び館内へ急がれた。出ていらっしゃった先生の腕の中には、何と一抱えもある卯の花の束。資料室に忘れたことになっていた卯の花。先生は霧雨の降るこの日、能古島から花束を抱えて、姪浜を経て地下鉄箱崎宮前まで。乗り物の中では人目を気になさらなかったのであろうか。資料室に預けられていた卯の花を、帰宅する女性会員たちにそっと分け与える。このようにいつも、何事にもお優しく、でも少しやんちゃであった先生。

ご自分の所蔵資料をそれぞれに寄贈、その整理を済まされたのち、「浜辺でのんびり貝掘りを楽しんでいるよ」と話された先生。そんなにのんびりと、老後をお楽しみの年齢ではなかったと、私は思っております。先生のお人柄にすっかり甘えておりました。本当に有難うございました。

またお目にかかれます時は、そちらでのお楽しみを、半眼でにこにことお話し下さると信じております。お土産はチョコレートにしましょうか。

（『福岡地方史研究』第48号より転載、加筆）

老いて師に巡りて

中村（なかむら）嘉明（よしあき）

二〇〇三年の晩秋、私は退職して一年目を迎えていた。世間でいわれている第二の人生とやらを、これから先何年過ごすことができるだろうと思いながら、福岡市立図書館で行われている古文書の読み下し会に参加していた。ここで高田茂廣先生との初めての出会いがあった。私は古文書が得意というわけでもなく、古文書という言葉にひかれて、何となく参加していた。

この場での高田先生は、参加者と一緒に古文書を如何にも楽しげに読み下されると共に、古文書に書き表されている情景や崩し字を、笑顔の中で丁寧に教えられていた。私は、読み下されている所が何処だ何処だと、教材をまごつく眼で追っていた。

三回の会に参加してみたが、決して古文書から心が離れていくどころか、却って古文書に取り込まれていくようだった。

その後、どこかで古文書の教えを蒙るところがないかと東奔西走すること二年、やっと古文書の初歩を何とか身に付けることができた。

そこで、古文書を読み通すことを第二の人生の指標と見定めようとした時、ある人からこんなことを耳にした。自分がこの世に存在していた証を残すことができたら……という話であった。

そんな話から、ずぶの素人である私が、六十の手習いで物書きの真似事を思い立った。将来を見定めた心で、創造性を隈なく発揮してファンタスティックな世界を描くことは、枯れゆく人生の中で楽しさを増すことだろう。

いや、現実の世界に眼を据えて、矛盾の紐を解きほどくことも、残された人生の中で意義あることかも知れない。

いやいやそれよりも、過ぎ去った世に眼（まなこ）の明かりを当てて耳を欹てれば、その時代を生き抜いた人たちの欣喜な姿や怨嗟な姿、そして鷹揚な姿などが見えてきそうだ。また、その人たちの息遣いが聞こえてきそうな気がする。

そんな幾星霜を経たところに心を持ち運んで書き表すこともロマンの世界だと思い、眼に触れる古文書の中からイメージを広く、狭く、深く、浅く動かさせて歩き出してはいるが、時として難解な古文書に接した時、心に定めた指標が揺らぎ出す。

この時、二〇〇三年に出会った高田先生を思い出して、先生の許を尋ねると、四年前の姿から思いも浮かばないほどに、お体が弱っていられる先生に接して心を締め付けられた。

だが、お体の弱られた先生が、古文書を前にして語られるお顔には、初めて会った時のあの笑顔を満面に見せられた。

「久し振りに古文書を口にしたよ……」

この言葉には、先生が畢生を掛けて取り組んでこられた、過ぎ去った時代を生き抜いた人たちの姿が、話し言葉が甦って来たのであろう。

あの時の先生の笑顔を思い浮かべる度に、私は老いて師に巡り会えたと思っている。

先生は過ぎ去った時代のあの人たちの姿を、真正面から真実を追求された。私は、過ぎ去った時代のあの人たちに、程よい色を付けた虚構の世界を描いている。高田先生との繋がりは、過ぎ去った時代を生き抜いた人たちに思いを馳せることだろう。

先生の偉大な足跡には到底及ぶことはできないが、先生を師とする者としては、先生の足跡に何百万分の一でも近づくことができればと思い、緩やかに歩み続けている。

ご近所の高田先生

早船正夫（はやふねまさお）

高田先生から住所移転のお知らせを頂いたのは、平成十年のことであったと記憶している。移転といっても能古島の本宅はそのままとして、先生のご活動拠点を前進させたいとのご主旨であった。びっくりしたのは番地。なんと拙宅の六軒先ではないか。少しは地域史に興味を覚え、姪浜史に手を染めたいと考えていた私にとっては願ってもない幸運である。

早速、表敬のご挨拶に訪問した。壁一面の書籍は当然として、手書きの原稿と資料の山。先生の文筆活動は、これを足で確かめ、対話で埋められたものの凝集だとはかねて存じあげていたが、それを如実に見る思いであった。

それからあまりお伺いしていない。その必要がなかったのだ。姪浜のバス停の行き帰りがしょっちゅうで、その途中が自然と教室となった。

「ホラ、尾道の鰯屋の宿帳に、筑前姪浜船が出てきまっしょうが。その中に姪浜の唐津屋船てありますが、唐津屋の跡はどうなっているかというと、それは姪中（現在は姪浜北小学校）のすぐ隣の魚屋さんでしたばい」

「姪浜の造り酒屋の石橋さん。ご当主は馬乗りが大好きで、毎日きまった時間にきまった道をグルリと廻らっしゃる。皆、旦那と言いよりましたやな。大正ごろのことですやな」

先生の問いかけに取材相手はするっと答えてしまう。先生の人なつっこさの余徳である。歴史の研究には、この人なつっこさが欠くことのできない資質であると改めて感じた。

先生はこうも仰った。

「遺跡を理解するには、考古学の素養がいると言います。その通りですが、私はその現場に行って、腰を降ろして、しばしあたりを見回します。山の具合い、日の射し方、土地の高低。敵はどこから、どう攻めてくるか。考えが次々に湧いてきますやなあ。少しばかりは判るもんですばい」

今、先生の言われた言葉を思い出して懐かしく思っている。

「能古島の歴史家」高田先生に捧ぐ

藤瀬三枝子（ふじせみえこ）

平成十九年九月末、島外の方々の研修会を持ち白鬚神社について高田先生に講話をお願いしました。先生の「忘れることも多くなったが、私が能古島に住んだことはよかった」と言われたひとことが脳裏に焼きついています。私も先生と同じく西新からの移住者で、三十数年を能古島で暮らしています。海に囲まれた小さな美しい島に住み、やさしい人たちの中で楽しく心豊かに晩年を過ごせる日々に感謝しております。先生には『能古小学校百年誌』の編纂に参加させてもらい、郷土史家としてのご配慮で多く学ばさせてもらいました。私にできますならば、先生のご遺志を後世の方たちに伝えたいと追悼の文を書かせてもらうことにしました。

昭和四十六年、能古公民館長山田磯太郎先生は「公民館の一事業として郷土史研究会を発展させ、その会長に高田先生を推し、十数名の同好の士とともに三カ年にわたる熱心な調査研究の末、ついに『能古島物語』が世に出るに至った」と記されています。

また、高田先生は「能古の祖先がわれわれに残してくれた、小さいけれども絹糸のように美しい能古の昔語りを、次の世代の人々が読んでくれて、起伏の激しかった過去の中から現在を確かめ、将来への糧としてくれるならば、この本は郷土史として成立するであろう」と言われています。

現在、能古住民の氏神様である白鬚神社は、「おくんちの宮座」が一九八三（昭和五十八）年に福岡市無形文化財として指定され、様々な神事が伝承されています。また二〇一〇（平成二十二）年には本殿・拝殿が有形文化財に指定され、特に小さな村社にしては見事な彫刻が拝殿を飾っています。

先般、公民館主催で「白鬚神社のルーツを歩こう」に参加体験して来ました。六世紀後半に築かれたといわれる早田古墳の遺跡と近くの五厘水の湧き水は、「おくんち」の水に使われています。

そして、きりの辻では、御神体であったという大きな岩があります。御神体を納めた箱に「白鳳元（六五〇）年八月十三日」とあり、古代のものであったといわれています。

そこから一〇〇メートルくらい北側の玄界灘が一望できる広場を船見場（ふなんば）と呼び、先生の著書に「能古の歴史の中で最も輝かしく雄大なのが回船の歴史である」とあるように、廻船の船出のときは家に残った女房・子どもが、振り袖姿で島の尾根のふなんばまで登り、「へいへい節」を歌い踊りながら別れを惜しんだ。

〽こちの旦那は福裕の旦那
汐の満つ様に金がます
今年仕合せ金取る年よ
桝で小判をはかりとる
（『能古島物語』より）

三番は後で作られたようですが、
野にも山にも子は持ちよかれ
千の倉より子は宝

と詠われており、現在は能古民謡として小・中学校の運動会や校区の体育祭などで、保存会の皆さんと島民の皆さんが一緒に踊っています。

次に『玄界灘に生きた人々』は、平成八年から七十回にわたり「西日本新聞」に連載されたものをもとにしたもので、高田先生が海事史研究家であり、また郷土史研究家として活躍されたものの中から「十人墓」の話を取り上げさせてもらいます。

現在、能古には「十人墓を守る会」があり、三年に一回、山口県周南市の大津島で行われる「十人墓供養祭」に参加しています。私も先般七月三、四日、十九名の方々と大津島十人墓供養祭に参加させてもらいました。

彼の地では「十人墓掘起しの記」が瀬戸浜自治会から表示された文中に、「昭和四十七年、福岡能古島の歴史家が、同島の祖先の遭難者であることを確認して以来、大津島と能古島の交流がはじまり、昭和五十七年の例祭には福岡市長が来島し、『梅ケ香や深き情の十人墓』の記念句碑の除幕をするに際し、徳山・新南陽両市の市長も臨席し、両島民が盛大な供養祭を挙行した」とあります。

また「十人墓の由来」として、寛延元（一七四八）年七月二日、黒田藩の御用米を幕府に運んでいた能古島御用船の乗組員十名が、大津島沖で遭難しました。その人たちは、かつては対岸の福川の漁師の人たちによって手厚く供養されていました。そのため福川の漁師の皆さんの間では、十人墓を祀ると大漁になるという信仰があったと伝えられています。今日では、瀬戸浜の「十人墓を守る会」の方々によって、毎年七月七日の七夕の日に供養が続けられています。なお遭難した十人の墓は、五基だけ碑文が判読でき、他の五基は自然石のままとなっています（周南市商工観光課）。

当日の供養祭では、徳山より僧侶がおいでになり、能古からの十九名と瀬戸浜地区の方々や大津島の長老の方々で、殆どが七十代を超えておられ、若い世代の姿は少なかったようです。

赤瀬さんから「十人墓供養踊り」の発祥についてお話を聞きました。瀬戸浜地区の伝統踊りに「木山音頭」と「はんじき踊り」という二つの踊りがあります。私たちの先祖が愛媛県の伊予の地からここ瀬戸浜に移り住み、今日に伝わる伝統踊りです。これを「十人墓供養踊り」として、これまで二百十数年間も一度も欠かすことなく現在に踊り継がれています、とのことです。さらに他の長老の方の言葉に「今年は遭難の年より二六三年目にあたる。供養を続けられた先祖の信仰の深さに感じ入ります」と話されました。

高田先生の著書には、姉妹島の交流と題して、能古島に帰って永福寺の過去帳を調べたら、大津島の四名の戒名と同じものを見つけることができた。他の墓も能古島廻船の事故による遭難者の墓であることは間違いないところである。能古島の者が完全に忘れ去っていた遭難者を、殿様並みの墓を建て、しかも二百数十年もの間、盛大に祀って下さっている。そのままにしていいわけがない。その後、能古の長老の方たちと大津島を訪れ「姉妹島的」な交流を続けた。昭和五十七年には、福岡市民を代表して進藤一馬市長がお礼の言葉を述べて下さった。能古からはツツジや海紅豆などをトラックで久保田耕作さんが運んでくれた。私も調べた甲斐があった、と述べられています。また、遭難記録の発見として、山口県立文書館に出かけ、徳山藩の記録や筑前への連絡が記されている。高田先生は史実を足で調べる方であった。

私も懇親会の中で「大津島の人のぬくもり昼ごはん」と詠んだ友人とともに、海を隔て海で繋がれた島と島・人と人とのぬくもりを肌で感じた旅でありました。そしてこの想いを人に伝えたいと思いました。高田先生の遺業を後世の人に伝えることができれば幸いです。能古の子どもたちには、ぜひ語りついでいこうと考えています。


（能古住民／元能古小学校教頭）

初めて古文書講座を受講して

松岡博和（まつおかひろかず）

二十年ほど昔になりますが、私が四十歳を過ぎた頃、一九九一（平成三）年十月から翌年三月まで毎月二回、土曜日の午後、全十二回にわたって、福岡市博多市民センターで古文書講座が開かれました。その時の講師が高田茂廣先生でした。講義は人名・地名や数字に始まり、その後、『農業全書』、『長野日記』、『朝野雑載』、『筑紫遺愛集』、『見聞略記』などが教科書になり、そして最後は『筑前唐泊孫七実記』が使われました。

そもそも私は、歴史に特別の関心をもっていたわけではなく、妻が表千家の茶道をしていた関係で偶然、利休・茶の湯の聖典『南方録』を知り、この時立花実山の名前も知りました。以来、実山の人物像を追いかけてきました。

当時、中央の茶道史研究者の間では、『南方録』が利休在世中に書かれた直伝の書か、それとも百年後の実山によって書かれた茶書か、大きな論議となっていました。私が取り組んだ実山の事績調査が、図らずもこの論議に呼応したのは幸運であったと思います。

ところで半年間の講座修了後、受講生が原稿を持ち寄り、「受講記念文集」が作られました。私も「古文書講座を受講して」と題して次の一文を投稿しました。

元禄時代の福岡藩に立花実山という藩士がいました。三代藩主光之の側近として仕える一方、書画・詩文に優れ茶道にも精通した当時藩内随一の文化人でもありました。殊に利休茶道の聖典ともいわれる『南方録』を後世に残し、茶道史上広く知られているところです。ところが光之の死後、隠居して剃髪していたにもかかわらず、光之の後継で四代藩主綱政の命により、嘉麻郡鯰田（現在の飯塚市鯰田）に幽閉され殺されました。

実山がどんな人物であったのか興味をもち、この数年間資料の収集、夜遅くまでのワープロ打ち、日曜日の図書館通いなどいつしか熱中してしまいました。しかし古文書に当たるとき、起筆で分類した『くずし字辞典』などではまどろっこしく、自在に読めない悲しさを何度となく味わったものです。

そんなある日、福岡県立図書館の郷土資料室で、福岡市博多市民センターにおける古文書講座の開講を知り、さっそく申し込みをしました。初歩的な知識を持たない私にとっては、古文書の読み方はもちろんのこと、ときどき脱線する高田先生のお話が全て新鮮に感じられたものです。

仕事の都合などもあって三、四回欠席しましたが、今回の講座で学んだことが今後の古文書勉強のベースとなることは間違いありません。高田先生はもとより、一緒にひとつの机を囲んで勉強した同級生の皆さんに心からお礼申し上げます。

なお、「立花実山」の原稿については、ようやく完成間近となりました。いずれ本教室のみなさんの御批評を仰ぎたいものと思っています。また私のような素人が調べたものでも、その成果を公表できる場がないものか、そんなことを考えるこの頃です。

末筆ながら、今回の講座を企画・準備された博多市民センターの力武豊隆さんをはじめ職員の方々に感謝申し上げますとともに、高田先生及び同級生のみなさんの御健勝と一層の御活躍を心からお祈り申し上げます。

その後私は、高田先生が幹事を務めていた福岡地方史研究会に入会し、今も実山を追いかけています。その間、『南方録と立花実山』、『茶の湯と筑前』（いずれも海鳥社刊）をまとめ、立花実山三百回忌を記念した福岡市美術館編『南方録と茶の心』（東林寺刊）にも参加させていただきました。

当時の「受講記念文集」を手にすると、高田先生の講義の様子が懐かしく思い出されます。このとき学んだことが、今大いに役立っています。ありがとうございました。

（一九九二・三・七記）

切れぎれの憶い出

三木隆行（みき たかゆき）

二〇〇七年夏、草場・西浦・田隈の盆綱引きの映像記録に従事した。文化庁の補助事業「ふるさと文化再興事業」の一環であった。

草場では盆綱引きに続いてあっていた子供相撲も盆踊りも行われていなかった。少子化のためということだった。おめでたが続いているのでまたしばらくすれば再開できると思うが、と町内会長さんは話されていた。一九九五年夏、市の文化財指定のため草場の盆綱引きにご一緒して頂きご指導を仰いだ。先生一九二八年生まれ、六十七歳だったのかと今初めて知る。若々しかったし、ずっと六十歳前後の頃と思っていた。町内会長さんへの挨拶に路を間違え、そう長くもない坂道を行ったり来たりした時、途中、ふぅーといった様子で立ち止まられ呼吸を整えられていた。心臓に疾患を覚えられていたことなど想像しなかった。

それから十二年の間、草場には調査に何度も行ったが、最初にお世話になった町内会長さんを訪ねるたびに、同じように路を間違えることを繰り返し、最近は同じ場所に立ち止まって息を整える自分に気づいた。十年早すぎるぞ、とおっしゃっていそうだ。

調査というものは、その言葉づかいからして何かしら一方的で、調査という一言を口にしないで行き来できればと考えるのに、それが難しくてできない。調査という言葉がもつ暴力性。例えばこんな感じか。私は私のことを知ってほしい、それは嬉しい。しかし、私は私のことを調べてほしいなどと思わない、それは拒否します。暴力性からほど遠い日常でおられただろうに、調査・研究に従事されるが故に、それが覚えさせる暴力性と格闘されたのではないかと思う。長い格闘が調査の最後の日まであったのではないか。

人柄だけでは調査の暴力性は超えられない。まして知識の多寡などではない。強い意志に支えられたある次元の態度が要る、と思う。

愛は貧にかがやく。若い頃図書室で読んだ本にあったと思うが、あれは何だったのかしら。三十数年前、老女から尋ねられた。放課後の夕陽がさし込む図書室の少女の姿を想像した。何年かしてそれはペスタロッチの『隠者の夕暮れ』のことではないかと岩波文庫を届けた。戦前・戦後と小学校の現場に居、戦後すぐは教科書の墨塗りをし、その後覚えたロシア民謡を楽しげに口ずさむ老女だった。

夏休みの小学校の校庭の映写会。私は一九五一（昭和二十六）年四月二十八日生まれ。見上げるような大きな犬・中くらいの犬・小さな犬が出て来る場面、それから金の斧・銀の斧のイソップの話、といくつかの場面が重なって記憶は混雑している。しかし鮮明に残っているのは『にあんちゃん』。ザァーザァー降りの雨、肺炎で死んだにあんちゃん。その場面が記憶にずっと残っていた。高校生の頃、父の小さな書棚にあった『にあんちゃん』をカッパ・ブックスで読んだ。小学生の時、映写会で観たあれが『にあんちゃん』だったことを初めて知った。その後無意識のうちに、『にあんちゃん』（安本末子）、『山びこ学校』（無着成恭）、『山芋』（大関松三郎）が自分にとっての「綴方教室」となっていたかも知れない。

父の小さな書棚には、年取って輜重兵として従軍した形跡を自ら確認していたのか、『ビルマ戦記』といった戦記物の何冊かの本文や地図には万年筆の青い細かい文字で、侵路・敗路の日付けが補注のように書き込まれてあった。戦死の公報が届いた後に復員したらしい。マラリヤの後遺症で夜中にしばしば大声をあげてもがき、恐かったと姉たちは言うが、私は生まれていないのでそのことは知らない。ただ父の内面の恐怖は想像できた。戦友を置き去りにする恐怖、友人の信頼を裏切る恐怖。八月十五日のあと、脱出のためビルマからシンガポールの港を目指して、密林を昼夜一日一〇〇キロ以上逃げた、と一度だけ戦争の話を聞いた。少し大きくなってあり得ない距離だと思った。父に問い返すことはしなかった。後年、いやこれは実際その通りだったかも知れないと考え直した。

父の小さな書棚には劣化で表紙が崩れかけた岩波文庫が数冊あった。巻末に購入年月日と購入先の書店名が、養子となる前の旧姓で記されていた。十代終わりの頃、一九二七（昭和二）年創刊の岩波文庫の鷗外と漱石ものだった。青年時代の父のことを思いながら、先生はそのころのお生まれだったのかと年表風に記憶を埋めてみた。

中学生のころ、大雪が降ると午前中の授業が中止になり、雪中行軍になった。雪中行軍の意味は知らなかったが楽しかった。三年間の間に二回あったか。戦後十年以上経っていたのにまだ戦前・戦中の空気があったことを後々自覚した。そういえば廊下の雑巾がけを一直線にすうーっと駆けてやるのではなく、蟹が片足ずつ前に出して進むような格好でやったこともあった。海軍式の雑巾がけと教わった気がする。

一九八一年頃だったろうか。教科書問題が浮上した。国語では大関松三郎の「虫けら」、木下順二の「木龍うるし」などが要注意教材になっていた。成人後目にした「イソホのハブラス」（天草版『伊曾保物語』）にも民話（柳田国男『日本の昔話』）にも出て来るあの金の斧や銀の斧の話に小さな頃から怯えていた。卑しさや利己が衆人環視の前で赤裸々になる恥ずかしさにずっと脚がすくんでいた。ずっと目を閉じ息を止めていた。だから「木龍うるし」の結末は救いであった。だのになぜ、と思った。教科書販売会社に出かけ、小中学生用の国語・社会・美術の在庫分全てを買ってページをめくった。私は「木龍うるし」に救われたが、きっと同じように怯えているかも知れない児童・生徒のことを心配した。

一九七一年頃だったろうか。十代終わりの頃のこと。間借先を出、近所の食堂で夕飯を食べ、帰りに古本屋に寄り、また間借先に戻るのが日課だった。

ある日、どこで聞きおぼえたのか、黒魔術の手帳、桃源社のってありますかと、年配の女主人に尋ねた。うちにはありません、と怪訝な顔をされた気がする。ある日、これ少し安くなりませんか、と口にした。初めてそういうことを口にした。途端、目を怒らして、黒い本を買う人は、ひとが知らないと思って、とにらみ付けられた。毎夕書棚を眺め、週一冊くらいは買っていたのに、なぜ仇敵に向かってのような言葉を投げつけられたのか。どのような無礼を働いたのか。

黒い本？　黒魔術の手帳、桃源社の、と前に尋ねたのがよくなかったかも知れない。自分でもちょっと怪しい書名と出版社名と思いながらだった。

黒い本？　しかし、何か誤解されている。翌日からも毎夕同じように引き戸を開けて入り、小一時間書棚を見、以前通り週に一冊は買った。誤解を解いてほしかった。これ少し安くなりませんか、などと値切る言葉をその後どこでも口にしたことはない。

黒い本？　その疑問と不安が解けたのは七、八年してからだった。歴史関係の雑誌に引用されていた福沢諭吉の一文。漢学的世界の鎖国が開かれたというのに、政治・経済・哲学等々のヨーロッパ言語の翻訳語が頁を埋めている。昔ながらの漢字だらけの黒い頁である。誰が読み、誰が分かるというのか。そもそも誰に向かって何を伝えようとしているのか。今必要なのは白い頁であり、白い本こそが求められているのだ。私は誰もが読める誰にも伝えられる白い頁の白い本を書くことを目指す。大体そういう意味合いの文章だったと思う。長年の疑問と不安が解けた。白い本の話は幻想などではない。しかし、その雑誌は何度かの引っ越しでどこに紛れたのか見つからない。時に図書館の書棚の前に立って全集・選集をめくることもあるが、いまだ見つけられない。

先生を思うとこの白い本の話を憶いだす。
先生への切れぎれの憶い出が私的な記憶の断片を綴るはめになりました。

日々の生活の綴り方を大事にすることだよ、何事もそこからじゃないのか。僕のことであなたがあなたのことや、あなたに関わったいろいろなことを憶い出してくれたことで、僕は嬉しいよ。まあ、君らしい僕に対する誤訳や超訳が若干見受けられるが、それはそれで良しとしよう。訂正してあげたいが、今の僕にはそれはちょっと難しいしね。それに君がいずれまた訂正するだろう。日々の生活の綴り方って、成長する記憶の樹ってということかな。毎年こぶを残しながらね。どう思う、君。

111231（土）記

詩篇

高田茂廣

＊末尾の作品集を除き、すべて『日本短詩』（日本短詩の会）
復刊号から縦書きで再録。号数と発行日（西暦）を示した。
島　創刊号―64・12・5
雪降る夜　第2号―65・2・15
むしゃくしゃ　第3号―65・4・30
レンゲ田の中から　第4号―65・6・25
ひろしま　第5号―65・9・1
秋風―10・22スト―　第6号―65・11・20
いろどり　第7号―66・1・25
惜別　第8号―66・3・31
ふし　第9号―66・5・31
田の畦から　第10号―66・7・31
こげ茶色の空の下で　第11号―66・7・30
ミカンのうた　第12号―66・11・30
冬の海　第13号―67・1・31
春菜譜　第14号―67・3・31
無為　第15号―67・5・31
地割れ　第16号―67・7・31
砂浜の秋　第17号―67・9・30
かなしみ　第18号―67・11・30
寒い日　第19号―68・1・31
青の痛さ　第20号―68・3・31
バラの想い　第21号―68・5・31
美しければいいんだよ　第27号―68・7・31
愁傷　第28号―68・9・30
窓　第29号―68・11・30
青春　第30号―69・1・31
生きる　第31号―69・3・31
新緑　第32号―69・5・31
古い陶器よ　第33号―69・7・31
運動会　第34号―69・9・30
いのち　第35号―69・11・30
枯木　第36号―70・1・31（統一課題のもとに各同人が創作）
盲　第37号―70・3・31
旗　第37号―課題作、70・3・31
帰郷　第38号―70・5・31
あたたかいもの―第39号　70・7・31
月夜に　第40号―70・9・30
枯葉としての　第41号―70・11・30
雪の舞台　第42号―71・1・31
島の春　第43号―71・3・31
神話の岡で　第45号―71・9・1
秋冷　第46号―71・12・1
梅の丘にて　第47号―72・2・10
地蔵の夢　第48号―72・5・25
あした　第49号―72・7・25
彼岸花　第50号―72・11・1
能古新装　第51号―73・2・20
望郷　第52号―73・6・15
ちくぜんのこのしま「のうぜんかずら／晩夏／砂浜／新緑／
寒い日／バラの想い」（『日本短詩作品集』日本短詩の会刊、
73・2・20）。前掲作品と重複があるが掲載した。

島

このまま秋になろうとも
さざなみは　足にひたして聞く音です。

海はこんなにも静かに
カラカラと鳴る貝がらの音を聞いている
明日は形さえ消えようとするものの音を。

なぎさは　昨日の白さのままで
足音の遠のくままに
夏からの日々を生きている。

しおざいの遠い日は
ひたぶる　町の灯の恋しくて
夕日は　海にはらばい　もだえる。

雪降る夜

雪降る夜は　あたたかです。
ひえきった心を　雪がたたくからです。

窓に舞う白の時間に
ふるさとが　とけこんでいき
雪降る夜の　ながさ。

雪降る夜を待っていた私に
雪降る夜のむなしさ
歴史がなかったらと思う。

窓に頰寄せて
唱歌　口ずさむ
雪降る夜の　わらべごころ。

むしゃくしゃ

庭草をむしる年頃に　いつか成り果て
無心の手が　ときにこぶしを作る。

楽しまぬから　草をむしる
空も海も　大きすぎて　どうにもならぬ。

草むしってしまっても
花の咲かない　木ばかりの庭
まだ　風が　つめたいのであろう。

草むしる日が　きょうぎりであるように
ゆうべ　涙などこぼしながら。

レンゲ田の中から

レンゲの花にまみれてみたい
赤旗を振った手の
ほとぼりのさめるまで。

みどりの時がほしい、と
呼びかける手が
レンゲのひとくきを　にぎりつぶす。

おれは　ベトコンになろう
おれのために
レンゲのひとつを胸にさしてよ

働こう。
レンゲよ
あしたまで　咲いていておれよ。

ひろしま

原爆の碑　新しく
二十年の時のみじかさ

黙祷の中で
旅人であることができなくなっていく。

何と祈ろう
ケロイドの人の祈りのながさに
線香に　いぶされたまま
動きえない。

幼な子の幼なさ
原爆の碑の前で
おにんぎょさん画いて　あそんでいた。

全部をここにつれてきたい。
人間の全部を
原爆の碑につるされた　折鶴を
だまって　胸につけてやりたい。

秋　風　―10・22スト―

戦いの日々
勝負は淋しさだけを残して
秋風に消えた。

貧しさを訴えて
街に緑のビラを散らしたが
所詮、秋風の声であった。

戦ったのは、大地である私であったが
だれかが、どこかで、平和をきめた
秋風よ、お前ではなかろう。

秋風よ
消えないどこかに
戦っていた私があったと
書きとめよ。

いろどり

具象から　何も引き出せないので
筆が　タバコに変わる。

赤が　主題のつもり
緑の絵が生まれた。
――人生観は、三歳にして確立するという。

出来そこなった絵に字を入れたら
見られるようになった
四十歳の　あきらめ。

絵かきじゃないんだから
絵のぐが　もったいないから
　絵は「悲しき玩具」。

タバコの火で　画いた絵をかきむしる
　生きている　あかしのために。

惜　別

惜別の心
どうしようもないまま
こぶしの花に　とらわれる。

歩いてきた道程は
こぶし
救われるまでの　まさぐりのとき。

記憶にもならない　おしゃべりは
こぶしの花
手を振るまでの無をさえぎる。

歌われないままの　こぶしの花
白い別れが
そこまできている。

ふし

くちびるをふるわせた　きのうが
白い童話となり
街角の雨にぬれそぼつ。

混沌の　洩れ陽の中にいて
冬の日の強さを求める掌
花弁をむしる。

今が
有ることと　無くなることへの祈り
バラの日の昼寝である。

あしたのテレビが始まり
プログラムの無いおののき
けんめいにしゃべりまくる。

田の畦から

打ちひしがれもせず
泥のまま　恋する人もある
田の畦の緑の晴れ間。

驟雨が醸す古代
きのうもあすも消えた中に
有る　何人かの手の動き。

百姓をうらやむ心
贋金作りの論理が
田の緑と交錯する。

この人たちは
　みんなぐっすり寝るんだろう
いいな
葉の露が足をくすぐる。

驟雨　再び
清らかなわい談の仲間となって
今　私は　たしかに生きている。

こげ茶色の空の下で

くゆらす煙の向うにいて
コーヒーがよく似合うあなた
秋なのですね。

だまっておれば
煙のえがくもよう
枯葉がひとつ　まいおちたですよ。

こげ茶色の空もくれて
わかりますか　あなた
わたしが　わたしたちが。

ほおえみ
何のための
あなたはコーヒーのよく似合う人だ。

ミカンのうた

つかれた掌でミカンあたため
風に向って急ぐ家路
こどもよ　じき　きょうがはじまるよ。

子つばめの大きな口を想う
貧しさ故のあたたかさか
　ミカンの黄色がいいではないか。

ひとつ　ふたつ
ミカンの袋をかぞえ
こどもは　晩秋の庭に暮れ残る。

ミカンすっぱく
男心をあたためる

きょうは　ぐっすりとねむろう。

冬の海

このままの黒さで
冬の海　あらそうこともなく
貝の夢　こおらせている。

雪がとけこんでも
黒のまま　すきとおった海。
波頭にさえぎられた視線は
ここだけを見つめる。

風を掌に。
投げつけた海底。
舞台は黒のまま、私一人。
夢見たこともあった。
黒の海の広さに

今は、きょうだけがある。

春菜譜

春を届けるうれしさ
惜別の心もまじえて
緑を　知人への箱につめる。

蕗のとうのにがさ
私のにがさ
深い思い出のあまさでもある。

ブロッコリーのつぶつぶ　口にふくみ
菜の花もない　野の感傷。

小川のせりのごはんだ
今夜は
こどもたちと食卓を共に。

ふとつかむ
春の思い出
山が遠いのもうれしい。

無為

病める心なのだろうか
青葉の昼のまばゆさに
語りかける人をさがそうともしない。

楓の青がたまらなくいいから
純粋について考える。
無為の日曜日……

風に頬をなでられ
苦笑する　子供との対話
石の心がころげる。

やはり病気なのであろう
無理に笑顔を作るまいとする
木陰での五月のポーズ。

地割れ

農夫　働けば
汗　大地の瞬間の黒点となり
体温は　今ゼロ。

地割れ　どこまでも
蟻、鉱脈に落ちた
赤銅色の幻想に
農夫の肌が光る。

いくばくの収入と
いくばくの支出と
地割れの底の幻想をうめていく
農夫の手の熱さ。

雲もなく、あきらめもなく、ギラギラ
農夫　赤銅色の貧しさを光らせる。

砂浜の秋

砂浜の白をぬらして
潮ざいの秋のきらめき
貝がらの小さなさすらいが始まる。

砂に埋もれて腹ばえば
目をつむるほどの暖かさ
秋の気の潮の音のみ。

砂浜の白いひびきに
夏のなごりのざわめき埋もれていき
ただひとり島の秋見つめる。

もう流れることもあるまい流木の
朽ち果てていく　この島の砂浜

秋が今　かもし出されているのです。

かなしみ

憎しみの心のままで
星ひとつ消えても
人は歴史とはいうまい。

夕陽の中を家路への黒い影
あぜ道の風景が欲しいのに
アスファルトの直線が遠すぎる。

たましいが割れて
ふたつの衛星にならないように
せっせと黒白の縄なっている。

能面の狂おしいまでの平静さ
生きるための平静さ。
夢の通り雨をなげくまい。

寒い日

きょう咲いて　きょう散った
山茶花の紅の濃さ
吹雪　北西から吹き荒れる。

ひとひら散ったのではない
山茶花は、まるごと落ちた
雪の地上に　雪またふぶく。

掌の、こごえる山茶花に
風雪に耐えることの難しさ
語りかけ
せめてもの　息ふきかける。

たかが山茶花ではないか
たかが小さな風景ではないか
山茶花のあたたかみ、ポケットに、
俺も、吹雪の中に消える。

青の痛さ

歌も流れるほどの
春のつめたさ
海と手の間で光がゆれる

もの云うことのものうさに
庭の雪柳の白がこぼれる
そのままの　ながいひととき

ぼけのとげの強い痛さ
新しい芽のふくらむ
青の痛さでもあろう

つぼみのままの紅椿
燃えたこともある春の
時だけがふたたび。

バラの想い

散って果てるのがよいか
朽ちて果てるのがよいか
バラの史観
花むぐり　しきりに飛びかう。

花に風　はべらせて
鼓動の正確なこと
バラは明日を知らないから
五月は美しい。

とげのことは云うまい
こどもの絵のように
顔だけを大きく描いても
バラには露を置くだけの良心がある。

あした　土となって
私に残れ

バラ。

美しければいいんだよ

のうぜんかずら
毒の花だそうだから
胸にかざろう。
――ふりむくなよ。

美しければいいんだ
遺伝の体質をなげくまい
美しければいいんだよ。
――のうぜんかずら。

もたれかかって大きく咲いた
肉色の、のうぜんかずら。
土に這ってでもいいから
――背骨がほしい。

何もかも遺伝かよ
のうぜんかずら。
意志は
——どの木にまきつくか。　だ。

愁傷

ふよう　秋のラッパ
その薄い　花びらのふるえ
静けさを　吹きならす

ゆうべ　散るなら
ふようのように　音もなく
人の心に　とどまろう

しおざいに　ふるえて
ふようのゆれ
さようならも　いえないままで

つじ姫？
ふよう　きょうも小路に
スモッグがないのが憐れだ

窓

人恋しいままの
きょうも暮れ
病室の窓に自分のやつれ見る。

病室の窓にほほ寄せて
かすかに手を振ってみる
わが家の方向へ。

菊の花が散らない
病室の窓がしめられたままだからだろうか
生きることの　いとおしいことよ。

教え子の夢を見る

わが子の夢を見る
手をさしのべて
病室の窓に　幾度星を見たことか。

昔　ピンクの菊が好きだった
今だってそうだ
それだけか
私の窓をかざってくれているのだから。

青　春

明日のための破壊
蝶は冬を狂い続けて
自意識の歴史をつづる。

ゲバ棒は触角のか細さ
有毒の蝶の体質は
神の作り給うたもの……。

毛虫の貪欲が育てたお前の平和
鱗粉の装いを捨てて
もんしろよ　もとの白痴にかえれ。

階段が無い
蝶の飛翔は美しいのだが
惜しいのは性能を誇ったことだ。

一羽の思想か
集団の思想か
蝶は冬を狂い続ける。

生きる

微風でさえ恐れている　みの虫に　枝の芽吹く
霜に光ったこともあるみの虫の枝に別れの歌流れる
さんまの歌にも似て、みの虫、その紬（つむぎ）の手ざわり春雷……。踏み潰したみの虫　空だった。
しがみついて生きた　みの虫の枝　焼きすてる
みの虫がみの虫を　焼きながら短調の歌　斉唱している
みの虫を焼いた春の朝、日本晴れだった。と

新緑

空を緑にしてしまった桐の葉　本を読めるだけの広さなのだが。
珊瑚樹の輝き　南の海のざわめきか。それでも　人魚の夢破れない。
笛ならす口もと、柴のほのかな五月。人がいないのを確かめている。
柊の幼ない痛さ。もう病うこともあるまい。
麦畑の夕焼け。人の声が聞きたいだけ。

古い陶器よ

古い陶器を前に長いこと座っていた。
何を考えたかは即座に忘れたが
あすもその時間がほしい。
古い陶器よ　にぶい光よ
手に通う　そのあたたかさに
折ってきた　くちなし差しかねている。
古い陶器よ
お前も故郷をなくしたんだそうだよ。
山峡の土搗く杵の音　杵の音。

狂った時は
古い陶器よ　お前と死のう
うなそこで光ろう
　晴れた日の　だれもいない。
　故郷といえるようなところで。

運動会

おそいのは　親ゆずり
がんばっているのは　おまえ
秋空がきれいだ

おれが見ているのは　おまえだけ
おまえが投げた赤玉が　太陽とかさなって
まばゆさを手でこする

何だ　へそなんか出して　パンツを上げろ
一年生の最前列に並んだ　ひざすりむいて

だが　おまえのむすんだ口だけは　いい

今朝あまえて家を出た体操服のおまえと
今　あわない肩を組んで　帰る
島は　まったくの秋だ

いのち

落葉が
小川のこちらで朽ちました。
大地が
さらに黒くなりました。
夕日が
紅葉したのは　それからです。
堆肥の温もりが、霧を作りました。
スモッグとは云わないでほしい。
庭のこおろぎが死にました。

この日、
河豚が産卵しました。
海も空も乳白色でした。

紅葉の葉音を聞いた。
地面に近い所で。
闇もふるえていました。

枯木

いくつにも区切られた空もあって
枯木は若い人によく似合う

区切っても区切っても
白のブロック
吹雪に立っているだけなのだが

肩を落として
おめでとうと言った林の中

掌に空の青さを見た。

盲（めしい）

砂にしみこんだ海の匂い
めしいの感触は
人さし指の一粒の砂をいつまでも。

あれは海の男のきょうの営み
近づく船音とひたいを
真冬の太陽が照らす。

なぎさを歩く
海と陸をたしかめる爪先の
冬のつめたさ
　それでも　ひとりがいい。

旗

風に吹きとばされた
旗ざおの林立の中で
ありは
きょうもパンのかけらを運んでいる。

帰郷

遠くから　やって来たもののさわやかさか
緑のようにさんざめく心
島の桟橋から俺ん家がみえる。

手には冷たく感じても
透明の暖かさ
今は　島と海を　掴まずにはおられない。

本当に　こうやって足を水に浸して
還らぬものを呼んでいるんだ
や、イカに墨ひっかけられた。

遠くにあって想ったことが
帰って来たばかりの今だからいいのかな
以後　モナリザのように口を開くまい。

あたたかいもの

夜だから　いいようなものの
素顔の　海と俺と
たしかなものは夜光虫だけ

海にハモニカを聞かせたら
ビーナスの泡がはじけた
夜がいつまでも続けばよい

素足にくいこんだ昔は
うにのとげ

痛みを夜が　つつんでくれた
どうしようもない　ことばをはきだして
海も　流れていった
海峡に雲だけが赤い

月夜に

鳴いて死んで
十五夜の墓標となった
コオロギの小さないきがい

コオロギと聞く者の
たくさんのハーモニー
月明りの下の妥協。

名月
雌を呼ぶコオロギに
ちぎれ雲が速い。
もっと金があれば
鳴かないでも。
月はコオロギの劇を観あいて去った

枯葉としての

声にならない声で叫んで
枯葉が路を埋めた
こげ茶色の細長い路であった。

かさこそと踏まれてばかりいても
枯葉の自己主張
陽に光るしめりもあれば

風に舞って細かくなって
土となったとき
枯葉のみにくさが忘れられた。

この山の木がみんな裸になるまで
その先見えを威張れるだけの
枯葉としての肩幅を残しておきたい。

雪の舞台

白く埋もれないまま陽もくれて
雪の降る日は　さざんかの赤く哀しい日です

だれもいない舞台の主役でもあるように
山裾から吹雪いてくる雪に向かって
足音を確かめるとき
この日初めてほほえんだ。

公害のようによごれて雪どけの雪だるま
童心の夢醒めるまで消えるな。

冬は寒い日がいい
冬であることをからだが確かめるからです。

島の春

子を送る母に
黄塵の雨降りそそぎ
菜の花のまばらな日であった

おまえんところもか
子を送る親同士の語らいが
海ぞいの菜の花畑を通り過ぎた

菜の花がひとつ咲いたら
ひとひとり去っていく
海がこんなによごれたもんだから

菜の花を手にして
なみだぐんで
少年の日にさようならをいう
島の春の訣れ

神話の岡で

イザナギとイザナミのことばを想い
喰らう野生のミカンのすっぱさ
とげにさされた指の血の甘さ

カミサマである岩と俺と
オノコロ島の生活が始まる
二人だけの対話を風にさらわれた

カミサマが降りて来た雲が無い
見えるのは朝鮮海峡だけ
俺はたよりになるんだぞ

カミサマよ
俺たちは、島々を生んでしまった
次には　何を生もうか
なぁ　カミサマよ

秋冷

ゆれて　咲いて　咲いて
丘のコスモスのあわただしさ
吹く風も鋭角の能古

やがて化石となるのであろう花びらに
秋雨、真赤な土をそえて
今年も島を通り過ぎて行った。

そして残ったコスモスに
西の陽のキララ
小さく見えるむこうまで　キラキラ

雲が去ったあとの瞬時
コスモスのシルエット
海をへだてた山なみをかざった。

梅の丘にて

北西の梅　蕾固く
南面の梅　満開

徒長枝を切る
梅の蕾も枯れ草のなかに
きこえるのは無心の鋏の音だけ

海と空のあいだの枯れ草に身をよこたえ
「山林に自由存す」
生きている私に梅一輪ひらく

梅林の上空
とべとべ凧たち
海の向うの公害の空のあるところまで

地蔵の夢

広い空の下
野道からも遠いので
地蔵さまの眠りは深い

昔々のことばで
地蔵さまが手招きをする
幅六尺ほどのせせらぎの向うから

地蔵さまを拝むとき
何といえばいいのかな
その赤い胸当てに書いておいてよ

病んでいるのか健康なのか
地蔵巡りの少年が
求菩提の山に消えていった

あした

豪雨、進まれないままに
山の道は雲の中
――私は明日のことを想っていた――

ずぶぬれの山の道
心に、ふと、遠いふるさと
――いつかも同じ日があった――

ひとりだけの山の道だから
なぐるような雨のむこうに景色が見える
――太陽があって、我が家があって――

あした　シャツとズボンをかわかそう
にわに　イスをだしタバコをすおう
――ずぶぬれのタンサイボウの想い。山の道――

彼岸花

彼岸花、踏まれた道
行く手に人も家もない。

彼岸花、赤すぎて
憎愛の日々、呼びもどす。

彼岸花、燃えて
燃えかすが、とぼとぼ。

彼岸花、見られるだけの
それだけの、美しさ。

ふりそそぐ陽に燃えて、
きょう消えた、彼岸花。

能古新装

脊振は雪　能古は泥濘
工事場の音が
雲のすきまを抜けていく。

港の泥が吹き上がる
飛沫が真黒
錆びた鉄柱を夕日が照らす。

浜ぼうふうも踏まれた
踏まれても水仙の咲いたここが
　やがて野原ではない広場となる。

記念品を見つけておこう
歩く海辺にあるのは
閉じたままの貝がらだけ。

望　郷

護岸の割れに　浜昼顔群がる真昼。

旅人が　昔を埋めた砂　ダンプが運んでいく。

護岸の道　松の木を倒したころの　音があった。

海を前にして　闇に白い砂をみた
波が消していく。

貝殻が　はねまわり　美しいものを
全部隠した。

潮騒とは　遠い昔の海の音　遠い昔の

「ちくぜんのこのしま」（『日本短詩作品集』収録作品）

のうぜんかずら

白いシャツの胸に挿し　まっすぐ歩いてやるよ
毒の花なんだそうだな
なあに　美しければいいんだよ

いつも　何かに寄りそって
くるおしいまでの花の静かさ
——土に這って咲こうよ

晩　夏

このまま秋になろうとも
さざなみは　足をひたして聞く音です

しおざいの遠い日は
ひたぶる　町の灯の恋しくて

夕日は　海に　はらばい　もだえる

砂　浜

砂浜の　白をぬらして
しおざいの　秋のきらめき
貝がらの　小さなさすらい

砂に埋もれ　腹ばえば
目をつむるほどの　暖かさ
秋の気の　潮の音のみ

砂文が　少しずつゆれる
流木が　朽ち果てていく
秋が　今　かもし出される

新　緑

空を緑にしてしまった桐
本を読めるだけの広さなのだが

珊瑚樹の輝き　南の海のざわめき
人魚の夢は破られないままに

笛ならす口もと　柴のほのかな五月
人がいないことを確かめている

寒い日

きょう咲いて　きょう散った
山茶花の紅の濃さ
吹雪　北西から吹き荒れる

ひとひら散ったのではない　山茶花の
紅い地上に　またふぶく

風雪に耐える難しさ
掌の　山茶花に
せめてもの　息ふきかける

バラの想い

散って果てるのがよいのか
朽ちて果てるのがよいのか
バラの史観
花むぐり　しきりに飛びかう

花に　風はべらせて
鼓動の正確なこと
バラは明日を知らないから
五月は美しい

あした　土となって

私に残れ
バラ

詩の海から歴史の海へ

詩篇解題にかえて

首藤卓茂（すどうたくも）

福岡工業学校での平山敦・一丸俊憲との出会い

高田茂廣先生のあたたかさ、茶目っ気、抒情あふれる文章の根源は何であろうかと考えていた折、出合ったのが、たまたま手にした『日本短詩作品集』（日本短詩の会編刊、昭和48年）に収録された先生の詩であった。大学時代には俳句会に所属していたという記述を記憶していたが、どのような文学の生活であったのか、という思いで『日本短詩』各号を繙くこととなった。高田先生がとうに捨て去り、封印していた（と思われる）時代や生活、その歴史の蓋を開けてしまう躊躇はあるが、詩の海に漕ぎいでていた高田茂廣（以下敬称を略します）の姿を私なりに追ってみたい。

現在の簀子小学校（中央区大手門三丁目）西側に位置した福岡工業学校湊町校舎（本校舎は昭和十一年から荒江）に高田が入学したのは、先の太平洋戦争末期の昭和十八（一九四三）年四月のことであった。工業化学科のクラス担任は真鍋敦（平山敦）、国語と英語を担当していて歌人。この平山に高田は多くの影響を受け、戦時下で文学への眼を開かせてくれた人物として敬愛している。当時の福岡工業の様子を同科の同級生であった宮本一宏（詩人、文芸評論家）は次のように語っている。

> 湊町校舎に入校するときは、兵士たちが兵営に帰隊する時のように逐次隊伍を組み、歩調を揃えて登校した。校章付の戦闘帽に背嚢、カーキ色の学生服には陶磁のボタン、脚にゲートルを巻いたセミ軍人の姿であった。（略）授業が休講になると不意に上級生が現れ、そのどなり声と頭上に拳の弾丸が飛んでくる。（略）戦時下の学校生活の中で、私たちのクラスの教室からは、朝礼と終礼のときに歌う「朝の歌」や「箱根千里」の明るい合唱が流れていた。これは組主任の真鍋先生＝歌人平山敦さんの熱っぽいクラス指導によるものであった。この合唱空間に多感な少年たちを陶酔させるひとときがあった。
>
> （宮本一宏「二つの〝試験管〟の時期―文学的感応現象―」、『福岡工業高校百年史』所収）

宮本一宏の文学への道は歌人平山敦（真鍋敦）との出

会いであった。真鍋敦は昭和十五（一九四〇）年一月三十一日に赴任していた二十七、八歳の青年教師である。高田も平山の教室の様子を描き、彼とのかかわりを痛ましくも悔悟に満ちた体験として描いている。

一年間、ときどきは空襲もある校舎でハムレットやシューベルトの曲や英語など、平山先生の時間に限り、教室はあたたかであった。学徒動員で、教室から工場へ、わたしはやりきれなくなって航空兵へだれにもだまって。何もかも決定して、先生に話したら、黒田藩の重臣の末裔という先生が、「お前までもか」と言われた淋しそうな顔が忘れられない。戦いが終って学校に帰ったとき、先生の頭は丸坊主であった。

（高田茂廣「高田昭三の人と作品」、『日本短詩』第12号所収。以下、特に断らない限り「本誌」と略す）

この「わたしはやりきれなくなって」という言葉に隔靴掻痒の書き足らなさを思う。戦争の悪化の中での青年の純粋な使命感に駆られての志願であることは語られていない。平山の惜別の言葉は悲しみをただよわせ、また戦後の丸坊主は戦中期の教師の戦争責任を感じての行為であることを高田は言外に述べ、自らをまた責めてもいるようである。兵士への志願を語った唯一の高田の肉声である。私は高田に何回となく戦中期のことを聞いたことがあるが、宮崎からの復員のことのみしか語っていない。語らない意志を感じたその後景にはこのような内なる悔悟や憤懣こもごもの思いがあったのであろう。

病身の平山敦は浪漫的な歌集『薔薇哀傷』を遺し、昭和二十九（一九五四）年夏に四十一歳独身の生涯をおえた。高田はつぎの弔詩を捧げている（高田茂廣「高田昭三の人と作品」本誌第12号）。

人間はみんな死ぬんだ。あじさいも枯れたし、バラも
散ってしまった。

月の夜の一本道をあるいていった。――
少し内股に歩いていった……。

かたわらに何時かぼくも行くといふ
この真実を人間は創る

この弔詩にあるバラ（薔薇）に平山の繊細な感情や思想を象徴させている。それにしても、いかにもさばさばしたこの詩は悲しみをおおいかくす強がりのように思え

てならない。

平山敦とともに高田に影響を与えた教師に一丸俊憲がいる。平山と同年の昭和十五年三月末日に同校に赴任した国語担当。高田は昭和十九年に福岡工業を一年でやめ、大分陸軍少年飛行兵学校に入学していたが、身体をこわし結核が見つかり、湯平や高千穂の保養地で療養に努めていた。ただ、宮崎で防空壕掘りを行ったという話を聞いたことがある。完治してのものかどうか、その前後関係は分からないが、敗戦により日豊本線を経由して復員。福岡工業に復学する。

　二十五、六年前、荒廃の中で、私は一丸さんを知った。一丸さんは、福岡工業の教師として、私はその生徒として。教室ではなく先生のお宅で。／古い博多の町家であった。木の格子の奥の暗く黒く光る部屋がすばらしかった。（略）／その部屋で、私は一丸さんに俳句を教わった。芭蕉その他の江戸俳句しか知らなかった私にはまったく新鮮そのものであった。

（高田茂廣「『いちまる・としお』の人と作品」本誌第36号）

「荒廃の中」での体験ということから、戦後動乱期の雰囲気を感じさせる。実際、一丸は昭和十七年八月、久留米に通信二等兵として応召。訓練の後ビルマ戦線に派遣され、多くの戦死者が出る中で生きのび復員、再び学校に戻る（いちまる・としお「下筌ダムの道」本誌第36号）。敗戦後のこと、二十年か二十一年のことであろう。そういう中で、教師である一丸から俳句を学校外で教わった。のちに日本短詩の会で高田とともに活動し、『日本短詩』第36号に「『いちまる・としお』の人と作品」の評論を高田はささげる。一丸は骨太く戦場休験をうたった「たたかいの回想」、山との格闘をうたった「雪の肖像」、「阿蘇」などの連作を発表。「爆風が去った／血みどれの土くれに　一匹の虫が／負傷兵のいのちに灯火をつけてまわる」（「たたかいの回想Ⅴ」本誌第29号）。のちに一丸は夫人綾（天の川同人）とともに『句集 風の匂いのように』（梓書院、昭和六二年）を上梓する。

日本短詩の会と高田茂廣

　高田は福岡工業を昭和二十一（一九四六）年に、福岡学芸大学を二十六年に卒業。この間の文学活動については知ることができないが、『能古島から』（高田茂廣、西日本新聞社、一九七七年）には福岡学生俳句連盟に所属していたことが記されている。卒業後、小学校教師を勤めるかたわら、自己との対決の場とした文学に惹かれていたことは想像に難くない。卒業の年、二十六年には日本短詩の会に入会している（本誌復刊前の第5号。他はすべて復刊後の号数）。

日本短詩の会の長井盛之（西新に居住）への高田の接近はしかし実を結ばなかった。『日本短詩』は資金難からこの号で終刊となり、また再刊の見通しもつかない時期であった。しかし三十二年には「百道短詩の会」の月例会が始まり、詩作とその研究と批評が始まる。高田は「生活の唯一の支え」として詩作を行い、『日本短詩』再刊に力を尽くすとともに、やがて中心人物の一人として目されるようになっていく。

（長井先生は）その頃、日本短詩を既に発行されていたのだが、参加したかったぼくの夢は実現できなかった。日本短詩は休刊したのである。（略）それから五、六年たったある年のことである。（略）月一回の例会が昭和三十二年十月から三十九年十二月復刊までずっと続いた。（略）昭和三十九年秋、これは確実だ。長井先生と高田昭三君とぼくと、日本短詩を復刊させるための下相談をした。（その後編集会議を行い）復刊1号が発刊されたのは昭和三十九年十二月五日である。

（高田茂廣「復刊のころ」本誌第35号、一九六九年）

「詩は遊びである」といったら叱られようか。詩は食えないからである。とはいいながら、作詩でひとりになれる楽しさは、瞬時ではあるが、私の生活の唯一の支えである。／詩は、自分自身との対決の場であると心得ている私が、自分を見つめていこうとする時、自分がどんなに小さなものであるかを発見し、結局、淋しさをうたってしまう。／私は短詩の短さにとらわれようとは思わないが、短詩という器の中に、せいいっぱいけずりとり、磨きをかけた宝石を盛りたいと思う。

（高田茂廣「私の作詩の態度」本誌第10号、一九六六年）

時代はさかのぼるが、日本短詩の会は昭和二十五年五月一日に横組みの『日本短詩』創刊号を出した。編集人は吉岡禅寺洞、原田種夫、発行人長井盛之であった。ちょうど原田の『九州文学』、吉岡の『天の川』もともに休刊中のことである。発表の場をもとめる気持ちが長井との連携をなした、と原田は述べている。本誌創刊の中心であった長井盛之はこれまで新短歌運動、また生活綴方運動の旗手として活動していた教師である。

入江道雄の回想から拾いたい（入江道雄「長井盛利（ママ）と

『福岡生活綴方運動資料』―私の『静脈』のころ―」本誌第56号)。生活綴方運動では昭和三(一九二八)年当時、入江は長井から手ほどきを受けている。当時また一方、福岡師範学校内では福田秀実、長井盛之、大津敏夫(松尾默人)らが新興の文学、新短歌の運動を展開していた。昭和三年に『静脈』が創刊され新短歌の運動が形をなして進められた。やがてこの雑誌を軸に北九州や筑豊の歌人たちと地域的な大同団結がなされ、『火山脈』、『るるるる』の発行へと連なっていく。戦後、この運動は『日本短詩』に引き継がれ、「全国稀にみる、半世紀の短詩運動の歴史を刻んでいる」。戦争をくぐりぬけ、長井は戦後の新時代という皮袋に新しい酒を満たしたのである。

『日本短詩』の発刊は、戦後の第二文学論の風潮に対するアンティテーゼを礎石として、これまでの文学主張を整理し、主張と立場を明らかにした(『日本短詩』創刊号、一九五〇年)。主張では、垣根、表現、結合というカテゴリーが示される。長文なので、要約して紹介する。「われわれの運動は、短歌、俳句、詩壇の割拠主義と結社主義の破壊運動だ」、「われわれの運動は、短歌、俳句に代るべき、そうしてそれの革新運動であり、短歌、俳句の現代語律の運動だ」、「われわれの運動は、短歌、俳句に自由を与え、それを独立させるための運動だ」。

たちば(立場)として次の四項目があげられる。「一、世界文学のつながりとしての新しい日本民族詩をうちたてる。二、近代詩の精神に立って、日本の伝統的短詩の保守性をあらわすためそれに代わるべき近代文学としての新しい詩を求める。三、今までの詩壇の花鳥諷詠主義と宗匠主義をうちやぶって、近代生活の現実にたつ新文学運動をくりひろげる。四、誰でも作りやすい現代語による自然な詩情の表現をする」

こうした文学上の革新性は、すでに伝統俳句からの脱却をとげていた高田茂廣を惹きつけていた。さきに述べたように、入会したその時『日本短詩』が第5号でつぶれてしまい、しばらくの後月例会でしのぎ、やっと再刊にこぎつけるのである。ここでしばらく、高田を魅了した日本短詩、それをリードしていた長井盛之の教師としての活動を見たい。戦前、生活綴方運動を行っていた長井の戦後の新しい国語教育運動の実践である。

長井盛之は国語教育に通じた教師としても多くの若い教師を惹きつけてやまない磁極であった。「毎月一回、長井先生のお宅で、福岡市を中心に、筑紫郡・糸島郡・粕屋郡・筑後地区などに在住する小・中学校の先生方によって、国語の研究会（引用者注：福岡地区国語同好会）が持たれていますが、どうだい、夏休みに合宿して徹底的に語り合おうじゃないかということになって、その第一回を糸島の福吉小学校で開きました。第二回からは、博多湾内の能古の島で、学校とお寺を借りて開催し、今年はもう第九回（引用者注：能古国語研究会）」（高田昭三「能古短詩の会」、本誌第5号、一九六五年）を迎えていた。

この研究会では二泊三日の日程の中に短詩の会が必ずあり、第一回には『天の川』を主宰する吉岡禅寺洞が話に来ている。このように国語教育の研究会の中に短詩の会が組み込まれていくことは、『日本短詩』への誘引もまたあるわけで、この結社に教師が多いこともうなずける。高田はこの研究会の準備者の一人で、『能古島から』の中に能古国語研究会のことを生きいきと描いている。冷房のある町に会場を移すまで、十五、六年間続いたそうである。

長井について付け加えると、のちに福岡市教育委員会の社会教育課長を務めている。一度、もう四十年ほど前のことであろうか、私は長井を訪ねたことがある。その時聞いたことで、自宅の万葉植物園とともに思い出す記憶だ。

話を高田に戻そう。「もう一度、国語の授業をしてみたい」と某大学教師の話が来ていた時期に語っていた。国語教育や実践にも多くの実績があるにちがいないと思うのだが、資料を探す余裕が私には今回なかった。諸氏のご教示をお願いしたい。

さて昭和三十九（一九六四）年十二月に復刊した『日本短詩』は隔月刊誌として発行されつづけ、平成元（一九八九）年四月、第62号をもって終刊となった。しかし、終刊号に先だっておおよそ昭和四十九（一九七四）年からは隔月刊発行が困難になってきており、昭和六十一（一九八六）年第61号から終刊の第62号までは三年を経ている。この間、機関誌50号の折に『日本短詩作品集』のアンソロジーを昭和四十八年に発行。跋文には「この種の運動としては、日本における唯一のものと思われ、それはまた、われわれのためいきかもしれない。／その評価は後世になさるべきかと思われるが……」（長井盛之）と記した。

終刊号は「長井盛之トイフヒト」特集、終刊宣言には「われわれは短詩型文学運動の一角に鮮やかな旗を翻し、相当の喝采を浴びたが、詩・歌・俳壇の広く認めるところとなったとは言い難い。これは既成該壇の宗匠・割拠主義の弊風にもよるが、われらの運動も、単に自由律・現代語への解放で満足する時代が去ったという認識も確かでなかったと言える。／今や、革新の闘士も老齢風化、短詩型文学は低迷、日常化に埋没してきた。しかし一方、眼識ある人々の中では活発な胎動を体感するに到った」として日本短詩派の結成にむかった、と記している。

『日本短詩』にみる高田の詩

今回、高田の『日本短詩』に掲載した短詩はおおよそ全点本書に収録したが、初出詩は創刊号の「島」（一九六四年）、最後の詩は「望郷」（第52号、七三年）である。毎号のように発表し、発刊後に行われる作品研究会（合評会）に参加し、詩作の腕をみがいている。この間、雑誌の編集や会計としてたずさわり、人と作品として多くの評論に筆をとっているが、『能古島物語』の執筆準備の時期から次第に足が遠のくようである。「この数年、日本の短詩の方にも遙か遠くなるほど、この著作に精魂を傾けた」（長井盛之、本誌第46号）。

こうして昭和四十八（一九七三）年第52号をもって発表は終わる。『日本短詩』も翌年頃には隔月刊も危うくなる時期であった。活動はちょうど十年間、三十七歳から四十六歳の間となる。ついでに付け加えると、学生時代を入れなくても、復刊前の『日本短詩』入会、昭和二十六（一九五一）年時の二十四歳から二十一年間の詩作の放擲と言える。

『日本短詩』の初出詩「島」。その第四節は「しおざいの遠い日は／ひたぶる　町の灯の恋しくて／夕日は　海にはらばい　もだえる。」（同誌創刊号）という抒情にみちた詩である。この作品は作品研究（合評）会で高い評価を受け、「生活と密着した情緒や作詩態度が読むものの感情をゆさぶり、イメージを実感として捉えさせてくれるからであろうか」という批評が載る。このような透明な抒情性が高田の詩の特徴と言えよう。

作品「バラの想い」（同誌第21号）については、研究会で「生まれながらにして詩人の素質があるとの賛辞も出る」ほどのもので、根づよいファンの存在も垣間見える。事実、詩情豊かな作品が各号を飾る。ここでいくつかの詩篇をとりあげてみたい。

こうした高田の抒情の底部には限りない人間や自然への信頼や共感の目を感じてならない。たとえば家族への愛。つねに家庭にあっては謹厳でわがままな夫であり父であった高田のあたたかさがうたいこまれている。「子つばめの大きな口を想う／貧しさ故のあたたかさか／ミカンの黄色がいいではないか。」（「ミカンのうた」同誌第12号）。「風に頬をなでられ／苦笑する　子供との対話／石の心がころげる。／／やはり病気なのであろう／無理に笑顔を作るまいとする／木陰での五月のポーズ。」（「無為」同誌第15号）。「おれが見ているのは　おまえだけ／おまえが投げた赤玉が　太陽とかさなって／まばゆさを手でこする」（「運動会」同誌第34号）。

　教師の目の詩作もある。「記憶にもならない　おしゃべりは／こぶしの花／手を振るまでの無をさえぎる。」（「惜別」同誌第8号）。「菜の花を手にして／なみだぐんで／少年の日にさようならをいう／島の春の訣れ」（「島の春」同誌第43号）。

　自然への鋭い目。「鳴いて死んで／十五夜の墓標となった／コオロギの小さないきがい」（「月夜に」同誌第40号）。「かさこそと踏まれてばかりいても／枯葉の自己主張／陽に光るしめりもあれば／／風に舞って細かくなって／土となったとき／枯葉のみにくさが忘れられた。」（「枯葉としての」同誌第41号）。こうした消え去るはかないものに対して華やかな花や木をリリカルにうたう詩もおおい。「ぼけのとげの強い痛さ／新しい芽のふくらむ／青の痛さでもあろう」（「青の痛さ」同誌第20号）。「散って果てるのがよいか／朽ちて果てるのがよいか／バラの史観／花むぐり　しきりに飛びかう。」（「バラの想い」同誌第21号）。代表作と思われる「バラの想い」はアンソロジー『日本短詩作品集』では三連だけとられ、「バラには露を置くだけの良心がある。」という意表をつくフレーズは載せられなかった。

　闘いの時代も作品に投影している。「赤旗を振った手の／ほとぼりのさめるまで。／／おれは　ベトコンになろう／おれのために」（「レンゲ田の中から」同誌第4号）。「原爆の碑　新しく／二十年の時のみじかさ／黙禱の中で／旅人であることができなくなっていく。／／全部をここにつれてきたい。／人間の全部を／原爆の碑につるされた　折鶴を／だまって　胸につけてやりたい。」（「ひろしま」同誌第5号）。それにしてもあまりにも情緒にすぎる詩だ。そして敗北感が身をつつむ日々もうたう。「戦いの日々／勝負は淋しさだけを残して／秋風に消えた。／／秋風よ／消えないどこかに／戦っていた私があったと／書きとめよ。」（「秋風―10・22スト―」同誌第6号）。また観念的すぎる詩もある。「地割れ　どこまでも／蟻、鉱脈に落ちた／赤銅色の幻想に／農夫の肌が光る。」（「地割れ」同誌第16号）。その反面、「ゲバ棒は触角のか細さ／有毒の蝶の体質は／神の作り給うたもの……。」（「青春」同誌第30号）と学生に狂った蝶という言葉を投げてもいる。

高田が福岡市教組（福岡県教職員組合福岡支部）の執行委員をしたのは昭和三十九・四十（一九六四・六五）年の二年間で赤坂小学校時代である。中部担当執行委員で、組織部に属した（『福岡市教組三十年誌』同教組編刊、一九七九年）。高田は昭和三十九年、三十七歳。ちょうど日本短詩の会が雑誌の復刊第1号を出したのが同年十二月であるので、高田は作詩にまた短詩の会の編集などの事務方として多忙をきわめていた最中の組合活動であったと思われる。昭和三十三（一九五八）年の勤務評定反対闘争、昭和四十（一九六五）年から始まる管理職選考試験反対闘争という安保闘争をはさんだ激しい時代であった。

歴史の海へ

『能古島物語』（能古歴史研究会刊）が発行されたのが昭和四十六（一九七一）年のことである。能古公民館の事業として始まり、三年の準備のすえ刊行された。こののち、昭和四十七年か四十八年に福岡地方史談話会（今の福岡地方史研究会）に入会（『福岡地方史談話会会報』第13号）し、研究者との交遊をもちはじめ、歴史研究への道を本格的に歩みはじめる。すぐ「筑前五ケ浦の廻船」（『西日本文化』第105号、一九七四年十一月）を発表。本格的に古文書を読み込んだ研究発表のスタートであった。この中で「私が『筑前五ケ浦の廻船』という名称を知ったのは、つい四、五年前である」と語っている。翌年には「北陸と五ケ浦廻船」を発表、「私はこの数年、その足跡を訪ねて全国の古い港々を歩き回っている。／今年は、夏休みを利用して金沢・富山・新潟・秋田を訪ねた」（『福岡地方史談話会会報』第15号、一九七五年十一月）。これらの記述から推測すると、高田が五ケ浦廻船に注目し、ライフワークと定める時期は、『能古島物語』執筆のため資料収集や取材を行っていた時期以降の史料渉猟でしだいに形づくられていったのであろう。

日本短詩の会には『能古島物語』の執筆に没頭していた時期に足が遠のきはじめていた。作品は雑誌に投稿しながらも、作品研究（合評）会や会務からは身を引いていったのである。こうして昭和四十八（一九七三）年には投稿も終わった。平成元（一九八九）年終刊号には高田の名前すら刻まれていない。すでに五ケ浦廻船研究に全時間をついやす時代であった。しかしあまりのあっけなさを感じもする。関心対象の移ろいの中で詩作は放擲されのか、それとも『日本短詩』のもつ詩的方向性や人的関係が内在しているのだろうか。岡目八目ながら、その後も多くの詩作をしていただきたかったと思うのだが。

ここで檀一雄に触れないわけにはいかない。『能古島から』の記述をもとに見ていきたい。高田家の田んぼ一枚のとなりに檀一雄が引っ越してきたのは、昭和四十九（一九七四）年夏のころであった。すぐ「二日に一回とか毎日とかいった往来が始まり厚く深い交遊がうまれた。小説を書きなさいとすすめられ、小説は書けないが、童話だけは書きたいと高田は檀に答えたという。昭和五十一年一月二日に九大病院で檀は亡くなった。一年余りの短い間の交遊であった。その後、いつか檀との約束をはたし墓前に童話をささげたいという気持ちを同書に書きつづっている。檀からの影響は大きいものがある。高田は、文章を書くこと、それを発表すること、（恥をかくこともか）を檀から聞いた、学んだと語っていた。その後、高田は五ケ浦廻船から福岡の浦の研究へと進み、著作に厚みを加えていったことは私たちが知るところである。少なくとも檀の言葉は執筆や研究の大きな励ましであっただろう。檀の見えざる手というか後押しを感じてならない。

のちの著作『浜辺の子どもたち』（海鳥社、一九八七年）もこのような影響やさきの詩の世界につづくものである。高田はときおり「歴史は詩である」と語っていた。高田の抒情的な詩の世界を垣間見たうえで、この言葉を口の中でころがすと、高田はある時は史料をもちいて詩を書いていたのかもしれない。

＊本稿をまとめるにあたり、福岡市総合図書館（文学館）学芸員中山千枝子氏と福岡工業高校工友会事務局長権藤直氏、早良の歴史と自然を探る会会員井上利水氏に大変お世話になりました。厚く御礼申し上げます。

家族から

父のこと

髙田（たかた）睦（あつし）

今回、父の遺稿・追悼文集を企画していただきました皆様方、ご寄稿いただきました皆様方、ご賛同いただきご協力いただきました皆様方、本当にありがとうございます。

私たちが知らない父の一面を垣間見ることができました。父のわがままで大変なご迷惑をおかけしていたことと思います。そんな父に最後までお付き合いいただきありがとうございます。

二〇〇九年九月十一日早朝に父が他界いたしまして、まもなく三年が過ぎようとしております。昨年、無事に三回忌の法要も済ませることができました。

父には、本来ならば晩年を能古島で過ごさせたかったのですが、心臓を悪くさせ叶わぬこととなりました。入院した病院の窓からは博多湾が見下ろせ、能古島が浮かんでおりました。少しは景色を楽しんでもらえたかなと思っています。あの世に往き、きっと先人の方々と廻船のことなどで盛り上がっているだろうと思っております。

母は、父の面倒をみなくてよくなり張り合いがなくなったのか、少し痴呆が進み、また、能古島での父が呟く「あー、きつかー」の言葉を受け、重いものは私たちがいなければすべて母が後始末をしておりましたので、腰の具合があまりよくないのですが、リハビリをしながら施設で静かに過ごしております。

今回、皆様からのご寄稿には、とても好奇心旺盛で面倒見がよく、人の良い高田茂廣が存在するのですが、私たち家族には少し違っておりました。

ここでは、父のわがままぶりと私の愚痴を少々お聞き願えればと思います。

私たちが子供の頃から、父は夏・冬の休みになると、終業式の日の夕方にはもう何処かに旅立っておりました。現在のように携帯電話のある時代ではありませんので、母は随分と困っていたみたいです。行き先は〇〇方面で〇〇日位には帰って来そうだ、くらいの情報で途中自宅に連絡などなかったように思います。帰って来ると、旅先での話は少しは聞かせてもらうのですが、後は自分の世界で陶芸をしに出かけたりとほとんど留守なのですが、家に居ると、教え子の方々を招待しての林間学校もどきを自宅で実施しておりましたので、母はかかりっきりになっておりました。

父は暇があったら旅をしていたのですが、家族で旅行などという洒落たことはなかったものですから、母は何処にも連れて行ってもらえない小学生の弟を連れて、よくバス旅行に出かけておりました。今になって思えば、家族で旅行など贅沢であったかと思いますが、いつも一人だけ、と母が嘆いていたことを思い出します。

唯一の罪滅ぼしにと、年に二、三度、市内のレストランに食事に連れて行ってもらうのですが、それは食事のレシピと食材の調達方法を母に覚えさせることが本来の目的であったみたいです。そこで仕入れた調理方法は、皆様が島の家にお越しの際に振舞ったであろう食事の一品になったはずです。

珍しい食材や花も、栽培方法を入手して母に栽培させ、皆様の元に父がお届けしたことと思います。皆様のお手元に届く島の産物は　明日〇〇さんに持って行くから準備しろ、との号令で、母と私たちで準備が始まります。私たちのスケジュールなどは当然聞き入れてもらえるはずがありません。

準備ができたら、船着き場までの運搬が待っているのですが、「きつかー」の一言で、本人は当然のごとく運びません。そこで高校生になった私は母と相談し、バイクの免許を取りに行ったのですが、父の猛反対にあい断念、こっそりと原付バイクの免許だけ取得してきて、叔父のバイクを借りて母からの依頼の荷物を運んでおりましたら、運悪く父と遭遇してしまいました。どういう言い訳をしようかと悩んでおりましたら、
父「ちょうど良かった、山上のアイランドパークまで乗せて行け」

私「原付バイクには二人乗りはできませんので、残念ですが歩いて行ってください」

少しだけ、してやったり、と思った次第でした。

車の免許の時はもっと強烈です。大喧嘩の末、母の取りなしでやっと免許を取り、アルバイト代で軽自動車を手に入れたのですが、車を手に入れた翌日から、猛反対したのは忘れたかのように父は言うのです。

「朝、早起きして西浦までドライブしたら気持ちいいと思うよ」

翌朝から西浦分校までのドライブが始まりました。

私が家を出た後は弟に引き継がれ、西浦分校の退職まで続いておりました。


私は現在、弟と一緒に音楽を媒介にしたイベント制作や放送・コンサートなどの音響ミキシング・ステージ制作の仕事に携わっております。

父はとても新し物好きでしたので、子供時分に父が所有しておりましたステレオ装置やテープレコーダー、エレクトーンや楽器などに触れていたことがこの職業につくきっかけだったとは思うのですが、いざ息子がこのような仕事に携わろうとすると大反対でした。たぶん自分と同じような教員にでもしたかったのでしょう。外では非常に理解があり面倒見のよい父でしたので、よく人がいらしておりました。ある時には、唐十郎さ

ん、李麗仙さん、不破万作さんなど状況劇場紅テントの方々が何度か我が家にお越しになり、地元福岡の演劇人たちも一緒にいらしてました。ある誌面で、その演劇人たち含め当時福岡の若者文化を担い出した「親不幸通り」の若者たちにエールを送る文章を書きながら、最後のくだりには、息子たちが出入りしていることには心配ですが、と書く始末です。この本に出てくる父の行動とは似つかないように思えるのですが。

音楽・ステージの仕事は、父の生き方・美学には反していたのでしょう。最後まで父には私の仕事を理解してもらえなかったみたいです。それでも、たくさんの方々から「お父さんが心配してたよ」、「お父さんが宜しく頼むねと言ってたよ」とお聞きしました。

晩年、父の面倒は弟が見ていたのですが、不肖の息子が気になったのでしょう、弟にいつも私の行動を尋ねていたらしいです。

自分が父親になり、子供たちの行動を見ていると、何となく父のことがわかるような気がいたしております。あまり愚痴を言って、舞台裏を披露していると、父から本当に叱られそうな気がいたします。父はタバコをくゆらせコーヒーを飲みながら、皆様からの寄稿を見ながら　きっと「僕、少しは格好よかろうが！」と、いつもの口調で自慢しているような気がしております。

今回、このような企画をしていただき、本にまでしていただき、本当にありがとうございました。

祖父と過ごした日々

高田祥代（たかたあきよ）

祖父が亡くなり、気づくともう二年と半年程の時間が過ぎていました。稚拙な文章ですが、祖父との思い出を綴っていこうと思います。

私が小学校の低学年の頃、よく祖父母と過ごしていました。祖父は、のんびりしていて、よく庭を弄っていて、花や植物に詳しくて、難しそうな本をたくさん持っていて、それに比例するくらい難しいことを話し、コーヒーがとても好きな人でした。

その当時、祖父母は能古島と姪浜にある二つの家を行ったり来たりしていました。私は週末になる度、能古島の家に泊まりに行きました。能古島の家には祖父自慢の庭があり、たくさんの花やみかんの木が植えられていました。祖父の書斎には、分厚くて重い本や古い本が大量にあって薄暗く、夜は怖くて入れなかったのですが、昼間はくるくる回る大きなイス目当てによく書斎にいました。

夏に能古島の家に行くと、庭に生っている夏みかんを祖母にむいてもらい、祖父と取り合って食べました。冬に行くと、炬燵の中で祖父と二人でテレビを見ながらのんびりと過ごしました。

また、よくアイランドパークにも連れて行ってもらいました。そこに入ると私はすぐにうさぎ小屋やアスレチックに遊びに行き、祖父は園内にある陶芸のお店でお茶を飲みながらのんびりしていました。私が遊び疲れてそこに行くと、焼きたてのよもぎ饅頭をごちそうしてくれました。それは、当時の私の好きな食べ物ナンバー・ワンでした。高校一年生の時に学校の遠足で行くと、よもぎ饅頭が売っておらずショックをうけました。しかし、アイランドパークに就職した高校の先輩からまだ売っていると聞いたので、今度行った時は、昔の思い出にひたりながらよもぎ饅頭を食べたいなと思います。

姪浜の家は私の家と隣同士なので、頻繁に遊びに行きました。夏休みになると、兄と一緒にクーラーのきいた祖父の書斎で宿題をしたり遊んだりしました。昼になったら、近くにあった小さな食堂にご飯を食べに連れて行ってもらいました。今はもうその食堂はないのですが、そこで食べた祖父おすすめのカレーライスはとてもおいしかったです。

祖父との思い出はまだまだたくさんあるのですが、書いていたらきりがないのでこのあたりで割愛させていただきます。

祖父は教師や学者、作家などいろいろな顔を持っているようですが、私は「私のおじいちゃん」としての祖父しか知らないので、祖父が小学校の先生をしていたというのは今でも信じられません。あんなにのんびり過ごしていて、喉が渇いただとかお腹がすいた時には「おーい」と私や祖母を呼び、出かけるときは祖母に言われ嫌々髪をとかすようなだらしのなかった祖父に、毎日忙しくて大変な学校の先生が勤まるはずがない、と思ってしまいます。

右にも書いているように祖父とは小さい頃はよく一緒に過ごしていたのですが、成長するにつれ、ほとんど話さなくなりました。小さな頃は内容が難しくてつまらなかった祖父の話も、成長した今ではもっと聞きたいなと思います。後悔先に立たずとは本当によく言ったものですね。

あの、のろりくらりとしていて、「おーい」と私を呼ぶ祖父の姿は、今でも色褪せることなく私の記憶の中に残っています。これを読まれている皆様にも、私の知らない教師や学者、作家としての祖父をいつまでも忘れないでいただけるとうれしいです。

最後に、祖父のためにこのような本を出版していただきありがとうございました。皆様にここまでしていただいて、本当に祖父は幸せ者だと思います。

（高田睦長女、18歳）

［先賢小考］高田茂廣氏

石瀧豊美（いしたきとよみ）

昭和三（一九二八）年、福岡市西新町生まれ。二十六（一九五一）年、福岡師範学校（現・福岡教育大学）を卒業して小学校教師となった。児童との交遊は詩のような美しい文章で書かれた『浜辺の子供たち――学校が遊び場だったころ』に活写されている。

体力的に子どもたちと遊べなくなったからと、定年前に退職。福岡市赤煉瓦文化館にあった福岡市立歴史資料館（現・福岡市博物館）に嘱託として勤務した。能古島に住んで、作家檀一雄と親交を持ち、同島の檀邸の管理を任されていたことでも知られる。

研究者としては、福岡藩で五つの浦だけが海運業に従事した「筑前五ケ浦廻船」の史実を発見。全国で米や木材を回送する有力な産業だった傍ら、頻繁に遭難や漂流が発生したことを知り、遭難地を訪ねて慰霊碑を見つけ出すなど努力を重ねた。海外に漂着して帰国した唐泊の孫七（孫太郎とも）の足跡を追ってインドネシアも訪れた。福岡藩の「浦」の研究の第一人者で、町史や県史の編纂に携わり、『近世筑前海事史の研究』に結実した。

福岡地方史談話会（現・福岡地方史研究会）幹事、会報編集長の傍ら、横田武子さんと同会にもうけられた古文書を読む会を指導。『福岡藩分限帳集成』がまとめられるが、中でも黒田家文書から『福岡藩朝鮮通信使記録』全十三巻を八年がかりで完成した業績は高く評価され、古文書を読む会として平成十三（二〇〇一）年に福岡県文化賞を受賞した。幕末福岡の社会事情を克明に記した『見聞略記――幕末筑前浦商人の記録』は、湮滅に瀕した原本を偶然に発見してその価値に気付き、詳細な校注を施して活字化したものである。

平成二十一（二〇〇九）年九月十一日死去。その飾らない人柄は多くの人に慕われた。

（福岡地方史研究会会長／『地方史ふくおか』第149号より転載）

高田茂廣（たかたしげひろ）先生略歴

一九二八（昭和三）年四月二十九日、高田芳太郎・シズの三男として、福岡市西新町七九七番地に生まれる

一九五一年、福岡学芸大学（現・福岡教育大学）を卒業

以後、三十数年間、福岡市内にて小学校教師を勤める

一九四八年　北崎小学校→福吉小学校鹿家分校（代用教員）

一九五一年三月三十一日～　能古小学校

一九五三年三月三十一日～　姪浜小学校

一九五五年四月一日～　能古小学校

一九六一年四月一日～　赤坂小学校

一九六七年四月一日～　西新小学校

一九七〇年四月一日～　能古小学校

一九七六年四月一日～　内野小学校

一九七八年四月一日～　北崎小学校西浦分校

一九八一年三月三十一日　辞職

＊

一九五三年二月二十一日、石橋豊（ゆたか）と結婚

一九五五年三月、福岡市・能古島に家を新築

一九五五年十月十九日、長男睦（あつし）生まれる

一九六一年十一月二十二日、次男靖（やすし）生まれる

孫＝奈奈・聖・祥代・有紀・想太

＊

一九八一年四月～九一年三月三十一日、福岡市立歴史資料館嘱託

一九九三年、「地域に根ざした海事史研究を行い、地域文化の掘り起こしに貢献した功績」で第52回西日本文化賞を受賞

二〇〇一年、会長を務める福岡地方史研究会 古文書を読む会編纂の『福岡藩朝鮮通信使記録』が第8回福岡県文化賞（奨励賞）を受賞

二〇〇九年九月十一日六時四十一分、逝去（八十一歳）

【研究分野】海事史を中心とした郷土史研究

【所属】福岡地方史研究会（幹事）／日本海事史学会／福岡部落史研究会（現・社団法人福岡県人権研究所）

高田茂廣先生主要著作目録

（石瀧豊美〔いしたきとよみ〕作成）

▼単著

『能古島物語』能古歴史研究会、一九七一年

『筑前五ヶ浦廻船』西日本新聞社、一九七六年

『能古島から』西日本新聞社、一九七七年

『能古島の歴史』私家版、一九八五年

『浜辺の子供たち——学校が遊び場だったころ』海鳥社、一九八七年

『近世筑前海事史の研究』文献出版、一九九三年

『玄界灘に生きた人々——廻船・遭難・浦の暮らし』海鳥社、一九九八年

▼共著・編著（など、単行本収録分）

【Ⅰ】ふくおか歴史散歩

＊昭和四十七（一九七二）年から福岡市発行「市政だより」に、複数筆者による「ふくおか歴史散歩」の連載始まる。高田氏は数多く分担執筆している。連載百回分ごとにまとめた『ふくおか歴史散歩』第一巻から第五巻までの記事を初めに拾っておくことにする（第六巻は該当なし）。

『ふくおか歴史散歩』第一巻、福岡市市長室広報課編、福岡市、一九七七年

「也良崎に防人がいた」、「能巨島牛牧——牧の神」、「日本中で大活躍——五ヶ浦廻船（一）」、「孫七、ルソンへ漂流——五ヶ浦廻船（二）」、「外国船を救助——五ヶ浦廻船（三）」、「能古島は鹿狩り場——最盛期には六百頭も」

『ふくおか歴史散歩』第二巻、福岡市市長室広報課編、福岡市、一九八二年

「能古島物語——伝説に包まれた北浦城」、「五ヶ浦廻船——御城米と御廻米」

『ふくおか歴史散歩』第三巻、福岡市市長室広報課編、福岡市、一九八七年

「五ヶ浦廻船――虎吉丸と虎幸丸が幕末期に活躍」、「西海捕鯨騒動記――流れクジラは二千万円」

『ふくおか歴史散歩』第四巻、福岡市市長室広報課編、福岡市、一九九一年

「小呂島の遠見番所――任務は海上監視など」、「姪浜塩――味濃く物漬けて色変せず」、「玄界灘は鮑の宝庫――志賀島・弘浦の話」、「勝馬の灯籠堂――博多湾入り口の目印」、「幻の能古焼――二百年の眠りから覚める」、「志賀島の真珠――万葉集にも歌われる」、「『雨ごい』事件――雨を降らせすぎた男」、「玄界灘の海賊――船を襲い積荷奪う」、「一郡一村だった席田村――昭和8年に市に編入」、「馬の多い村、牛の多い村――地理で異なった牛馬の数」、「北崎の盆綱引き――西浦と草場に残る」、「盆相撲とヒョウカリーライ――西浦で安全願う祭り」

『ふくおか歴史散歩』第五巻、福岡市市長室広報課編、福岡市、一九九六年

「海上交通の要衝・小呂島――領有争いの対象に」、「石釜の十六羅漢――福岡で数少ない磨崖仏」、「志賀島・弘浦――遭難外国船も救助」、「博多湾に咸臨丸――斉溥の招きで入港」、「最後のキリシタン弾圧――西公園近くに一時収容」、「明治三十一年の糸島地震――五日間も揺れ大被害」

【Ⅱ】学校史

『北崎小学校百年誌』（分担執筆）福岡市立北崎小学校、一九八〇年

『能古小学校百年誌』（分担執筆）能古小学校創立百周年記念会、一九八五年

【Ⅲ】県史・町史

『福岡県史　近世史料編　福岡藩浦方㈠』（編集分担）西日本文化協会編、福岡県、一九九八年

『福岡県史　通史編　福岡藩㈠』（執筆分担）西日本文化協会編、福岡県、一九九八年

『福岡県史　通史編　福岡藩㈡』（執筆分担）西日本文化協会編、福岡県、二〇〇二年

『津屋崎町史　資料編　上巻』津屋崎町史編集委員会編、津屋崎町、一九九六年　＊「近世」を分担

『津屋崎町史　通史編』津屋崎町史編集委員会編、津屋崎町、一九九九年　＊「近世」を分担

『福間町史　資料編㈢　今林家文書』福間町史編集委員会編、福間町、一九九七年　＊編纂を担当

『福間町史　資料編㈠　中世・近世・近代・現代』福間町史編集委員会編、福間町、一九九九年　＊「近世」を分担

『福間町史　通史編』福間町史編集委員会編、福間町、二〇〇〇年　＊第五編近世の内、「第三章　福間浦」を執筆

【Ⅳ】その他

『福岡県百科事典』上・下巻、西日本新聞社福岡県百科事典刊行本部編、西日本新聞、一九八二年　＊執筆項目名省略

「廻船浦としての宮浦の実態について」（『福岡県史　近世研究編　福岡藩㈡』西日本文化協会編、福岡県、一九八三年）

『筑前福岡郷土史メモ』安川巌著、高田茂廣編、福岡地方史研究会、一九八四年

「志賀島」（特設展図録『「漢委奴国王」金印展　金印発見二百年』福岡市立歴史資料館図録第九集、福岡市立歴史資料館編・発行、一九八四年）

『七隈郷土誌』高田茂廣編、七隈郷土史研究会、一九八六年

「筑前五ケ浦廻船の海外への漂流」（『西南地域の史的展開　近世篇』西南地域史研究会編、思文閣出版、一九八八年）

「近世における浦の実態について」（『福岡県史　近世研究編　福岡藩㈣』西日本文化協会編、福岡県、一九八九年）

「近世から垣間見る古代筑前の浦」（『海人シンポジウム　日本民族文化のルーツを求めて』「海人」シンポジウム実行委員会編・発行、一九八九年）

『見聞略記――幕末筑前浦商人の記録』津上悦五郎著、高田茂廣校註、海鳥社、一九八九年

「若者もまた去るのか」（東靖晋・桝屋治・斎木精一編『親不孝通りの迷宮――勝手にしやがれ伝説』海鳥社、一九九〇年）

『福岡歴史探検①近世福岡』福岡地方史研究会編、海鳥社、一九九一年

＊執筆項目＝「野村望東尼の姫島脱出」、「全国の廻船を支配した筑前屋作右衛門」、「浦の暮し」、「小呂島の村づくり」、「流人の島」、「鮑の宝庫・玄界灘と筑前の蜑」、「志賀の海士の塩焼く煙」、「浦の火事」、「鯨捕りの話」、「ヒョウカリイライ――浦の祭り」、「五ケ浦廻船」、「六人の命を奪った、津屋崎・勝浦の漁区争い」、「ルソンからの帰国――伊豆三之介の偽証事件」、「孫七漂流記」、「周防大津島の十人墓――残島船の遭難」、「船を乗っ取った男たち」、「四〇〇人が犠牲となった、今津の干拓」、「玄界灘の外国船」

『能古島事典　能古島探健（ママ）ガイドブック』高田茂廣監修、のこのしまアイランドパーク、一九九一年

「近世からみた古代筑前の浦」（『古代海人の謎――宗像シンポジウム』田村圓澄編、海鳥社、一九九一年）

「近世筑前の海運」（『日本水上交通史論集』第五巻〈九州水上交通史〉柚木学編、文献出版、一九九三年）

『福岡藩朝鮮通信使記録』第一（一九九三年）～一三巻（二〇〇〇年）、福岡地方史研究会古文書を読む会（代表

高田茂廣〕編、福岡地方史研究会
・「解題『福岡藩朝鮮通信使記録全十三巻』」（第一三巻所収）

「近世の志賀島」（『金印研究論文集成』大谷光男編、新人物往来社、一九九四年）

『福岡歴史探検②近世に生きる女たち』福岡地方史研究会編、海鳥社、一九九五年
＊執筆項目＝「浦の女たち」、「女の事件簿」

「浦商人が見た幕末期の北部九州における海事事情」（『日本海事史の諸問題 海運編』石井謙治編、文献出版、一九九五年）

「筑前船の道」（『ふくおか歴史の道――福史連30周年記念論文集』福岡県地方史研究連絡協議会編・発行、一九九八年）

「編集後記」（『福岡藩分限帳集成』福岡地方史研究会編、海鳥社、一九九九年）

「序文　解題も兼ねて」（『福岡藩浦記録』福岡市西区「西区古文書を読む会」〔代表高田茂廣〕編、福岡市西区地域振興事業推進委員会、二〇〇一年）

『エリア別全域ガイド 福岡市歴史散策』福岡地方史研究会編、海鳥社、二〇〇五年　＊執筆項目名省略

「序」（『福岡藩無足組 安見家三代記』福岡地方史研究会古文書を読む会〔代表高田茂廣〕編、海鳥社、二〇〇八年）

▼論文・コラムなど

「筑前五ケ浦の廻船」（『西日本文化』第一〇五号、西日本文化協会、一九七四年）

「北陸と五ケ浦廻船」（『福岡地方史談話会会報』第一五号、福岡地方史談話会、一九七五年）

「筑前下浦の浦大庄屋の系譜」（『福岡地方史談話会会報』第一七号、福岡地方史談話会、一九七七年）

「北海道における筑前船の行動について」（『福岡地方史談話会会報』第一九号、福岡地方史談話会、一九八〇年）

「博多湾封鎖」（「県史だより」第二号、西日本文化協会／福岡県地域史研究所編・発行、一九八一年一〇月）

「西照寺過去帳をめぐって」（『福岡地方史研究会会報』第二〇号、福岡地方史研究会、一九八一年）　＊福岡地方史談話会が福岡地方史研究会と改称

「山崎文書と箱崎浦」（『福岡市立歴史資料館研究報告』第六集、福岡市立歴史資料館、一九八二年）

「浜崎浦善右衛門のルソン島漂着事件について」（『福岡市立歴史資料館研究報告』第七集、福岡市立歴史資料館、一九八三年）

「鬢の浦弘について」（『地方史ふくおか』第四六号、福岡

県地方史研究連絡協議会、一九八四年三月）
「弘の海士」（『西日本文化』第二〇三号、西日本文化協会、一九八四年七月）
「金印発見について　200年展に際して」（「県史だより」第二〇号、西日本文化協会／福岡県地域史研究所編・発行、一九八四年七月）
「浦島太郎と近世筑前における遭難と漂流」（『Museum Kyushu』第一四号、博物館等建設推進九州会議、一九八四年一〇月）
「蜑の浦〝弘浦〟と松田文書」（『福岡市立歴史資料館研究報告』第八集、福岡市立歴史資料館、一九八四年）
「近世の志賀島――金印問題を中心にして」（『福岡市立歴史資料館研究報告』第九集、福岡市立歴史資料館、一九八五年）
「資料紹介　博多湾とその周辺における近世浦方資料」（『地方史ふくおか』第五三号、福岡県地方史研究連絡協議会、一九八六年一月）
「玄界灘犯科帳（一）田野村殺人未遂事件」（『西日本文化』第二二三号、西日本文化協会、一九八六年七月）
「筑前蜑の系譜」（『福岡地方史研究会会報』第二五号、福岡地方史研究会、一九八六年）
「筑前蜑の系譜」（『福岡市立歴史資料館研究報告』第一〇集、福岡市立歴史資料館、一九八六年
「浦方賛歌」（「県史だより」第三五号、西日本文化協会／福岡県地域史研究所編・発行、一九八七年一月）
「玄界灘犯科帳（二）海藻盗み取り事件」（『西日本文化』第二二九号、西日本文化協会、一九八七年五月）
「史料紹介　日吉神社の奉納発句」（『部落解放史・ふくおか』第四六号、福岡部落史研究会、一九八七年六月）
「〔資料紹介〕『見聞略記』」（『地方史ふくおか』第五九号、福岡県地方史研究連絡協議会、一九八七年七月）
「玄界灘犯科帳（三）博多の海賊」（『西日本文化』第二三六号、西日本文化協会、一九八七年一一月）
「玄界島の流人と文学」（『福岡市立歴史資料館研究報告』第一一集、福岡市立歴史資料館、一九八七年）
「筑前島名考」（「県史だより」第四三号、西日本文化協会／福岡県地域史研究所編・発行、一九八八年三月）
「玄界灘犯科帳（四）福岡藩の流人と野村望東尼の姫島脱出」（『西日本文化』第二四〇号、西日本文化協会、一九八八年四月）
「筑前の島と浦の地名雑考」（『西日本文化』第二四七号、西日本文化協会、一九八八年一一月）
「西海捕鯨遺文」（『福岡市立歴史資料館研究報告』第一二集、福岡市立歴史資料館、一九八八年）
「『見聞略記』の世界」（『福岡地方史研究会会報』第二七号、福岡地方史研究会、一九八八年）

「筑前五ケ浦廻船の諸記録」（『福岡市立歴史資料館研究報告』第一三集、福岡市立歴史資料館、一九八九年）
「海の民の祈り――唐泊大歳神社の絵馬」（『西日本文化』第二五八号、西日本文化協会、一九九〇年一月）
「浦庄屋資料としての柴田文書」（『福岡市立歴史資料館研究報告』第一四集、福岡市立歴史資料館、一九九〇年）
「能古島――能古の歴史」（『福岡市埋蔵文化財調査報告書』第三五四集、福岡市教育委員会、一九九三年）
「『福岡藩朝鮮通信使記録』の翻刻について」（『地方史ふくおか』第八八号、福岡県地方史研究連絡協議会、一九九四年八月）
「浦の社会」（『西南地域史研究』第九輯、文献出版、一九九四年）
「宗像郡内における町史編纂と古文書発掘――海事史を中心として」（『地方史ふくおか』第九六号、福岡県地方史研究連絡協議会、一九九六年一〇月）
「朝鮮通信使と福岡藩の領民」（『西南地域史研究』第一一輯（特集 福岡藩の研究（4））文献出版、一九九六年）
＊『福岡地方史研究会会報』第二四号（福岡地方史研究会、一九八五年）から『福岡地方史研究』第三四号（同、一九九六年）まで編集人。

▼関連記事

重久幸子「明治初期における旧福岡藩の馬乗附属森本金生について――高田茂廣収集資料（早良郡姪浜村文書）の理解と整理のために」（『福岡市総合図書館研究紀要』第九号、福岡市総合図書館、二〇〇九年）

（『福岡地方史研究』第48号より転載、補訂）

編集後記

▼二月刊行の予定がのびのびになってしまった。ひとえに責任は原稿を遅らせた私首藤にあり、深く皆さまにお詫びを申し上げる次第です。

今後、高田先生はその業績とともに次の時代の人々に語られる対象になっていくと思われますが、そのための多方向のチャンネルが、本書の多くの寄稿文や遺稿の中から見出されれば、編集に携わった一人としてうれしいことです。紙背をとおして、物事が追究されるのは当たり前のことだからです。

高田先生の葬儀の席で本書の構想が始まり作業に入ったのですが、僕のような者もおり、最後まで原稿集めには苦労しました。共同編集といいながら、その苦労にあたり、一筋縄ではない心配りで事を進めた別府さんのおかげで本書はなったと言っていい。

苦労の種であるその原稿やゲラを見ながら、高田先生をしのぶこと大でした。原稿や活字からふっと脳細胞が離れて在りし日の一齣に遊んだことも少なくない。本書のために改めて読んだ先生の著作に、先生独特の語り口や共有する体験に思いをはせたことも少なくない。改めて先生が一番仕事をされていた時代にそばにいれたことは、僕にとって大きな財産であったことに気づかされます。それは先生のあたたかさ、対象に向かって進む振りかぶらない心意気であり、大きな研究成果を持ちながらもなおも謙虚であるお人柄である。

今回僕は、先生の青年詩人時代のことについてまとめてみた。僕なりに先生の文章や思想の根源を垣間見た思いだが、僕らがお付き合いする以前の文章が以後のものと変わらないことに意外感を持った。当然と言えば当然なことで、ほんの何年間かで人が変わり、文章やその言い回しが変わるわけはない。その連続性の発見は楽しいものであった。先に述べたような脳細胞からの遊離がここでもあった。時間に追われたが、楽しませて仕事をさせていただいた。先生が茶目っ気たっぷりに「よかったろーが」と言われているような気がする。

最後に、本書のために原稿やカンパをお出しいただいた皆さま、編集委員の皆さま、また高田家の皆さまに深くお礼を申し上げます。

（首藤記）

▼高田先生が逝かれて二年七カ月、刊行委員会を立ち上げて一年三カ月が経ってしまった。

本書刊行については、二〇〇九年九月十三日の葬儀の際、首藤卓茂氏ほか何人かの方と、先生の追悼文集を是非とも出さなければいけないね、と語り合ったことに始まる。すぐに動き出さなければならなかったが、何しろ学校教育、地域史研究、古文書の会などと〝交遊〟範囲の広い方だったので、何を、どこから手をつけたらいいのかが、まずあった。加えて、私個人としてはちょうどその時期、自己の去就について思い悩んでいたこともあり、最終的には、新しい出版社を始めるまでは本格的に取り組むことができなかった。

二〇一一年一月十五日、刊行委員会第一回の集まりを持ったが、当初の懸念は、先生が病に倒れ役職などを退かれてからだいぶ年月が経つので、さて、どれほど追悼原稿が集まるかな、というものであった。果たしてそれは杞憂ではあったが、確かにこの間、そういった理由で寄稿を断られた方もあったし、さらには「(特定個人を) 偶像化したくない」という声も聞いた。そういう考え方については、私も理解できる。

ただ、私の中にはずっと、今後、筑前・福岡における海事史の研究は引き継がれたとしても、あれほどロマンティックに、もう一人の「火宅の人」のごとき情熱でもって〝海に生きた人々〟の足跡を追い求める人はおそらくもう現れないだろうこと、それに、相対する誰しをも、まるで、一見怖そうだが実は心根の優しい先生と一緒に遊んでいる小学生のような気持ちにさせる個性は、一体どこから来たのだろう、それを私自身も知りたいし互いに体験や考えを分ち合いたい、という想いがあった。年齢・性別や社会的地位などに拘らず、本来、人ひとりの生は、そのような〝共同の記憶〟の内にあるのではないか——そうしたことについても高田先生から多く学んだように思う。

その意味で、本書にはごく一部の人しか見ることのなかった文学賞応募小説やもっと若き日発表の詩篇まで集録したが、きっと今頃「あー、恥ずかしかッ」と言われていたとしても、いつかあの世で先生から叱られることはないだろうと思う。この本が、高田茂廣という人を偶像化するためのものでなく、〝共同の記憶〟を満載し日本中を経巡(へめぐ)る一艘の廻船のごとく、教育や地域の歴史に限らず何らか夢を追い求める人々を励ますための一書となっていれば、と願う。(別府記)

ご賛同をいただいた方々

（50音順・敬称略／［　］内は旧姓／＊は呼掛け人／＊＊は編集委員）

麻生善三
石瀧豊美＊
板橋晧世
稲光勇雄＊
井上健夫
上田順一郎
大塚英介
大山和俊
岡上良知
緒方俊二＊
小川益巳＊
小川まゆみ
春日登喜子
川島順吾
北野亀三郎
串崎　脩
久保田観光株式会社
蔵本　弘＊
古賀寿子
児玉雅治
許斐克己＊
斉藤弘子
坂口弘行
鷺山智英＊
佐々木哲哉＊

塩屋勝利＊＊
重久幸子＊
篠原優子［南］
城内彰秀
進藤康子＊
新森良子＊
杉谷　茂
首藤卓茂＊＊
蘇　淑蘭＊＊
宗　みどり
曽根敏夫＊
髙橋文二
竹原由美子［中島］
竹森健二郎＊
田坂大藏＊
谷川佳枝子＊
檀　太郎
檀　ヨソ子
塚原　博＊
徳安武彦
冨永昭男
鳥巣京一＊
永井修介＊
中田健吉
中野浩之

中村元気＊
中村順子＊＊
中村尚徳
中村和臣
中村嘉明
奈田明憲
西方孝枝
西川康男
野口　文＊
野村　護
萩原明道
花田洋子
林　幸治郎
林　光則
早舩正夫
原　順子
原　三枝子
原田一男
久門　隆＊
肱岡茂久
秀村選三＊
平嶋一臣＊
平島裕美［津村］
平塚久美子［阿部］
広田文重

福岡　静
藤瀬三枝子
別府大悟＊＊
堀田一郎＊＊
又野　誠＊
松尾　尚
松岡博和
松藤泰子
松村重紘
丸尾　功
馬渡和夫
三木隆行＊
宮　徹男＊
守友　隆
安永一彦
柳川　毅＊＊
山口信枝
山田　恭
山本泰子
横山邦繼＊＊
吉積久年
淀川種基
力武豊隆＊
和田信子
＊その他匿名希望四名

海と歴史と子どもたち(うみ)(れきし)(こ)と
高田茂廣先生遺稿・追悼文集

❖

2012年5月10日発行

❖

編集・発行　高田茂廣先生遺稿・追悼文集刊行会
代　表：首藤卓茂［かぼちゃ堂・銀山書房］
事務局：別府大悟［花乱社］

制作・発売　合同会社花乱社
〒810-0073 福岡市中央区舞鶴1-6-13-405
電話 092(781)7550　FAX 092(781)7555

印　刷　有限会社九州コンピュータ印刷

製　本　株式会社渋谷文泉閣

ISBN978-4-905327-16-5